Anonymus

Materialien zur alten und neuen Statistik von Böhmen

Anonymus

Materialien zur alten und neuen Statistik von Böhmen

ISBN/EAN: 9783743333116

Hergestellt in Europa, USA, Kanada, Australien, Japan

Cover: Foto ©ninafisch / pixelio.de

Manufactured and distributed by brebook publishing software
(www.brebook.com)

Anonymus

Materialien zur alten und neuen Statistik von Böhmen

Materialien

zur alten und neuen

Statistik

von

Böhmen

IX. Heft.

Leipzig und Prag,
bey Kaspar Widtmann 1789.

Inhalt des IXten Hefts.

Fortgesetztes Verzeichniß

der

nach der im Jahre 1620. gestillten Rebellion

konfiszirten

Herrschaften und Güter

in

Böhmen,

aus einer

gleichzeitigen Handschrift.

IX. Heft.   A

Der Anfang dieses Verzeichnisses der konfiszirten Herrschaften und Güter in Böhmen befindet sich im 6ten Hefte S. 141 u. f. f. welches S. 156 bei dem Buchstaben B aus der Ursache abgebrochen worden ist, weil wegen anderer Materien der Platz ein mehreres nicht gestattete. Um nun den Leser diesfalls zu entschädigen, wird dieses Verzeichniß in gegenwärtigem Hefte ununterbrochen bis an das Ende hiermit geliefert.

85. Cammerhaus.

Dieses hatte dem Niklas von Lobkowitz zugehöret, und ist von dem Fürsten Karl von Lichtenstein zu der Hofkammer um 12000 fl. gekauft und übergeben worden.

86. Cehow (im Baurzimer Kreise.)

Wurde dem Wenzel Chobotsky, der in ein Drittheil verurtheilt war, konfiszirt, anfänglich auf 5338 fl. 40 gr. und zuletzt auf 4258 fl. 40 gr. abgeschätzt, und dem Friedrich von Talmberg um 4200 fl. käuflich überlassen.

87. Chegnow (Cheynow) (im Bechiner, jetzt Taborer Kreise.)

Ist dem Siegmund Mathias Wenzelik, welcher in die Hälfte kondemnirt war, konfiszirt, auf 84987 fl. 50 gr. taxirt, und dem Fürsten Ulrich von Eggenberg um 80000 fl. verkauft worden.

Chebeniß s. Cžechniß.
Chenaua s. Strziedokrkh.

88.

88. Chieſtlitz und Cztowitz (im Prachiner Kreiſe.)

Sind den Brüdern von Hodieyowa, deren einer, Namens Bernard in ein Drittheil, der zweyte, Adam, ganz, und der dritte, Bobuslaw, in zwey Drittheile kondemnirt war, konfiszirt, auf 21517 fß. Meißn. abgeſchätzt, und dem Heinrich Hieſerle um 21000 fß. Meißn. verkauft worden.

89. Chiſch (Chyß) (im Elbogner Kreiſe.)

Iſt dem Gottlob Berka, welcher in den Verluſt des Ganzen verurtheilt war, konfiszirt, und dem Georg Wilhelm Michna um 35000 fl. verkauft worden.

90. Chlumetz oder Kolben, jetzt Kulm und Kliſſy oder Kleiska (im Leutmeritzer Kreiſe.)

Sind dem Otto und den Brüdern Kölbel, welche in ein Drittheil verurtheilt waren, konfiszirt, das erſte auf 109920 fß. 54 gr. 2 dj. und das andere auf 21142 fß. 11 gr. 3 dj. zuſammen alſo auf 131,063 fß. 5 gr. 5 dj. abgeſchätzt, und dem Leopold von Stralendorf um 127167 fl. verkauft worden.

91. Choczen (im Chrudiner Kreiſe.)

Iſt dem Rudolph Zeidlitz konfiszirt, auf 75285 fß. 54 gr. 2 dj. abgeſchätzt, und dem Albrecht von Waldſtein um 75385 fl. 20 k. käuflich überlaſſen worden.

92. Chodenſchloß und Bauern (im Pilſner Kreiſe.)

Im Jahre 1630 den 2. Dezember ſind auf königl. Reſoluzion vom 10. November des nämlichen Jahres dem Wolf Wilhelm von Lammingen die ihm bereits im Jahre 1621 gegen 7500 fl., und wieder im Jahre 1628 gegen 35500 fl. verpfändete Chodenbauern; nebſt dem der Stadt Tauß im Jahre 1585 auf 60 Jahre gegen Erlegung 37142 fß. 51 gr. 3 dj. oder 43333 fl. 20 kr. überlaſſene Herrſchaft Chodenſchloß für 56000 fl. erblich verkauft worden.

93. Chodowa Plana oder Kuttenplan (im Pilsner Kreise.)

Ist dem Adam Shirndinger, welcher als ein Flüchtling verbannet war, konfiszirt, auf 51889 fl. abgeschätzt, und dem Theodor Heimhausen um 50000 fl. verkauft worden.

94. Choltitz und Swoyschitz (Schwoyschitz) (im Chrudimer Kreise.)

Sind dem Stephan Gersdorf, welcher in zwey Drittheile kondemnirt war, konfiszirt, auf 54827 fl. 40 gr. abgeschätzt, und dem Christoph Grafen von Thun um den abgeschätzten Preis käuflich überlassen worden.

Chomotau s. Kommotau.

95. Chotaun und Neulieben (im Baurzimer Kreise.)

Sind den Brüdern von Sebussina, welche zum Lehn verurtheilt waren, zugehörig gewesen, und dem Paul Michna um 41500 fl. verkauft worden.

96. Chotetsch (Chotiesch) und Zbužan (im Podbrzder, jetzt Rakonitzer Kreise.)

Sind dem Georg Mayerle, welcher in ein Drittheil verurtheilet war, konfiszirt, auf 13323 fl. taxirt, und dem Kapitel Allerheiligen für einen Tausch ihrer Dörfer abgetreten worden.

Chotlelitz s. Zlunitz.

97. Chotitz (Choticze.)

Ist dem Hanns Wilhelm Malowetz, welcher ganz kondemnirt war, konfiszirt, und auf 5758 fl. 20 gr. abgeschätzt worden.

98.

98. Chotomirz, jetzt Chodiemirz (im Klattauer Kreise.)

Ist dem Friedrich von Biela, welcher ganz kondemnirt war, konfiszirt, auf 235,6 ß. 2 gr. 6 dz. abgeschätzt, und dem Adam von Waldstein um 20000 fl. rhein. verkauft worden.

Chrabertsch s. Launer fünf Dörfer.

99. Chraustowitz (im Chrudimer Kreise.)

Ist dem Stephan Gersdorf, welcher in zwey Drittheile verurtheilt war, konfiszirt, auf 39555 ß. 14 gr. 2 dz. taxirt, und dem Johann Baptista Weber um 39555 fl. 34 k. 2 dz. käuflich überlassen worden.

100. Chruczitz (im Leutmeritzer Kreise.)

Ist dem in ein Dritttheil kondemnirten Niklas Satamierz konfiszirt, auf 5591 ß. 42 gr. 6 dz. abgeschätzt, und dem ältern Humprecht Czernin um den Schätzungswerth verkauft worden.

101. Chrudimer Dörfer (im Chrudimer Kreise.)

Sind der Stadt Chrudim konfiszirt, und auf 22988 ß. 54 gr. 2 dz. abgeschätzt worden.

Chwalkowitz s. Frauenberg.

102. Chwaly (im Raurzimer Kreise.)

Ist dem Georg Wellensky, welcher in die Hälfte verurtheilt war, konfiszirt, auf 17153 ß. 35 gr. 5 dz. taxirt, und dem Johann Daniel Kaper um 15000 fl. verkauft worden.

103. Chwogny, (Chwoyny) Groß-und Klein, (im Berauner Kreise.)

Ist dem Rudolph Kölbel, welcher in ein Drittheil kondemnirt war, konfiszirt, auf 6836 ß. 11 gr. 3 dz. ab=

abgeſchätzt, und dem Oberſtlieutenant de Currira verkauft worden.

104. Czachorzitz (Czacharitz) und Krjemenitz
(im Wltauer Kreiſe.)

Sind dem Hanna Niedenetz, welcher in 2 Dritt=
theile kondemnirt war, konfiszirt, auf 6888 fl. taxirt, und
der Fürſtinn Polexina von Lobkowitz um 6000 fl. käuflich
überlaſſen worden.

105. Czaslauer Aithdörfer, ob. acht Dörfer, benanntlich:

Marziowitz, Tápodlo, Potiechy, Horky, Dobro=
witz, Wrdy, Budowitz und Brzeczy (im
Czaslauer Kreiſe.)

Sind auf 92310 fl. 17 gr. 1 dl. geſchätzt, und der
Maria Magdalena Trczkinn verkauft worden.

106. Czerzelitz (im Bunzlauer Kreiſe.)

Iſt dem Georg Smrczka, welcher in die Hälfte ver=
urtheilt war, konfiszirt, anfänglich auf 19030 fl. 50 gr.
und ſodann auf 18730 fl. 50 gr. abgeſchätzt, und darnach dem
Fürſten von Lobkowitz verkauft worden.

107. Czeykow (Czenkow) (im Prachiner Kreiſe.)

Iſt dem Georg Ratſchin, der in feudum kondem=
nirt war, konfiszirt, auf 7343 fl. 20 gr. abgeſchätzt, und
dem Friedrich Schwichowsky um 11000 fl. Meißn. käuflich
überlaſſen worden.

108. Czehenitz und Stlken (im Prachiner Kreiſe.)

Sind dem Johann Malowetz, welcher in die Hälf=
te verurtheilt war, konfiszirt, auf 30107 fl. 34 gr. 4 dl.
taxirt,

tarirt, und dem jüngern Georg Mitrowsky um 41000 fl. verkauft worden. Im Jahre 1628 den 20. Jänner kaufte Jakob Kiesel diese beyden Güter um 30107 ßß. 54 gr. 4 dß.

Czelczowitz s. Horzowthein.

109. Czelakowa Lhotta (im Bechiner Kreise.)

Ist den Taboriten (Taborern) konfiszirt, und der Fürstinn Polerina von Lobkowitz um 450 fl. verkauft worden.

110. Czenowitz Brzezno, ein Dorf (im Kaurzimer Kreise.)

Ist dem Heinrich Wrchotitzky, welcher in ein Drittthell verurtheilt war, konfiszirt, auf 4724 ßß. 40 gr. abgeschätzt, und dem Stephan Benig um 4724 ßß. käuflich überlassen worden.

111. Czenzltz (Czrnzltz) (im Leutmeritzer Kreise.)

Ist dem Niklas Felix Satamierz, welcher in ein Dritttheil kondemnirt war, konfiszirt, sodann auf 5591 ßß. 42 gr. 6 dß. abgeschätzt, und dem ältern Humprecht Czernin um den Schätzungswerth verkauft worden.

112. Czerhinka und Planlasky (im Kaurzimer Kreise.)

Sind dem Heinrich Slawatsch, welcher in die Hälfte verurtheilt war, konfiszirt, und auf 5333 ßß. 30 gr. abgeschätzt, sodann aber dem Fürsten Karl von Lichtenstein verkauft worden.

113. Czerhonitz (im Kaurzimer Kreise.)

Ist dem Niklas Deym, welcher in die Hälfte verurtheilt war, konfiszirt, auf 15309 ßß. 42 gr. 6 dß. tarirt, und der Anna Susanna Przichowskinn um 17000 fl. käuflich überlassen worden.

114. **Czernikowitz, Neu, (im Königgrätzer Kreise.)**

Ist dem Ladislaw Wostrowetz von Kralowitz, konfiszirt, und dem Christoph Wratislaw von Mitrowitz um 6345 fß. verkauft worden.

115. **Czerninn (im Pilsner Kreise.)**

Ist dem Joachim Peter Czernin, welcher in ein Drittheil kondemnirt war, konfiszirt worden.

116. **Czernosek (Ziernosek) und Libochowan, (im Leutmeritzer Kreise.)**

Sind den Brüdern Kamenitzky, welche auf verschiedene Weise verurtheilt waren, konfiszirt, auf 65397 fß, 37 gr. abgeschätzt, und dem Wilhelm von Wrzesowitz um 76297 fl. 13 kr. 1 dl. überlassen worden.

117. **Czernowitz und Kamenitz (in Bechiner Kreise.)**

Sind dem Siglsmond Matthias Wenzelik, welcher in die Hälfte verurtheilt war, konfiszirt, und dem Heinrich Paradies nach dem Abschätzungswerth um 109956 fß. verkauft worden.

118. **Czernoitz (Cziernozitz) das große (im Saatzer Kreise.)**

Ist dem jüngern Joachim Hora, welcher in ein Drittheil kondemnirt war, konfiszirt, auf 22570 fß. 40 gr. abgeschätzt, und dem Grafen Hermann von Czernin um 14000 fl. verkauft worden.

119. **Czerny Blato (im Chrudimer Kreise.)**

Ist dem Albrecht Dobranowsky, welcher in ein Drittheil verurtheilt war, konfiszirt, auf 3916 fß. abgeschätzt, und der Margaretha von Talmberg gegen 3916 fß. 10 gr. käuflich überlassen worden.

120.

120. Czerwena Lhotta (im Bechiner, jetzt Tabor rer Kreise.)

Ist dem Bohuslaw Ruth konfiszirt, auf 30056 ß. taxirt, und dem Anton Bruccio um 38500 fl. verkauft worden.

121. Czestinkostel und Prżitoky (im Czaslauer Kreise.)

Sind dem Ladislaw Hrobczizky, welcher in ein Drittheil verurtheilt war, konfiszirt, Czestinkostel auf 18075 ß. 48 gr. 4 dż. und Prżitoky auf 10049 ß. 20 gr. abgeschäzt, beide zusammen aber der Kunigunde von Klusnowiz um 28825 ß. verkauft worden.

Czettno s. Großhorka.

122. Cziankowiz (im Chrudimer Kreise.)

Ist dem Peter Prżibek, welcher in ein Drittheil kondemnirt war, konfiszirt, und dem Wilhelm Bezdružizky v. Kolowrat um 52000 ß. käuflich überlassen worden.

123. Czichtiz (im Prachiner Kreise.)

Ist dem Johann Beyzek, welcher in die Hälfte verurtheilt war, konfiszirt, auf 5651 ß. 42 gr. 6 dż. abgeschäzt, und dem Lukas Korzensky um 6000 ß. verkauft worden.

124. Czizkowiz (im Leutmeritzer Kreise.)

Ist dem Adam Kaplirz, welcher in die Hälfte verurtheilt war, konfiszirt, und dem Grafen Wolf Ilburg von Wrzesowiz um 25500 ß. Meißn. käuflich überlassen worden.

125. Czieczeliz (im Bunzlauer Kreise.)

Ist dem Georg Smrczka, der in die Hälfte verurtheilt war, konfiszirt, auf 19030 ß. 50 gr. hernachmals aber

aber auf 18730 fſ. 50 gr. abgeſchätzt, und ſodann dem
Fürſten von Lobkowitz zugeeignet worden.

Czinow ſ. Anzelſtá Hora.

126. **Cziſſetz oder Cziſten (im Bunzlauer Kreiſe.)**

Iſt dem Adam Kaſpar Wanczura, welcher in ein
Drittheil verurtheilt war, konfiszirt, auf 25189 fſ. 48 gr.
4 dj. abgeſchätzt, und dem Albrecht von Waldſtein um
den Schätzungswerth gelaſſen worden.

127. **Czitaw und Koſteletz (im Leutmeritzer Kreiſe.)**

Sind dem Johann Chriſtoph Bellwitz, welcher
zum Lehn verurtheilt war, konfiszirt, und Schulden halber dem Georg Malowetz um 38000 fſ. verkauft worden.

128. **Cziknie dritter Theil, ſonſt wyſoká Drůit genannt, (im Prachiner Kreiſe.)**

Iſt dem Joenko Malowetz, welcher in die Hälfte
kondemnirt war, konfiszirt, auf 3695 fſ. 15 gr. abgeſchätzt, und der Sibylla Dorothea Chropitzinn gelaſſen
worden.

129. **Czwrcjowitz (im Kaorzimer Kreiſe.)**

Iſt dem Niklas Sekerka, welcher in ein Drittheil
verurtheilt war, konfiszirt, auf 13839 fſ. 4 gr. 2 dj. abgeſchätzt, und dem Georg Benedikt Benig um 14839 fl.
24 kr. 2 dj. verkauft worden.

130. **Czytolewy und Sellmitz (im Saatzer Kreiſe.)**

Sind dem Adam Heinrich Kruſſka, welcher in ein
Drittheil kondemnirt war, konfiszirt, auf 41,952 fſ.
40 gr. 3 dj. taxirt, und dem Grafen Adam von Herbersdorf verkauft worden.

131. Daubrawany (im Bunzlauer Kreise.)

Ist dem Johann Peter Raschin, welcher in ein Dritttheil verurtheilt war, konfiszirt, und auf 15018 fß. abgeschätzt worden.

132. Daubrawitz, Peczitz, Kunstberg und Lemberg (im Bunzlauer Kreise.)

Sind dem Joenko von Waldstein, welcher ganz verurtheilt war, konfiszirt, zusammen auf 193561 fß. 58 gr. 3 dj. abgeschätzt, und dem Albrecht von Waldstein um 203825 fl. verkauft worden.

Dausetzko und Deschensko s. Bezdiesko.
Diekow s. Ribnian.

133. Dietenitz (im Bunzlauer Kreise.)

Ist dem Georg Krzinetzky, welcher in die Hälfte kondemnirt war, konfiszirt, auf 53331 fß. tarirt, und dem Albrecht von Waldstein um 53531 fl. verkauft worden.

134. Dimokur (im Königgrätzer jetzt Bidsch. Kreise.)

Ist dem Albrecht Smirzitzky konfiszirt, auf 174661 fß. 11 gr. 5 1/2 dj. abgeschätzt, und dem Albrecht von Waldstein käuflich überlassen worden.

Olwin s. Niemes.
Olaziwa s. Auborsko.

135. Dobeschitz (im Kaurzimer Kreise.)

Ist konfiszirt, auf 683 fß. 17 gr. abgeschätzt, und in diesem Preise dem Niklas Deym käuflich überlassen worden.

136. Dobra Woda oder Gutwasser (im Königgrätzer Kreise.)

Ist dem Johann Kralus, welcher zum Lehn verurtheilt war, zugehörig gewesen, und auf 24882 fß. Meißn. tarirt worden.   Do-

Dobromirſiß ſ. Launer fünf Dörfer.

137. Dobroniß (im Bechiner, jetzt Taborer Kreiſe.)

Iſt dem Johann Georg Haslauer, welcher in ein
Drittheil verurtheilt war, konfiszirt, und auf 5192 fl.
Meißn. abgeſchätzt, ſodann aber dem Bobuslaw Haslauer
in dem Abſchätzungswerthe verkauft worden.

Dobrewiß ſ. Cżaslauer acht Dörfer.

Dobrjen ſ. Jbraslawiß.

138. Dobrſeniß (im Königgrätzer Kreiſe.)

Iſt dem ältern Johann Dobrſensky, welcher in die
Hälfte verurtheilt war, konfiszirt, und auf 16696 fl. abgeſchätzt, hierauf aber dem Albrecht von Waldſtein um
16000 fl. Meißn. verkauft worden.

139. Dobrſicżan und Großworſikow (erſteres im Sraßer, und letzteres im Berauner Kreiſe.)

Sind dem Chriſtoph Hrobcżiczky, welcher in die
Hälfte kondemnirt war, konfiszirt, und beide zuſammen
auf 40155 fl. 47 gr. 1 dʒ. die Fahrniſſe aber auf 1148 fl.
taxirt, und dem Franz Klari de Riva um 41304 fl. 23 gr.
1 dʒ. käuflich überlaſſen worden.

140. Dobrſikow (im Königgrätzer Kreiſe.)

Iſt dem Wilhelm Dobrſikowsky, welcher in ein
Drittheil verurtheilt war, konfiszirt, auf 29177 fl. 1 gr.
3 dʒ. abgeſchätzt, und dem Albrecht von Waldſtein um
29166 fl. 40 kr. verkauft worden.

141. Dobrſiſch im (Podbrder, jetzt Berauner Kreiſe.)

Iſt Ihro kaiſ. königl. Majeſtät zugehörig geweſen, auf 213906 fl. 8 gr. 5 dʒ. abgeſchätzt, und zufolge
Reſoluzion vom 6. April 1630 dero geheimen Rath,
Kämmerer, Oberſtlandjägermeiſter, Stall- und Falken-
meiſter,

meister, Grafen Bruno von Mannsfeld, ohne die Wild-
bahn um 40000 fl. verkauft worden.

142. Dokes ein Theil (im Bunzlauer Kreise.)

Ist dem Ladislaw Zeidlitz, welcher ganz verurtheilt
war, konfiszirt, auf 540 ß. 34 gr. 2 dz. tarirt, und dem
Grafen Jaroslaw Borzita von Martinitz um 550 fl.
käuflich überlassen worden.

Dokezsko s. Bezdiesko.
Doleyssy s. Kamenitz.

143. Drin, Zlatenka, vier Dörfer zur Herrschaft Chey-
now, als Gutwasser und Strzitetz (im Bechiner,
jetzt Taborer Kreise.)

Sind dem R. Wenczelik konfiszirt, und dem Fürsten von Eggenberg um 3068 ß. 40 gr. käuflich überlassen worden.

144. Domamischle (im Bechiner, jetzt Taborer
Kreise.)

Ist dem ältern Niklas Smrczka konfiszirt, auf
2777 ß. 55 gr. 5 dz. tarirt, und dem Johann Wenzel
Griesel um den Abschätzungspreis verkauft worden.

145. Domanitz (im Prachiner Kreise.)

Ist dem Johann Lukawsky, welcher in ein Drittheil verurtheilt war, konfiszirt, auf 6850 ß. 40 gr. abgeschätzt, und dem Grafen Wilhelm Slawata um den abgeschätzten Werth verkauft worden.

146. Domaslowitz, Smidar und Ziretz (im Bunz-
lauer, Bidschower und Prachiner Kreise.)

Sind dem Johann Silber von Silberstein, der ganz
kondemnirt war, konfiszirt, Domaslowitz auf 38144 ß.
17 gr. 1 dz. Smidar auf 77055 ß. 44 gr. 2 dz., und Zi-
retz auf 51486 ß. 28 gr. 1 dz. mithin zusammen auf
166686

166686 fl. 29 gr. 4 dl. abgeſchätzt, und der Maria Mag=
dalena Trezkinn, geb. Lobkowitz um 95142 fl. 51 gr.
3 dl. verkauft worden.

Domaſchin ſ. Wlaſſina.

147. Domauſnitz (Domaußnitz) (im Bunzlauer Kreiſe.)

Iſt dem Ulrich Kautſch von Kauth, welcher in ein
Drittheil verurtheilt war, konfiszirt, auf 46862 fl. 20 gr.
abgeſchätzt, und der Fürſtinn Polexina von Lobkowitz um
eben dieſen Preis überlaſſen worden.

148. Drachkow (im Pilſner Kreiſe.)

Iſt dem Martin Wiederſperger, welcher in die
Hälfte verurtheilt war, konfiszirt, auf 6790 fl. Meißn.
abgeſchätzt, und dem Johann Philipp Cratz käuflich über=
laſſen worden.

149. Dracziczky (im Bechiner, jetzt Taborer Kreiſe.)

Iſt dem Wilhelm Hablauer, welcher in ein Dritt=
theil kondemnirt war, konfiszirt, auf 8730 fl. Meißn.
abgeſchätzt, und der Ludmilla Becherinn um 9600 fl. verkauft
worden.

150. Drahonitz (im Saatzer Kreiſe.)

Iſt dem Johann Heinrich Audrzky, welcher in ein
Dritttheil verurtheilt war, konfiszirt, auf 13446 fl. 11 gr.
3 dl. abgeſchätzt, und dem Johann Ludwig Neßlinger
verkauft worden.

151. Draſchitz (im Bechiner, jetzt Taborer Kreiſe.)

Iſt dem Johann Swatkowsky, welcher in zwey
Drittheile verurtheilt war, konfiszirt, auf 5220 fl. 51 gr.
3 dl. abgeſchätzt, und dem Adam Lipowsky um 5000 fl.
verkauft worden.

152. Drazowitz (im Bechiner Kreise.)

Wurde konfiszirt, auf 11875 fß. 30 gr. abgeschätzt, und dem Maximilian von Kolowrat überlassen.

153. Drekow (Sdiekow) und Ribnian (im Saatzer Kreise.)

Sind dem Gideon Bernklau, welcher in die Hälfte verurtheilt war, konfiszirt, und dem Franz de Currirs um 17564 fß. verkauft worden.

154. Dreyhaken und Sichdichfür (im Pilsner Kreise.)

Ist dem Johann Bartholom Schirndinger, welcher ganz kondemnirt war, konfiszirt, und auf 13812 fß. 40 gr. abgeschätzt worden.

155. Drslawitz (im Prachiner Kreise.)

Ist dem Joachim von Kolowrat konfiszirt, auf 66678 fß. 11 gr. 3 dl. taxirt, und dem Fürsten von Eggenberg käuflich überlassen worden.

156. Drzewikowitz (im Chrudimer Kreise.)

Ist dem Idenko Slawikowitz, welcher in die Hälfte verurtheilt war, konfiszirt worden.

Drzenzitz f. Trzebiblitz.

Drzlnow f. Wodolin Woda.

Drzitten f. Frauenberg.

Dub f. Paczow.

157. Dubenetz (im Königgrätzer Kreise.)

Ist dem Christoph von Waldstein, welcher in die Hälfte verurtheilt war, konfiszirt, auf 19605 fß. abgeschätzt, und dem Albrecht von Waldstein um 19605 fl. verkauft worden,

158.

- Dubeß s. Biechowiß.

158. Dubna (im Bechiner, jetzt Budweiser Kreise.)

Ist dem Adam Kunasch, welcher in ein Drittheil verurtheilt war, konfiszirt, auf 7769 fß. abgeschätzt, und dem Rath zu Budweis überlassen worden.

Dubnim s. Krzenowiß.

159. Dupau oder Daupow (im Elbogner Kreise.)

Ist dem Johann Albin Schlik, welcher ganz kondemnirt war, konfiszirt, auf 42766 fß. 25 gr. 5 dz. taxirt, und dem Don Wilhelm Verdugo um 41000 fl. käuflich überlassen worden.

160. Duppauisches Haus in der Altstadt Prag.

Ist dem Friedrich von Calmberg um 4000 fß. Meißn. verkauft worden.

161. Duschnik (im Schlaner, jetzt Rakonitzer Kreise.)

Ist dem Albrecht Hrzek, welcher in ein Drittheil verurtheilt war, konfiszirt, auf 8311 fß. 25 gr. 5 dz. abgeschätzt, und dem Georg Friedrich von Grenach überlassen worden.

162. Dworeß oder Dworje (im Bechiner, jetzt Taborer Kreise.)

Ist dem Johann Kaba, welcher ganz kondemnirt war, konfiszirt, und auf 9157 fß. 30 gr. abgeschätzt worden.

163. Egerburg und Felixburg (im Elbogner Kreise.)

Sind dem Mathias Stampach, welcher in zwey Drittheile verurtheilt war, konfiszirt, auf 29262 fß. 19 gr. 6 dz. taxirt, und dem Christoph Simon Grafen von Thun um 46571 fß. 37 gr. 1 dz. verkauft worden.

164.   Eifenberg und Minian (im Saaze: Kr.ife.)

Sind dem Niklas Hochhaufen, welcher in ein Drittheil verurtheilt war, konfiszirt, auf 67956 fß. 4 gr. 5 dz. abgeschätzt, und dem Wilhem von Lobkowitz um 67950 fß. käuflich überlaffen worden.

Eifendorf f. Purfchau.

165.   Eiwany (im Schlaner, jetzt Leutmeritzer Kreife.)

Ift dem Wilhem Konrad Elfnitz, welcher in ein Drittheil verurtheilt war, konfiszirt, und der Maria Maximiliana von Sternberg um 10000 fß. Meißn. käuflich überlaffen worden.

166.   Elbogner Dörfer,

Kholuna, Lobus und Rüdißgrün (im Elbogner Kreife.)

Sind der Stadt Elbogen konfiszirt, auf 9163 fß. Meißn. abgeschätzt, und dem Otto von Noftitz um 6060 fß. 51 gr. 3 dz. käuflich überlaffen worden.

167.   Elbogner Dörfer,

Grünlaß, Kodau und Granefau (im Elbogner Kreife.)

Sind ebenfalls der Stadt Elbogen konfiszirt, und dem Johann Wenzel Winekhler um 9000 fß. verkauft worden.

168.   Elbogner Gut Lipnitz (im Elbogner Kreife.)

Ift dem Rath zu Elbogen konfiszirt, und an Maria Magdalena Härtlinn um 17000 fl. verlaffen worden.

Engelsberg f. Angelftá Hora.

169.   Enzowan (im Leutmeritzer Kreife.)

Ift dem Radislaw Zeidlitz, welcher ganz kondemnirt war, konfiszirt, auf 71494 fß. 40 gr. abgeschätzt, und
der

der Fürſtinn Polexina von Lobkowitz um 71494 fl. 40 kr. verlaſſt worden.

170. Falkenau (im Elbogner Kreiſe.)

Iſt dem Johann Albin Schlik, welcher ganz verurtheilt war, konfiszirt, auf 52204 ſß. 5 gr. 1 dj. tarirt, und dem Otto von Noſtitz um 45000 ſß. Meißn. überlaſſen worden.

Felixburg ſ. Egerburg.

171. Fels und Gersdorfiſche Häuſer (beym Sandthor in der kleinern Stadt Prag.)

Sind dem Leonhard Colonna von Fels und dem Niklas Gersdorf konfiszirt, auch beyde, und zwar das erſte um 5000 ſß., und das zweyte um 3000 fl. an Wilhelm von Wrzeſowitz verlaſſen worden.

172. Forberg.

Iſt dem Niklas Petzinger konfiszirt, und auf 2925 ſß. 14 gr. 2 dj. abgeſchätzt worden.

173. Frauenberg oder Hluboka, Zwikowes, Adamſtadt, Liſchow, Drziten und Ehwalkowitz (im Bechiner jetzt Budweiſer Kreiſe.)

Sind dem Johann Dietrich und Wenzel Malowetz, welche in die Hälfte verurtheilt waren, konfiszirt, zuſammen auf 107575 ſß. 35 gr. tarirt, und dem Don Balthaſar von Marabas um 200000 fl. verkauft worden.

174. Drey Freyhöfe (im Podbrder jetzt Berauner Kreiſe.)

Sind dem ältern Wenzel Wratislaw von Mitrowitz um 530 ſß. Meißn. verkauft worden.

175. Friedenau (im Czaslauer Kreise.)

Ist dem Johann Schenowitz, welcher in ein Drittetheil verurtheilt war, konfiszirt, und ihm selbst wieder um 19045 ff. 8 gr. 4 dj. überlassen worden.

176. Friedenberg oder Freudenberg (im Leutmeritzer Kreise.)

Ist dem Friedrich Latitz, welcher in ein Drittheil verurtheilt war, konfiszirt, auf 950 ff. Meißn. abgeschätzt, und dem Ulrich Mildeneh um 1500 ff. Meißn. verkauft worden.

177. Friedland und Reichenberg (im Bunzlauer Kreise.)

Sind dem R. Reder konfiszirt, Friedland auf 100872 ff. 42 gr., und Reichenberg auf 59000 ff. 51 gr. 1 dg. abgeschätzt, und dem Albrecht von Waldstein zusammen für 150000 fl. käuflich überlassen worden.

178. Frimburg, Sobieschih und Losk (im Prachiner Kreise.)

Sind dem Wogeslaw Branischowsky, welcher in ein Drittheil verurtheilt war, konfiszirt, auf 10562 ff. 50 gr. abgeschätzt, und der Elisabeth Kolowratinn gebohr. von Lobkowitz um 10500 ff. Meißn. verkauft worden.

179. Frubweinisches Haus in Prag.

Ist dem Przibik Genuschek von Ugezd um 1900 ff. verkauft worden.

180. Fürstenwald (im Leutmeritzer Kreise.)

☞ Es hat der Graf Wolf von Mansfeld, vermög Kaufkontrakts vom 28. Jänner 1630 auf ergangene k. Resoluzion vom 14. Dezember 1629 das Dorf Fürstenwald, so zuvor zu der Herrschaft Schluckenau gehörte, vor Jahren aber dem Wilhem Grafen v. Wchinitz (Kinsky) um 1509 fl.

40

40 fr. verpfändet worden, um besagte Summe wieder ein-
gelöst, und es ist von Sr. Majestät ihm dieses Dorf, weil
es ihm verfallen, in solchem Werthe wiederum verkauft
worden.

Gaislowiß s. Zirzlowiß.

181. Gauth, Riesenburg und halb Neugedein (im Pilsner Kreise.)

Sind dem Heinrich Barian von Gutenstein, welcher ganz kondemnirt war, konfiszirt, auf 90921 fß. 30 gr.
taxirt, und dem Johann Philipp Graß um 35000 fß.
verkauft worden.

182. Gerkany.

Ist konfiszirt, und auf 3907 fß. abgeschätzt worden.

183. Genikow wetrnh (Jenikow) auch Windigjeni-kau (im Czaslauer Kreise.)

Ist dem Peter Stabik konfiszirt, auf 48434 fß.
abgeschätzt, und der Anna Maria Bräunerinn überlassen
worden.

184. Genikowiß (im Czaslauer Kreise.)

Ist der Dorothea Magni konfiszirt, und der Maria
Magdalena Golzin überlassen worden.

Gersdorfische s. Felsische Häuser.

185. Geßeniß (im Königgräßer Kreise.)

Ist dem Albrecht Felix Suda Rženezky, welcher in ein
Drittheil verurtheilt war, konfiszirt, ihm aber auch wiederum überlassen worden.

186. Getrilchowiß (im Berauner Kreise.)

Ist dem Johann Chobozky konfiszirt, und dem Jo-
han von Talmberg um 10568 fß. 40 gr. käuflich überlassen worden.

B 3   Getters-

Gettersdorf ſ. Bičizl.

187. Gezerow (im Kauržimer Kreiſe.)

Iſt dem Bobuslaw Sobek konfiszirt, auf 2643 ſß. 42 gr. 1 dž. abgeſchätzt, und dem Stephan Benig um den Abſchätzungswerth käuflich überlaſſen worden.

Gienowitz (Genowitz) ſ. Butowitz.

Gießhübel ſ. Angelſká Hora.

188. Girna (im Kauržimer Kreiſe.)

Iſt dem Thomas proſecže konfiszirt, und auf 26020 ſß. 51 gr. 3 dž. abgeſchätzt worden.

Graneſau ſ. Elbogner Dörfer.

189. Großbaſſt (im Kauržimer Kreiſe.)

Iſt dem Idenko Smolik, welcher in zwey Dritttheile verurtheilt war, konfiszirt, auf 16624 ſß. 20 gr. abgeſchätzt, und dem Albrecht von Waldſtein um 16624 ſß. verkauft worden.

Großoderow ſ. Habrowitz.

190. Groß - und Kleinhorka, ein Ritterſitz Czetno, Kleinczetno, und das Dorf Rokotowitz (im Czaslauer Kreiſe.)

Sind dem Niklas Gersdorf, welcher ganz verurtheilt war, konfiszirt, und dem Georg Benedikt Benig um 20500 ſß. Meißn. käuflich überlaſſen worden.

191. Groß Koleſchow (im Saazer Kreiſe.)

Iſt dem Jaroslaw Liebſteinsky von Kolowrat, welcher in ein Dritttheil verurtheilt war, konfiszirt, auf 50280 ſß. 34 gr. 2 dž. taxirt, und dem Hermann von Queſtenberg um 50280 ſß. verkauft worden.

192.

192. Groß Lippen ſonſt Großleippe (im Saatzer Kreiſe.)

Iſt dem Alexander Kaplirz, welcher in ein Drittheil involvirt war, konfiszirt, auf 27443 fl. Meißn. abgeſchätzt, und dem Johann von Aldringen um eben dieſen Preis verkauft worden.

Großpalicze ſ. Audeſchitz.

Großworzikow ſ. Dobrzijan.

193. Großwoſow und Kleinwoſtrowetz (im Podbrs der jetzt Berauner Kreiſe.)

Sind dem Ulrich Gersdorf konfiszirt, das erſte auf 8346 fl. 48 gr. 1 1/2 dl., und das zweyte auf 3206 fl. 30 gr. abgeſchätzt, beide zuſammen aber der Salome Gersdorfinn um 9857 fl. 8 gr. 4 dl. käuflich überlaſſen worden.

Grünlaß ſ. Elbogner Dörfer.

Gutwaſſer ſ. Dobrá woda.

Gutwaſſer (im Bechiner Kreiſe) ſ. Doly.

194. Habrowitz (Hrabowitz) Wſchebrzitz und Großchoderow (im Leutmeritzer Kreiſe.)

Sind dem Adam Hermann Kölbel, welcher in ein Drittheil kondemnirt war, konfiszirt, auf 5214 fl. 22 gr. 6 dl. taxirt, und dem Johann Kaspar Rebitz um 6714 fl. 22 gr. 6 dl. verkauft worden.

195. Habrzi, Wolbrany und Swiboch (im Bechiner Kreiſe.)

Das erſte iſt dem Melchior oder Otto Kalkreuter, die andern zwey aber dem Veit Holyspar konfiszirt, Habrzi auf 8150 fl. Wolbrany und Swiboch aber auf 5000 fl. abgeſchätzt, und dem Abt Gangolphus zu Hohenfurt um 15000 fl. verkauft worden.

B 4

196.

196. Hagensdorf, Hasenstein und Plöß (im Saazer Kreise.)

Sind dem Leonhard von Stambach, der in zwey Drittheile kondemnirt war, konfißzirt, und auf 72761 ſß. 36 gr. 2 dſ. abgeſchätzt worden.

197. Hammer. (im Chrudimer Kreise.)

Iſt dem Chriſtoph Karl von Swarowa, welcher in ein Drittheil verurtheilt war, konfißzirt, auf 21011 ſß. taxirt, und dem Wenzel Albrecht Karl von Swarowa um eben dieſe Summe überlaſſen worden.

198. Hammer und Rzinow (im Prachiner Kreise.)

Sind dem Jdibow Wogirž, welcher in ein Drittheil kondemnirt war, konfißzirt, auf 12050 ſß. 10 gr. abgeſchätzt, und dem Fürſten Ulrich von Eggenberg um 10077 ſß. verkauft worden.

199. Herzmanmießeß und Chauſtniß (im Chrudimer Kreise.)

Sind dem Albrecht Jdibor Petzinger, welcher in die Hälfte verurtheilt war, konfißzirt, auf 18248 ſß. 5 dſ. taxirt, und dem Albrecht von Waldſtein um 18248 fl. käuflich überlaſſen worden.

200. Helkowiß (im Bunzlauer Kreise.)

Iſt dem Hermann Adam Gelber konfißzirt worden.

Heiligenkreuz ſ. Biela.

201. Heraleß und Humpoleß (im Czaslauer Kreise.)

Sind dem Chriſtoph Karl von Rüppan, welcher ganz verurtheilt war, konfißzirt, auf 71369 ſß. 34 gr. 2 dſ. oder 83264 fl. 30 kr. abgeſchätzt, und dem Grafen Philipp von Salm um die Taxe verkauft worden.

202. Herzmaniß (im Königgräßer Kreise.)

Ist dem Friedrich von Oppersdorf konfiszirt, auf 1975 fl. 55 gr. abgeschäßt, und dem Albrecht von Waldstein um 23070 fl. verkauft worden.

Hinewaniß f. Branischow.

203. Hlaziowiß (im Podbrder Kreise.)

Ist dem Jaroslaw Otto von Los, welcher in die Hälfte verurtheilt war, konfiszirt worden.

Hliniann f. Eisenberg.

204. Hliniß, Wrajney und Liderowiß (im Bechiner jeßt Taborer Kreise.)

Sind dem Johann und Heinrich Sadlo, welche in die Hälfte kondemnirt waren, konfiszirt, Hliniß auf 2115 fl. die letztern beiden aber auf 5339 fl. abgeschäßt, und dem Josue Korzensky um den Schäßungswerth gelassen worden.

Hlubofa f. Frauenberg.

205. Hlubosch und Hof Sadek (im Podbrder jeßt Berauner Kreise.)

Sind dem Karl Welensky, welcher in die Hälfte verurtheilt war, konfiszirt, Hlubosch auf 12024 fl. 53 gr. 4 dj. und der Hof Sadek auf 742 fl. 30 gr. abgeschäßt, und dem Wenzel Bechinie zusammen auf 12000 fl. verkauft worden.

206. Hluschiß (im Königgräßer Kreise.)

Ist dem Christoph Kapaun, welcher in die Hälfte verurtheilt war, konfiszirt, auf 58231 fl. 16 gr. 4 dj. taxirt, und dem Wenzel Kinsky von Wchiniß in Abschlag des Tausches gegen die Herrschaft Kolin abgetreten worden.

207.

207. Hniewkowitz (im Bechiner jetzt Budweiser Kreise.)

Ist dem Hieronymus Haslauer, welcher in ein Dritt-theil kondemnirt war, konfiszirt worden.

208. Hobiczan (im Königgräzer Kreise.)

Ist dem Niklas Bukowsky, welcher in ein Dritt-theil verurtheilt war, konfiszirt, auf 4769 fß. 50 gr. ab-geschätzt, und der Johanna Stakinn überlassen worden.

Hoblow f. Woftrow.

209. Holoftrzewn und Beneschowitz (im Pilsner Kreise.)

Sind dem Johann Bartholom Schirndinger, wel-cher ganz verurtheilt war, konfiszirt, und auf 11206 fß. 40 gr. taxirt worden.

210. Horazdiowitz (im Prachiner Kreise.)

Ist dem Theobald Ferdinand Schwihowsky kon-fiszirt, auf 74518 fß. 40 gr. abgeschätzt, und dem Adam von Sternberg um 70000 fß. Meißn. verkauft worden.

Horka f. Groß- und Kleinhorka.

211. Horky, ein Hof, (im Bechiner Kreise.)

Ist dem Niklas Berzkowsky, welcher in ein Dritt-theil kondemnirt war, konfiszirt, auf 20564 fß. 57 1/2 gr. taxirt, und der Anna Juliana Berzkowskynn um 18300 fß. verkauft worden.

Horky f. Czaslauer Althöörfer.

212. Horosedlo (Horosattel) und Koleschowitz (im Rakonizer Kreise.)

Sind dem Jaroslaw Hrobcziczky, welcher in ein Drittheil verurtheilt war, konfiszirt, und dem Hanns Münch

Münch am 17692 fl. 40 gr. oder 20629 fl. 46 kr. 4 dl. käuflich überlassen worden.

Horsenitz f. Kralup.

213. Horsyze (im Pilsner Kreise.)

Ist dem Hynek Horzitzky, welcher in die Hälfte verurtheilt war, konfiszirt, und auf 3094 fl. abgeschätzt worden.

214. Horjeliß (im Schlaner jetzt Rakonitzer Kreise.)

Ist dem ältern Johann Straka, welcher in die Hälfte kondemnirt war, konfiszirt, und dem Andreas Erle überlassen worden.

215. Horjenitz oder Horscheffy und Stakorzi (im Bunzlauer Kreise.)

Sind dem Zdenko Adam Mladota, welcher in die Hälfte verurtheilt war, konfiszirt worden.

216. Horjetiß, Zijeliß und Welemiß (im Saatzer Kreise.)

Sind dem Erasmus Stampach, welcher in die Hälfte kondemnirt war, konfiszirt, auf 39418 fl. 57 gr. 1 dl. geschätzt, und dem Franz Alary de Riva verkauft worden.

217. Horjeß und Koschetiß (im Czaslauer Kreise.)

Sind dem Niklas Berzkowsky, welcher in die Hälfte verurtheilt war, konfiszirt, und auf 20564 fl. 57 1/2 gr. die Mobilien aber auf 2871 fl. 30 gr. abgeschätzt worden.

218. Horzinowes (im Königgräzer Kreise.)

Ist dem Johann Burghart Kordule, welcher in die Hälfte verurtheilt war, konfiszirt, auf 13415 fl. Meißn. taxirt, und dem Albrecht von Waldstein um 13000 fl. überlassen worden.

219.

219. Horzitz (im Königgrätzer Kreise.)

Ist dem Albrecht Smirzizky, welcher in den Verlust des Ganzen verurtheilt war, konfiszirt, und auf 49499 ſß. 40 gr. abgeschätzt worden.

220. Horzowitz und Komarow (im Podbrder jetzt Berauner Kreise.)

Sind dem Jobann Ludwig von Zzitschan, welcher ganz kondemnirt war, konfiszirt, und der Gräfinn Maria Eusebia von Martiniz um 56000 ſß. käuflich überlassen worden.

221. Horzowthein oder Bischofteiniz, Mirztowitz, und Ezeczowitz (im Pilsner Kreise.)

Sind dem ältern Wilhelm von Lobkowitz konfiszirt, auf 264627 ſß. 41 gr. 1 dj. taxirt, und dem Grafen Maximilian von Trautmannsdorf um 200000 fl. verkauft worden.

222. Hoftaun und Sworzno (im Pilsner Kreise.)

Sind dem Grafen Georg Heinrich von Gutenstein konfiszirt, auf 53121 ſß. 59 gr. 6 dj. abgeschätzt, und dem Jobann Zdenko Wratislaw um 41000 ſß. käuflich überlassen worden.

Hoftina s. Wescze.

223. Hoftinna (im Königgrätzer Kreise.)

Ist dem Haans Dietrich Waskobersky, welcher in ein Drittheil kondemnirt war, konfiszirt, auf 6675 ſß. Meißnisch taxirt, und der Polexina Fürstinn von Lobkowitz um 6000 fl. verkauft worden.

Hoftinna s. Arnau.

224. **Hostiß und Strjela** (im Prachiner Kreise.)

Sind dem Peter und Przibik (Adauft) Baubinsky*), welche in den Verlust des Ganzen verurtheilt waren, konfiszirt, Hostiß auf 33724 fß. 50 gr. und Strjela auf 24315 fß. abgeschätzt, und dem Heinrich Liebsteinsky von Kolowrat um 48000 fß. verkauft worden.

Hostoniß f. Slaupy.

225. **Hrachowtßein oder Hrachowteinicze** (im Chrudimer Kreise.)

Ist dem Ludwig Bezdrujiczky von Kolowrat, welcher zum Lehn verurtheilt war, konfiszirt, und auf 35919 fß. 30 gr. abgeschätzt worden.

226. **Hradek** (im Prachiner Kreise.)

Ist dem Humprecht Ratschin, welcher zum Lehn verurtheilt war, konfiszirt, auf 15020 fß. 30 gr. abgeschätzt, und dem Johann Ratschin um 15000 fß. verkauft worden.

227. **Hradek, Mancziß und Podiaßi** (im Kaurzimer Kreise.)

Sind dem Johann Christoph Mischka, welcher in ein Dritttheil kondemnirt war, konfiszirt, und dem Wenzel von Wchiniß (Kinsky) um 51309 fß. Meißn. oder 59860 fl. verkauft worden.

Hradek f. Launer 5 Dörfer.

228. **Hrobiczan und Mlcziowes** (im Königgrätzer Kreise.)

Sind dem Johann Burghart Kordule **), welcher in die Hälfte verurtheilt war, konfiszirt, auf 13415 fß. abgeschätzt, und dem Albrecht von Waldstein um 13000 fl. verkauft worden ***).

229.

*) In einer andern alten Handschrift steht Peter Peschig.
**) In der schon erwähnten andern Handschrift steht Friedrich Borzik Dohalsky, kondemnirt in ein Dritttheil.
***) In nur gedachter Handschrift beläuft sich der Abschätzungs-werth auf 26513 fß. 4 gr. und der Kaufpreis auf 30931 fl. 54 kr.

229. Hroby (im Bechiner jetzt Taborer Kreiſe.)

Iſt dem Adam Smrczka, welcher in ein Dritttheil verurtheilt war, konfiszirt, auf 14905 ſß. 31 gr. 3 dſ. tarirt, und dem Auguſtin Gſeller um 14205 ſß. 31 gr. 3 dſ. überlaſſen worden.

230. Hruſchowa Lhota (im Budweiſer Kreiſe.)

Iſt dem ältern Wilhelm Wrchotizky, welcher in zwey Dritttheile kondemnirt war, konfiszirt, auf 2244 ſß. 40 gr. abgeſchätzt, und dem Maximilian Pecher um dieſen Preis verlaſſen worden.

231. Hruſchowan (im Saatzer Kreiſe.)

Iſt dem Niklas Hochhauſen, welcher zum Lehn verurtheilt war, konfiszirt, und auf 8548 ſß. 45 gr. geſchätzt worden.

Hummian ſ. Bozegow.

Humpoletz ſ. Heraletz.

232. Janowitz (im Pilſner Kreiſe.)

Iſt dem Georg Janowsky konfiszirt, auf 19648 ſß. 10 gr. tarirt, und dem Georg Gotthard Janowsky überlaſſen worden.

233. Jansdorf oder Janowo und Zaliczi (im Saatzer Kreiſe.)

Sind den Brüdern, Moritz Heinrich, und Niklas Hartiſch von Harſiſch, welche in ein Dritttheil kondemnirt waren, konfiszirt, auf 31796 ſß. 35 gr. 5 dſ. geſchätzt, und dem Jakob Bruno um 29778 ſß. verkauft worden.

234. Jaromirzer Dörfer (im Königgrätzer Kreiſe.)

Sind der Stadt Jaromirz konfiszirt, und auf 6977 ſß. 54 gr. 2 dſ. abgeſchätzt worden.

235.

235. Kaletz und Lužn (im Rakonitzer Kreiße.)

Sind dem Adam Ferdinand Audrzky, welcher in die Hälfte verurtheilt war, konfiszirt, und dem Kloster Plaß zugeeignet worden.

Kameik s. Wobdeniß.

236. Kamberg, ein Hof und Dorf (im Bechiner, jetzt Taborer Kreise.)

Ist dem Dionys Markwart, welcher in zwey Dritt-theile verurtheilt war, konfiszirt, auf 17803 fß. 20 gr. abgeschätzt, und dem Jakob Kalmberg um eben den Preis verkauft worden.

Kamenicze s. Czernowiß.

237. Kamenicze trhowá (im Chrudimer Kreise.)

Ist dem Franz de Curtirs um 10285 fß. 42 gr. 6 dj. käuflich überlassen worden.

Kameniß s. Unterkameniß.

238. Kamený Most (im Saatzer Kreise.)

Ist dem Adam Hrobcziczky, welcher in ein Drittheil kondemnirt war, konfiszirt, und dem Adam von Wald-stein um die Taxe an 8077 fß. 17 gr. 1 dj. verkauft worden.

Kastely s. Plißkowiß.

239. Katzerow und Kralowiß (im Pilsner und Rakonitzer Kreise.)

Sind den Brüdern Wenzel und Albrecht Grießbeck, welche in den Verlust des Ganzen verurtheilt waren, konfis-zirt, und von Sr. Majestät dem Kloster Plaß zugeeignet worden.

240. Katzow (im Czaslauer Kreise.)

Ist dem ältern Karl Czejka, welcher in die Hälfte verurtheilt war, konfiszirt, auf 116046 fß. 8 gr. 4 dj.

ge-

geschätzt, und dem Johann Baptista Werda um 116000 fl. verkauft worden.

241. Kauniß (im Kaurzimer Kreise.)

Ist dem Johann Rudolph Trzka konfiszirt, auf 65402 fl. 27 gr. 1 dz. taxirt, und der Herrschaft Brandeis zugeeignet worden.

242. Kaunow (im Saazer Kreise.)

Ist dem Johann Adam Nostiz, welcher in die Hälfte verurtheilt war, konfiszirt worden.

243. Kaurzimer Dörfer (im Kaurzimer Kreise.)

Sind der Stadt Kaurzim konfiszirt, auf 63568 fl. 4 gr. 1 dz. abgeschätzt, und dem Fürsten Karl von Lichtenstein käuflich überlassen worden.

244. Keblan und Schmikus (im Budweiser Kreise.)

Sind dem Ulrich Hrobeziczky, welcher zum Lehn verurtheilt war, konfiszirt. auf 9444 fl. 40 gr. taxirt, und dem N. Hochenberg verkauft worden.

Kholuna s. Elbogner Dörfer.

245. Kistra und Wrschowitz (im Saazer Kreise.)

Ist dem Prokop Dworzezky, welcher in den Verlust des Ganzen verurtheilt war, konfiszirt, auf 59765 fl. 48 gr. 2 dz. geschätzt, und dem Grafen Wolf von Wrzesowitz um 50000 fl. Meißn. verlassen worden.

Klassterez s. Biela.

Kleinbarchow s. Barchow.

Kleinbeczwary s. Beczwary.

Kleinczetno s. Großhorka.

Kleinbukowin s. Bukowin.

Kleniowicze s. Wobdenitz.

246. Kleteczno (im Czaslauer) und Zachotin (im Taborer Kreise.)

Ist dem ältern Johann von Rziczan, welcher in zwey Drittheile kondemnirt war, konfiszirt, und beide Güter auf 18280 fß. 48 gr. 4 dz. die Fahrnisse aber auf 3164 fß., mithin zusammen auf 21444 fß. 48 gr. 4 dz. abgeschätzt worden.

247. Klingenberg oder Zwikow (im Prachiner Kreise.)

Ist dem Peter von Schwamberg, welcher in den Verlust des Ganzen verurtheilt war, konfiszirt, auf 57946 fß. taxirt, und dem Fürsten Ulrich von Eggenberg um 67993 fß. 57 gr. 1 dz. käuflich überlassen worden.

Klösterle s. Neuschönburg.

Kly s. Semeklowitz.

248. Klomin (im Rakonitzer Kreise.)

Ist auf 22333 fß. 34 gr. abgeschätzt worden.

249. Kniezicz oder Knöschitz (im Saazer Kreise.)

Ist dem Wilhelm von Stampach, welcher in ein Drittheil verurtheilt war, konfiszirt, und auf 11328 fß. taxirt, und dem Franz de Carrirs verkauft worden.

250. Kobilnik und Radeschin (im Schlaner, jetzt Rakonitzer Kreise.)

Sind dem Bernard Elsnitz, welcher in ein Drittheil kondemnirt war, konfiszirt, das erste auf 39080 fß. 10 gr., und das letzte auf 8179 fß., mithin zusammen auf 47259 fß. 10 gr. Meißn. abgeschätzt, und dem Karl Friedrich Platteis von Plattenstein um 45416 fl. 40 kr. überlassen worden.

251. Kochels Haus (in der kleinern Stadt Prag.)

Ist dem Johann Kochel, Bürger der kleinern Stadt Prag, konfiszirt, und dem Thomas Markus Markfeld um 12025 fß. verkauft worden.

252. Kochels Hof in Bubenecz (im Rakonitzer Kreise.)

Ist dem Johann Kochel konfißzirt, und dem Thomas Markus von Markfeld um 2638 ß. 16 gr. 6 dj. käuflich überlassen worden.

253. Koczlirzow oder Schatzler (im Königgrätzer Kreise.)

Ist dem Albrecht Richnowsky, welcher in ein Drittheil verurtheilt war, konfißzirt, und auf 7980 ß. 3 gr. 2 dj. abgeschätzt worden.

Kocznowes s. Biela.

254. Königgrätzer drey Dörfer (im Königgr. Kreise.)

Sind auf 8649 ß. 8 gr. 5 dj. taxirt, und nebst den Czaslauer acht Dörfern der Maria Magdalena Trzkinn, zusammen um 100950 ß. 25 gr. 6 dj. käuflich überlassen worden.

255. Königinhofer Dörfer (im Königgrätzer Kreise.)

Sind auf 3682 ß. 40 gr. abgeschätzt worden.

256. Königsaaler Wiesen oder Komorzanky (im Kaurzimer Kreise.)

Sind dem Joachim Felix Sturm, welcher in zwey Dritttheile kondemnirt war, konfißzirt, auf 6340 ß. taxirt, und dem Abt Albrecht zu Königsaal verkauft worden.

257. Königswart (im Pilsner Kreise.)

Ist auf 35536 ß. 22 gr. 2 dj. abgeschätzt, und dem Grafen von Metternich verkauft worden.

Kobau s. Elbogner Dörfer.

258. Körligs Haus (in der Neust. Pr. auf dem Roßm.)

Ist dem Georg Körlig konfißzirt, und dem Stephan Benig um 1700 fi. Meißn. käuflich überlassen worden.

Kogeticze s. Semelkowitz.

Kolben s. Trautenauer fünf Dörfer.

Kole»

Koleschowiß s. Horoseblo.

259. Kolz (im Schlaner Kreise.)

Ist dem Johann Benjamin Slasky, welcher in eilf Dritttheil verurtheilt war, konfiszirt, auf 15458 st. Meißn. tarirt, und dem Hanns Kasper um den nämlichen Preis erlassen worden.

Komarow s. Horzowitz.

260. Komelno.

Ist auf 1409 st. Meißn. abgeschätzt worden.

261. Kommotau, Stadt, (im Saatzer Kreise.)

Ist erstlich auf 86551 st. 57 gr. 6 dz. und nachgehends auf 71107 st. 2 gr. 1 dz. tarirt worden.

Komorzanky s. Königsaaler Wiesen.

262. Konoged (Konohed) (im Leutmeritzer Kreise.)

Ist dem Albrecht Konoycosky, welcher in ein Dritttheil kondemnirt war, konfiszirt, auf 45783 st. 10 gr. als für das Gut selbst auf 40444 st. 10 gr. und für die Fahrnisse auf 5339 st. Meißn. abgeschätzt, und um diesen Preis dem Adam Gottfried Berka verlassen worden.

263. Konopischt und zwey Theile der Stadt Beneschau (im Brauner Kreise.)

Sind dem Bernard von Hodicyow, welcher in zwey Dritttheil verurtheilt war, konfiszirt, und dem Albrecht von Waldstein, von diesem aber dem Paul Michna um 56000 fl. verkauft worden.

264. Korytann (im Pilsner Kreise.)

Ist der Stadt Tauß konfiszirt, und dem ältern Johann Wiedersperger um 3530 st. käuflich überlassen worden.

265.

265. Kornhaus (im Saazer Kreise.)

Ist dem Johann Heinrich Stampach, welcher in die Hälfte verurtheilt war, konfiszirt, und auf 87922 ß. 23 gr. 4 dj. abgeschätzt worden.

266. Korosek, jetzt Krosekenhof (im Budweiser Kreise.)

Ist dem Wilhelm Przederach Kotz konfiszirt, auf 9493 ß. taxirt, und dem Rath zu Budweis verkauft worden.

267. Korotitz auch Korutitz (im Czaslauer Kreise.)

Ist dem Peter Lukas Raschin, welcher in die Hälfte kondemnirt war, konfiszirt, und auf 4695 ß. 50 gr. abgeschätzt worden.

268. Koschemberg (im Chrudimer Kreise.)

Ist dem Dionys Latzenbock Slawata, welcher in die Hälfte verurtheilt war, konfiszirt, auf 50265 ß. 28 gr. 2 dj. taxirt, und dem Grafen Wilhelm Slawata um 62659 ß, 17 gr. 1 dj. verkauft worden.

Koschetitz s. Horzetz.

Kosowá Hora s. Amschelberg.

269. Kosstialow oder staré Hrady (im Leutmeritzer Kreise.)

Ist dem Adam von Wchinitz Kinsky konfiszirt, auf 31527 ß. 22 gr. 1 dj. abgeschätzt, und dem Adam Erdmann Trczka um 26000 ß. käuflich überlassen worden.

Kosteletz s. Czitow.

270.

270. Koſtitz und Reichenau (im Leutmeritzer Kreiſe.)

Sind dem Johann von Stampach konfiszirt, auf 25775 fl. 10 gr. 5 dj. taxirt, und dem Johann Aldring um den nämlichen Preis käuflich überlaſſen worden.

271. Koſtomlat (im Leutmeritzer Kreiſe.)

Iſt dem Ulrich und Peter Koſtomlatsky von Wrſeſowitz, welche in ein Drittheil verurtheilt waren, konfiszirt, des Ulrichs Theil auf 23711 fl. 20 gr., und des Peters Antheil auf 13307 fl. 54 gr. 2 dj. mithin zuſammen auf 37019 fl. 14 gr. 2 dj. abgeſchätzt, und dem ältern Humprecht Czernin um 26969 fl. 14 gr. verkauft worden.

272. Koſtrzan (im Rakonitzer Kreiſe.)

Iſt dem Peter Hardenberger, welcher in ein Drittheil verurtheilt war, konfiszirt, auf 13378 fl. 51 gr. 3 1/2 dj. abgeſchätzt, und um den Abſchätzungswerth dem Johann Hegner verkauft worden.

Koſtrzicze ſ. Laukowetz.

273. Koslow (im Saatzer Kreiſe.)

Iſt dem Adam Vettenhofer, der in ein Drittheil kondemnirt war, konfiszirt, und auf 9437 fl. 30 gr., das Vieh aber auf 488 fl. abgeſchätzt, beides aber in dem Abſchätzungswerthe von 9925 fl. 30 gr. dem Johann Hegner gelaſſen worden.

274. Kozomin (im Baurzimer Kreiſe.)

Iſt dem Heinrich Georg Seidlitz konfiszirt, und auf 18091 fl. 42 gr. 6 dj. abgeſchätzt worden.

275.

275.   Kožlirzow (im Königgrätzer Kreise.)

Ist dem in ein Dritttheil verurtheilten Albrecht Richnowsky konfiszirt, und auf 7980 ß. 3 gr. 2 dž. abgeschätzt worden.

276.   Kralow (im Rakonizer Kreise.)

Ist dem Christoph Sommer, welcher in ein Dritttheil verurtheilt war, konfiszirt, auf 7931 ß. 40 gr. taxirt, und dem Johann Zeller um 8000 ß. verkauft worden.
Kralowiß s. Blschann.

277.   Kralowetz (im Kaurzimer Kreise.)

Ist dem Johann Rosenhan, welcher in zwey Dritttheile kondemnirt war, konfiszirt, auf 6941 ß. 45 gr. 5 dž. abgeschätzt, und dem Fürsten Karl von Lichtenstein verkauft worden.

278.   Kralowitz, das halbe Dorf (im Czaslauer Kreise.)

Ist dem Johann Heinrich Rosenberger, welcher in zwey Dritttheile verurtheilt war, konfiszirt, und auf 6941 ß. 45 gr. 5 dž. abgeschätzt worden.

279.   Kralup und Horsenitz (im Saatzer Kreise.)

Sind dem Jobst Schmochar, welcher in ein Dritttheil kondemnirt war, konfiszirt, auf 36693 ß. 5 gr. 5 dž. taxirt, und dem Grafen Jaroslaw Borzita von Martinitz verkauft worden.

280.   Krasna (im Bunzlauer Kreise.)

Ist dem Heinrich Berka, welcher zum Lehn verurtheilt war, konfiszirt, auf 10611 ß. 40 gr. abgeschätzt, und dem Albrecht von Waldstein um die Taxe überlassen worden.
Krasna s. Sowinky.
Krasny Dwur s. Buskowitz.

281.   Krasselow (im Prachiner Kreise.)

Ist dem Bohuslaw Baubinsky konfiszirt, und dem Wenzel Kautek um 8500 fl. verkauft worden.

282.

282. Krchleby (im Czaslauer Kreise.)

Ist auf 13689 fß. 20 gr. abgeschätzt worden.

283. Krsheze (im Prachiner Kreise.)

Ist dem Johann Deym, welcher in die Hälfte kondemnirt war, konfiszirt, weil es aber dessen Ehegattinn
zgehört hatte, den Kindern überlassen worden.

284. Krty (im Prachiner Kreise.)

Ist dem Heinrich Stampach, welcher in ein Dritttheil verurtheilt war, konfiszirt, auf 9416 fß. 30 gr. Meißn.
abgeschätzt, und dem Grafen Hermann Czernin um 9116
fß. Meißn. verkauft worden.

285. Kruczicz (im Leutmeritzer Kreise.)

Ist dem ältern Niklas Satamir, welcher in ein
Drittheil kondemnirt war, konfiszirt, auf 5591 fß. 42 gr.
6 dß. taxirt, und dem ältern Humprecht Czernin um den
abgeschätzten Werth verkauft worden.

Kruschetz s. Bieletz.
Krzemenitz s. Czacharitz.

286. Krzenitz (im Kaurzimer) und Wohnitz (im
Leutmeritzer Kreise.)

Sind dem Wolf Karl von Wrzesowitz konfiszirt,
auf 26179 fß. 45 gr. 5 dß. geschätzt, und dem Wenzel Wi-
dum Obitezky um die Taxe überlassen worden.

287. Krzenowitz und Dubnim (im Prachiner
Kreise.)

Sind dem Adam Chwal Kunasch, welcher in ein Dritttheil kondemnirt war, konfiszirt, auf 9592 fß. 40 gr. abgeschätzt, und dem Don Balthasarischen Regimente gegeben worden.

288.

288. Krjeschin (im Berauner Kreise.)

Sind dem Simil Zukawsky, welcher in ein Drittheil verurtheilt war, konfiszirt, und auf 15096 ſß. 40 gr. abgeschätzt worden.

289. Krjiwsaudow (im Kaurjimer Kreise.)

Iſt dem Heinrich Strjela, welcher in zwey Drittheile verurtheilt war, konfiszirt, auf 85129 ſß. 40 gr. tarirt, und dem Hugo von Hallweil um 84529 ſß. 40 gr. käuflich überlaſſen worden.

290. Krjowicje ſammt Imanie (im Schlaner, jetzt Rakonitzer Kreise.)

Sind dem Adam Chriſtoph Sezina von Auſch konfiszirt, auf 7605 ſß. 25 gr. 5 dj. abgeschätzt, und dem Bohuchwal Walkaun von Aler, k. böhm. Kammerrath, um 10400 fl. 20 kr. käuflich überlaſſen worden.

291. Kſiny (im Kaurjimer Kreise.)

Iſt dem Johann Felix Sturm, welcher in zwey Drittheile verurtheilt war, konfiszirt, auf 6000 ſß. abgeschätzt, und dem Kaspar Crenogſeret um 3200 fl. verlaſſen worden.

292. Kunschitz und Nechanitz (im Böniggrätzer Kreise.)

Sind dem Cztibor Smil Pezinger, welcher in die Hälfte verurtheilt war, konfiszirt, auf 57201 ſß. 42 gr. 6 dj. geschätzt, und dem Wenzel von Wdjinitz um 57000 ſß. oder 66500 fl. verkauft worden.

Kunſtberg ſ. Daubrawitz.

Kurjiwoda ſ. Biela.

Kuterjin ſ. Mieſchitz.

Kuttenplan

Kuttenplan f. Chodowá Plana.

293. Kwasegowitz (Kwasenowitz) (im Wltauer, jetzt
Berauner Kreise.)

Ist dem Niklas Miedenetz konfiszirt, und auf
1265 fß. 10 gr. abgeschätzt, und dem Johann Rzepitzky
von Sulomirz verkauft worden.

Kwasnny (Kwasney) f. Solnicze.

Ryhybel f. Angelská Hora.

294. Landstein (im Bechiner, jetzt Taborer
Kreise.)

Ist dem Gottfried Neumaier konfiszirt, auf 21618
fß. 15 gr. abgeschätzt, und dem Jakob Kötzel um eben
diese Summe verkauft worden.

Langendorf f. Pitschin.

Laucjinsko f. Bezdiesko.

295. Laukowetz und Kostrjicze (im Bunzlauer
Kreise.)

Sind dem Aler Berka, welcher in die Hälfte verurtheilt war, konfiszirt, auf 39147 fß. 41 gr. 3bk. tajirt,
und dem Albrecht von Waldstein verkauft worden.

296. Launer fünf Dörfer, als Rann, Dobromirjitz,
Hradek, Retschitz und Chrabertsch (im Schlaner, jetzt Rakonizer Kreise.)

Sind der Stadt Laun konfiszirt, und dem Wolf
von Wrzesowitz um 50000 fß. verkauft worden.

C 5

297. Launowitz (im Baurzimer Kreise.)

Ist dem Ulrich Skubrowsky, welcher zum Lehn verurtheilt war, konfiszirt, auf 25313 fß. 20 gr. geschätzt, und ihm wieder verkauft worden.

Lautschinsko s. Bezdiesko.

298. Lazanskisches Haus und Bräuhaus (in der Neustadt Prag.);

Ist um 5000 fl. verkauft worden.

299. Ledetz (im Czaslauer Kreise.)

Ist dem Wenzel Czerensky, welcher in die Hälfte kondemnirt war, konfiszirt, auf 17430 fß. 47 gr. 1 dß. taxirt, und dem Adam von Waldstein um 19140 fß. Meißn. überlassen worden.

300. Lehow (im Baurzimer Kreise.)

Ist dem Wenzel Chobotsky, welcher in ein Drittheil verurtheilt war, konfiszirt, erstlich auf 5338 fß. 40 gr. so dann aber auf 4258 fß. 40 gr. abgeschätzt, und dem Friedrich vom Talmberg um 4200 fl. verlassen worden.

301. Leipe das Schloß, der vierte Theil der Stadt Leipe und das Dorf Aschendorf (im Bunzlauer Kreise.)

Sind dem Johann Georg von Wartenberg, welcher in den Verlust des Ganzen verurtheilt war, konfiszirt, auf 9743 fß. Meißn. taxirt, und dem Albrecht von Waldstein um 10500 fl. käuflich überlassen worden.

302. Lemberg (im Bunzlauer Kreise.)

Gehörte dem Burggrafen Johannes von Dobna, und wurde dem Albrecht von Waldstein um 58683 fl. 20 kr. käuflich überlassen.

303. Lettowitz (im Rakonitzer Kreise.)

Ist der Katharina Kuttenauerinn konfiszirt, auf 13184 fl. 14 gr. 6 dl. geschätzt, und dem Grafen Christoph Simon Than um die Tare verkauft worden.

Lewin s. Aufstj.

304. Lhota die teutsche (im Taborer Kreise.)

Ist auf 1182 fl. abgeschätzt worden.

305. Lhotitz (im Bechiner, jetzt Budweiser Kreise.)

Ist dem Wilhelm Malowetz konfiszirt, auf 4436 fl. 40 gr. taxirt, und dem Maximilian Pecher um 5300 fl. käuflich überlassen worden.

306. Libchowa oder Lichowa (im Königgrätzer Kreise.)

Ist dem ältern von Bubna, welcher in ein Drittheil verurtheilt war, konfiszirt, auf 9855 fl. 49 gr. 2 dl. abgeschätzt, und dem Albrecht von Waldstein um 9855 fl. verkauft worden.

307. Libetschan (im Chrudimer Kreise.)

Ist dem jüngern Wilhelm Daupowetz, welcher in ein Drittheil kondemnirt war, konfiszirt, nebst den Fahrnissen auf 11821 fl. 52 gr. abgeschätzt, und dem Florian Dietrich von Sabr käuflich überlassen worden.

308. Libiechow das obere, und Zandow (im Bunzlauer Kreise.)

Sind dem Heinrich Penzig, welcher in ein Drittheil verurtheilt war, konfiszirt, auf 26958 fl. 20 gr. taxirt, und dem Grafen Wilhem Wratislaw um den nämlichen Preis verkauft worden.

Libißky s. Semelkowitz.

Libochowan s. Czernosek.

Libonitz s. Beßen.

309. Libowitz auch Lipowitz (im Prachiner Kreise.)

Ist dem Dionys Baubinsky konfiszirt, auf 3287 fß. abgeschätzt, und dem Johann Czastalow um die Taxe verlassen worden.

310. . Lichtenburg und Trzemeschna oder Trzemoschnitz (im Czaslauer Kreise.)

Sind dem Sigismund Rabenhaupt, welcher zum Lehn verurtheilt war, konfiszirt, und auf 22225 fß. 20 gr. abgeschätzt worden.

311. Licskow (im Saatzer Kreise.)

Ist dem Bohuslaw Hrobczißky, welcher in ein Drittheil kondemnirt war, konfiszirt, auf 55656 fß. 14 gr. 2 dß. taxirt, und dem Hartwig Wratislaw um 50615 fß. 14 gr. 2 dß. verkauft worden.

Liderowitz s. Hlinitz.

312. Lieben und Wrutitz (im Bunzlauer Kreise.)

Sind dem Wenzel Hrzan, welcher in die Hälfte verurtheilt war, konfiszirt, auf 59905 fß. 20 gr. abgeschätzt, und dem Philipp Fabrizius um 55765 fß. 20 gr. käuflich überlassen worden.

Liebeschitz s. Aussij Gistrpi.

313. Liebietitz (im Saatzer Kreise.)

Ist dem Albrecht Daubowetz konfiszirt, und dem Smilkowsky überlassen worden.

Lipkowa s. Auborsko.

Lipnitz s. Elbogner Dörfer.

Lippen groß s. Großlippen.

314. Lipowitz (im Prachiner Kreise.)

Gehörte dem Dionysius Laubensky, und wurde dem Johann Cziastolor um den Schätzungspreis an 3287 fl. käuflich überlassen.

315. Lischan (im Saatzer Kreise.)

Ist dem Georg Hrusska, welcher in ein Drittheil verurtheilt war, konfiszirt, auf 13967 fl. 31. gr. 3 dl. abgeschätzt, und dem Siegfried Christoph Breiner um 15000 fl. verkauft worden.

Lischau s. Oberlischow.

Lischow s. Frauenberg.

Lobietiz s. Pomeisl.

Lobus s. Elbogner Dörfer.

316. Lochowitz (im Prachiner Kreise.)

Ist dem Wenzel Lokschan, welcher in die Hälfte kondemnirt war, konfiszirt, auf 23381 fl. 34 gr. 2 dl. tariret, und dem Przibik Genischek von Augezd käuflich überlassen worden.

317. Lodenitz Ziebrowitz u. Czielachowitz (im Saatzer Kr.)

Sind zu der Herrschaft Kornhaus gehörig gewesen, und auf 17048 fl. 28 gr. abgeschätzt worden.

318. Chohowa, das halbe Dorf (im Pilsner Kreise.)

Ist dem jüngern Bohuslaw Wiedersperger, welcher in die Hälfte verurtheilt war, konfiszirt, auf 4869 fl. 40 gr. tariret, und der Anna Wiederspergerinn um den nämlichen Preis verkauft worden.

Lotausch s. Schlaner Dörfer.

Lost s. Frimburg.

319. Luczowan (im Leutmeritzer Kreise.)

Ist dem in den Verlust des Ganzen verurtheilten Ladislaw Seidlitz konfiszirt, auf 71494 fl. 40 gr. gewürdert, würderf, und der Fürstinn Polerina von Lobkowitz um 71494 fl. 40 kr. überlassen worden.

320. Luitz nebst 4 Mühlen (im Schlaner, jetzt Rakonitzer Kreise.)

Ist dem in den Verlust des Ganzen verurtheilten Wodolin Pietipesky konfiszirt, und nebst den Gütern Bessen, Studeniowes rc. rc. um den Abschätzungswerth an 14519 ß. 3 gr. 4 dz. dem Gr. Jarosl. v. Martinitz verkauft worden.

321. Lukawetz (im Czaslauer Kreise.)

Ist dem jüngern Niklas Lukawetzky, welcher in ein Dritttheil kondemnirt war, konfiszirt, auf 40660 ß. abgeschätzt, und nebst den übrigen Lukawetzkischen Gütern dem Freyherrn Urban von Pötting um 61132 ß. 53 gr. oder 71321 fl. 41 kr. 5 dz. rhein. überlassen worden.

322. Lukawitz (im Klattauer Kreise.)

Ist dem Joachim Ladislaw Laubsky, welcher in die Hälfte verurtheilt war, konfiszirt, und ihm selbst um 49750 ß. 27 gr. wieder überlassen worden.

323. Lukawitz das obere (im Pilsner Kreise.)

Ist dem Georg Konrad Lukawsky, welcher in die Hälfte kondemnirt war, konfiszirt, und dem Konrad Lukawsky um den abgeschätzten Werth an 5311 ß. 40 kr. käuflich verlassen worden.

324. Luschitz (im Saatzer Kreise.)

Ist dem Gottfried Reinhard Schwab, welcher in ein Dritttheil verurtheilt war, konfiszirt, und auf 1390 ß. abgeschätzt worden.

325. Luzan (im Pilsner Kreise.)

Ist auf 14973 ß. 20 gr. abgeschätzt worden.

326. Lujieze und Weseze (im Saatzer Kreise.)

Sind dem Adam Friedrich Audrzky konfiszirt, auf 22738 ß. 25 gr. 5 dz. tarirt, und dem Johann Ludwig Neßlinger verkauft worden.

Lužiy

Luzy s. Kameniß.

Lybiin s. Zylow.

Machau s. Weseze.

327. Machowiß (im Bechiner, jetzt Taborer Kreise.)

Ist dem Benesch Wisata Kunasch von Machowiß, welcher in den Verlust des Ganzen verurtheilt war, konfiszirt worden.

Makowy s. Meseriß.

328. Maleschow (im Czaslauer Kreise.)

Ist der Elisabeth von Jerotin um 635,000 fl. Meißn. käuflich überlassen worden.

Maneßiß s. Hradek.

329. Manetin (im Pilsner Kreise.)

Ist dem Karl Christoph von Luppau konfiszirt, auf 32349 fl. abgeschäßt und der Esther Mitrowskin um 31250 fl verkauft worden.

330. Markwartiß, oder Markersdorf (im Leutmeritzer Kreise.)

Ist dem Heinrich von Oppersdorf konfiszirt, auf 53785 fl. 42 gr. 6 dj. tarirt und dem von Wartenberg käuflich überlassen worden.

Marschendorf s. Trautenauer Dörfer.

331. Martiniß, Neu (im Czaslauer Kreise.)

Ist dem Albrecht Wrazda, welcher zum Lehn v rurs theilt war, konfiszirt, und auf 13494 fl. abgeschäßt worden.

Martiß s. Audeci.

Marschendorf s. Trautenauer Dörfer.

332.

332. Marschowitz, Noskow und Wlsitz (im Wltauer, jetzt Berauner Kreise.)

Sind dem Smil Hodieyowsky, welcher in den Verlust des Ganzen verurtheilt war, konfiszirt, und dem Paul Michna um 50000 fl. verkauft worden.

Martitz s. Audrz.

Marziowitz s. Czaslauer Aitbdörfer.

333. Maschau, oder Mastiow (im Saatzer Kreise.)

Ist dem Johann Heinrich Stampach, welcher in die Hälfte kondemnirt war, konfiszirt, auf 79223 ſß. 42. gr. 6 dz. abgeschätzt, und dem Don Wilhelm Verdugo um 87000 fl. käuflich überlassen worden.

334. Meseritz, Makowy, und Weyereje (im Bechiner Kreise.)

Sind dem Johann Friedrich Daudlebsky konfiszirt, auf 7596 ſß. 24 gr. 3 dz. taxirt, und der Fürstinn Polegina von Lobkowitz um 7000 fl. verkauft worden.

335. Meßney (im Bechiner Kreise.)

Ist dem Benjamin Fruhwein, welcher in den Verlust des Ganzen verurtheilt war, konfiszirt, auf 2392 ſß. 20 gr. abgeschätzt, und nebst den Gütern Kwasegowitz und Dworze dem Johann Rzepitzky von Sudomirz um 14000 fl. Rhein. verkauft worden.

Mezeri s. Borotin.

336. Mezholetz (im Taborer Kreise.)

Ist dem Sebastian Rokyzan konfiszirt, und auf 5678 ſß. taxirt worden.

Michalkowa s. Borotin.

Miech

Miech (Miechow) f. Brti.

337. Miecholup und Netluk (im Wltauer, jetzt Taurzimer Kreise.)

Ist dem jüngern Wenzel Bechinie, welcher in ein Drittheil kondemnirt war, konfiszirt, auf 5879 fß. 47 gr. 1 dj. abgeschätzt und dem Albrecht von Waldstein, von diesem aber dem Paul Michna um 20000 fl. verkauft worden.

338. Miecholup, Tieschnitz und Weletitz (im Saatzer Kreise.)

Sind dem Friedrich und Getzrich Sekerka, welche in den Verlust der Hälfte verurtheilt waren, konfiszirt, und dem Christoph von Paar um 45000 fß. käuflich überlassen worden.

339. Mies, die Stadt (im Pilsner Kreise.)

Ist auf 48922 fß. 54 gr. 5 dj. abgeschätzt worden, und nach dem Christian Ihlo Ihrer königl. Majestät wieder heimgefallen.

340. Mieschitz, Kuterzin und Nowesedlo, oder Neusattel (im Taborer Kreise.)

Sind dem Heinrich Stroyetitzky, welcher in ein Drittheil kondemnirt war, konfiszirt, auf 22493 fß. 12 gr. 3 dj. taxirt, und den Jesuiten zu Kommotau um 27795 fß. 34 gr. 2 dj. verkauft worden.

341. Miettzyn (im Blattauer Kreise.)

Ist dem Albrecht Kaplirz, welcher die Volljährigkeit noch nicht erreicht hatte, konfiszirt, auf 56186 fß. 48 gr. 4 dj. abgeschätzt, und dem Don Martin de Huerta um 70000 fl. erblich überlassen worden.

Milczlowes f. Hrobiczan.

342. Mileniowitz (im Bechiner Kreise.)

Ist dem ältern Heinrich Deym konfiszirt, auf 8411 fß. 28 gr. 4 dß. taxirt, und dem Grafen Wolf von Wrze=sowitz um 10000 fß. Meißn. verkauft worden.

343. Miletitz.

Ist dem Bohnsaud Kotz, welcher zum Lehn verur=theilt war, konfiszirt, und auf 8511 fß. abgeschätzt worden.

344. Miliwsko, sonst Mühlhausen genannt, (im Wltauer, jetzt Taborer Kreise.)

Ist dem Bernard von Hodiejow, welcher in zwey Dritttheile kondemnirt war, konfiszirt worden.

Mimonie s. Niemes.

345. Mizowitz und Wollin (im Prachiner Kreise.)

Sind dem Johann Wostrowetz konfiszirt, auf 13007 fß. Meißn. abgeschätzt, und der Anna Wostrowetzin um 13000 fß. überlassen worden.

346. Mirzegow (Mirzejow) und Sedletz (im König=grätzer Kreise.)

Sind dem ältern Johann Bukowsky, welcher in die Hälfte verurtheilt war, konfiszirt, auf 12188 fß. taxirt, und dem Albrecht von Waldstein um 14219 fl. 20 kr. ver=kauft worden.

Mirz owitz s. Horzowthein.

347. Mischkowitz (im Kaurzimer Kreise.)

Ist dem Niklas Crmal, welcher in ein Dritttheil kon=demnirt war, konfiszirt, und dem Kloster Emaus in der Neustadt Prag um 9005 fß. 48 gr. 4 dß. überlassen worden.

348. Miskoleży (im Königgrätzer Kreise.)

Ist dem ältern Johann Dobrjensky, welcher in die Nähe verurtheilt war, konfiszirt, auf 6443 fß. 1 gr. 5 dj. eyrschätzt, und dem Albrecht von Waldstein um 6443 fl. verkauft worden.

349. Mladiegow, Wltiniow und Tlustiß (im Bunz= lauer Kreise.)

Sind dem Konrad von Hodieyow konfiszirt, und dem Albrecht von Waldstein um den abgeschätzten Werth an 49452 fß. 10 gr. käuflich überlassen worden.

Mlejowes s. Hrobiczan.

Mletiß s. Skaupy.

350. Mokropcze (im Berauner Kreise.)

Ist dem Albrecht Brückner konfiszirt, und auf 23104. 34 gr. abgeschätzt worden.

Mokrosuk s. Welhartiß.

Morach s. Brunnersdorf.

Mühlhausen s. Nelahosowes.

351. Nachod, Riesenburg und Trzebesowiß (im Königgrätzer Kreise.)

Ist dem Albrecht Johann Smirzißky, welcher in dem Verlust des Ganzen verurtheilt war, konfiszirt, auf 206716 fß. 14 gr. 2 dj. tarirt, und der Maria Magdalena Trzkin um 203000 fl. verkauft worden.

352. Naketendörfles (im Pilsner Kreise.)

Ist dem Georg von Trautenberg konfiszirt, und auf 438 fß. 57 gr. 1 dj. abgeschätzt worden.

353.

353. Nasawrky (im Chrudimer Kreise.)

Ist dem Albrecht Cukule, welcher in die Hälfte kondemnirt war, konfißzirt, und dem Franz de Currira um 28078 ß. 38 gr. 2 dz. käuflich überlassen worden.

Nechaniß s. Kunschiß.

Nerztin s. Braitenstein.

354. Nedrahowiß (im Wltauer, jetzt Berauner Kreise.)

Ist dem Dionys Czernin, welcher in den Verlust des Ganzen verurtheilt war, konfißzirt, auf 16711 ß. 17 gr. 1 dz. taxirt, und der Fürstinn Polexina von Lobkowitz um 1600 fl. käuflich überlassen worden.

Nekmirz s. Biela.

355. Nelahosowes, sonst Mühlhausen (im Schlaner, jetzt Rakonitzer Kreise.)

Ist auf 60481 ß. 18 gr. 4 dz. abgeschätzt worden.

356. Nemilkau (im Saazer Kreise.)

Ist dem Peter Lukawsky, welcher in ein Dritttheil kondemnirt war, konfißzirt, auf 13853 ß. 54 gr. 2 dz. taxirt, und dem Don Martin de Huerta um 55000 fl. erblich überlassen worden.

357. Nemogowiß (im Kaurzimer Kreise.

Ist dem in zwey Dritttheile verurtheilten Johann Kambersky konfißzirt, und auf 2196 ß. 48 gr. 4 dz. abgeschätzt worden.

Nepomischl s. Pomeißl.
Neprowiß s. Woblat.

358.

358. Neratowitz (im Baurzimer Kreise.)

Ist dem Johann Ratibor Sekorka, welcher in ein Dritttheil kondemnirt war, konfiszirt, auf 13821 fl. 40 gr.
marit, und dem Michael Bohuslaw Jnieyowsky verkauft worden.

359. Nesmirzlez (im Czaslauer Kreise.)

Ist dem in ein Dritttheil verurtheilten Heinrich Mircke
konfiszirt, auf 13821 fl. 40 gr. abgeschätzt, und dem Michael Bohuslaw Jniegowsky um die Taxe überlassen worden.

360. Nesperzi (im Baurzimer Kreise.)

Ist dem Wilhelm Chobosky konfiszirt worden.

Netluk s. Mircholup.

361. Netluky (im Leutmeritzer Kreise.)

Ist dem Adam Kölbel, welcher in ein Dritttheil verurtheilet war, konfiszirt, auf 4654 fl. 17 gr. 1 dz. abgeschätzt, und dem Franz de Currirs erblich verlassen
worden.

Neubukowa s. Bukowa.

Neuczernikowitz s. Czernikowtz.

362. Neudek (im Saazer Kreise.)

Ist der Anna Barbara Colonnin von Fels konfiszirt,
und dem Grafen Herrmann von Czernin käuflich überlassen worden.

363. Neudomaschin, Waschina, und Wiesnik (im
Baurzimer Kreise.)

Ist dem Johann Woskrowetz, welcher in den Verlust
des Ganzen verurtheilt war, konfiszirt, auf 68871 fl.
8 gr. 4 dz. abgeschätzt, und dem Friedrich von Talins-
berg um 60000 fl. Meißn. verlassen worden.

Neudorf s. Wolsche.
Neugedeim s. Gauitz.

D 3 364.

364. Neuhof (im Bunzlauer Kreise.)

Ist dem in den Verlust des Ganzen verurtheilten Ale=
xander Preis konfißirt, auf 3276 fß. 30 gr. taxirt, und
dem Albrecht von Waldstein um die nämliche Summe
verkauft worden.

365. Neuhof hinter Kuttenplan (im Pilsner Kreise.)

Ist dem Johann Bartholom Schirndinger, der in den
Verlust des Ganzen kondemnirt war, konfißirt, und auf
15246 fß. 34 gr. 2 dł. abgeschätzt worden.

Neulieben s. Chotaun.

369. Neuronow und Rozbialowitz (im Bunzlauer Kreise.)

Sind dem in den Verlust des Ganzen verurtheilten
Albert Krzinezky konfißirt, das erstere auf 16254 fß.
55 gr. 5 dł., und das letztere auf 34682 fß. 34 gr. 2 dł.
abgeschätzt, und dem Albrecht von Waldstein beide zu=
sammen um 58333 fl. 20 kr. verkauft worden.

367. Neusattel, Riwenitz, und Trubezitz (im Saatzer Kreise.)

Sind dem gleichfalls ins Ganze verurtheilten Bohu=
slaw von Michalowitz konfißirt, Neusattel auf 22493 fß.
12 gr. 6 dł., Riwenitz auf 25201 fß. 42 gr. 6 dł., und
Trubschitz auf 11058 fß. 5 gr. 3 dł. taxirt, und dem Wil=
helm von Lobkowitz zusammen um 50000 fß. Meißn. oder
53333 fl. 20 kr. verlassen worden.

368. Neuschloß, oder Nowy Zamky (im Leutmeritzer Kreise.)

Sind dem ebenfalls in den Verlust des Ganzen kon=
demnirten Johann Georg von Wartenberg konfißirt, auf
154528 fß. Meißn. abgeschätzt, und dem Albrecht von
Waldstein um 175000 fl. verkauft, von Sr. k. Majestät
aber 5282 fl. 40 kr. zugeschlagen worden.

369.

369. Neuschloß, oder Nowe Hrady (im Saatzer Kreiſe.)

Iſt dem ältern Wolf von Wrjeſowitz, welcher in ein Drätheil verurtheilt war, konfiszirt, auf 57514 fl. 40 gr. tarirt, und dem Grafen Wolf von Wrjeſowitz um 63000 fl. käuflich überlaſſen worden.

Neuſchönburg ſ. Schönburg.

370. Neuſtadt, Herrſchaft (im Königgrätzer Kreiſe.)

Iſt dem Rudolph von Stubenberg konfiszirt, auf 85537 fl. 17 gr. 1 dl. abgeschätzt, und dem Albrecht von Waldſtein um 85537 fl. Meißn. verlaſſen worden.

371. Neuſtudenetz (im Czaslauer Kreiſe.)

Iſt dem Adam von Kaupow, welcher in den Verluſt des Ganzen verurtheilt war, konfiszirt, auf 25061 fl. 41 gr. 2 dl. tarirt, und der Maria Magdalena Trezkin um 15428 fl. 34 gr. 2 dl. verkauft worden.

372. Neuſkupow (im Bechiner Kreiſe.)

Iſt dem Albrecht Kaplirz, welcher noch minderjährig war, konfiszirt, auf 28070 fl. 31 gr. 3 dl. geschätzt, und dem Don Martin de Huerta um 38000 fl. erblich überlaſſen worden.

373. Neumozitz und Schönberg (im Bechiner, jetzt Taborer Kreiſe.)

Iſt dem Bernard Fünfkirchner konfiszirt, auf 58996 fl. 43 gr. 1 dl. abgeschätzt, und dem Don Balthasar de Marradas um 54000 fl. Meißn. verkauft worden.

374. Neuzetliſcht, ein Dorf (im Pilſner Kreiſe.)

Iſt dem Johann Kaspar Tacher, welcher in die Hälfte indemnirt war, konfiszirt, und auf 7626 fl. 40 gr. abgeschätzt worden.

375.

375. Neznaschow (im Prachiner Kreise.)

Ist dem Jdenko Korzensky konfiszirt, und dem Grafen Sezima von Wrtby um 8000 fl. Meißn. käuflich überlassen worden.

376. Niemes, oder Mimonie und Diwin, oder Dietus (im Bunzlauer Kreise.)

Sind dem in den Verlust des Ganzen verurtheilten Johann Müller konfiszirt, und dem Johann Zeidler, Hofmann genannt, um 32000 fl. verkauft worden.

377. Nůpaky, sonst auch Nirzaky mit drey Dörfern (im Baurzimer Kreise.)

Ist dem Wenzel Felix Rausch, welcher in ein Drittheil kondemnirt war, konfiszirt, auf 14144 fl. 37 gr. 1 dl. geschäzt, und dem Fürsten Karl von Lichtenstein käuflich überlassen worden.

378. Nůßburg (im Rakonitzer Kreise.)

Ist dem Zynek Albrecht Miczan konfiszirt, und samt den Fahrnissen auf 33267 fl. 30 gr. abgeschäzt worden.

Nowesedlo s. Mieschitz.

379. Nowy Dwur, oder Hof (im Bunzlauer Kreise.)

Ist dem in den Verlust des Ganzen verurtheilten Alexander Dobier Preis konfiszirt, auf 3276 fl. 30 gr. abgeschäzt, und dem Albrecht von Waldstein um die Taxe verlassen worden.

380. Oberlischow, auch Lischau, und Slawikowetz, (ersteres im Budweiser, lezteres im Klattauer Kreise.)

Ist dem Stranik von Kopidlno, welcher in ein Drittheil verurtheilt war, konfiszirt, auf 3005 fl. Meißn. taxirt, und dem Albrecht von Waldstein verkauft worden.

381. Dellß (im Bidschower Kreise.)

Ist dem Jdenko von Waldstein, welcher in die Hälfte verurtheilt war, konfiszirt, und dem Albrecht von Waldstein um 49,442 fl. 51 kr. käuflich überlassen worden.

382.

382. Ditraubly und Bohariny (im Königgrätzer Kreiſe.)

Sind dem Karl Geſtrzibsky, welcher in zwen Dritt-theil kondemnirt war, konfiszirt, und auf 26976 fl. 25 gr. abgeſchätzt worden.

383. Oppocźno (im Königgrätzer Kreiſe.)

Iſt dem Johann Rudolph Trźka konfiszirt, auf 148525 fl. 53 gr. 5 1/2 dl. abgeſchätzt, und dem Grafen Colloredo käuflich überlaſſen worden.

384. Dttawitz (im Elbogner Kreiſe.)

Iſt dem Friedrich Zora, welcher in ein Dritttheil kondemnirt war, konfiszirt, auf 64354 fl. 37 gr. 1 dl. ta-xirt, und dem von Strahlendorf verkauft worden.

385. Pubienitz (im Czaslauer Kreiſe.)

Iſt dem zum Lehn verurtheilten Peter Lukawesky kon-fiszirt, und auf 6066 fl. taxirt worden.

389. Paczow und Dub (im Bechiner, jetzt Ta-borer Kreiſe.)

Sind dem Ladislaw Witha von Jerzawy, welcher in ein Dritttheil verurtheilt war, konfiszirt, und der An-na Margaretha Schleykowskinn um 71000 fl. abgelaſ-ſen worden.

Pakau ſ. Weſcze.

Palicze ſ. Audeſchitz.

387. Paſſenau und Weſelow (im Elbogner und Saatzer Kreiſe.)

Sind dem in ein Dritttheil verurtheilten Wenzel Sommer konfiszirt, und dem Severin Tablo um 7353 fl. 30 kr. käuflich und erblich überlaſſen worden.

388.

388. Paſſowarn (im Bechiner Kreiſe.)

Iſt dem Johann Wiſſnie oder Weirel genannt, konfiszirt, und der Stadt Krummau um 6840 ſß. 41 gr. 3 dl. verkauft worden.

389. Patokrine (im Leutmerizer Kreiſe.)

Iſt dem Bernard Elsnitz, welcher in ein Dritttheil verurtheilt war, konfiszirt, auf 12891 ſß. 34 gr. 2 dl. abgeſchätzt, und dem Wilhelm Lobkowitz um dem nämlichen Preis verkauft worden.

320. Pauten oder Pautnow, das halbe Dorf (im Pilſner Kreiſe.)

Iſt dem Johann Friedrich Lochner konfiszirt, und auf 1701 ſß. 25 gr. 5 dl. abgeſchätzt worden.

391. Pawlow (im Bechiner, jetzt Taborer Kreiſe.)

Iſt dem Chriſtoph Schweiner konfiszirt, auf 31618 ſß. abgeſchätzt, und dem Hieronymus Makowsky um die Taxe eigenthümlich überlaſſen worden.

Peczitz ſ. Daubrawitz.

392. Perglas (im Elbogner Kreiſe.)

Iſt dem Adam Stolz konfiszirt, und dem Barthol lom Bräuner um 14425 fl. verkauft worden.

Pernikow ſ. Woſtrow.

393. Petersburg, Soſna und Piſtowl (im Saazer Kreiſe.)

Sind dem Jaroslaw Liebſteinsky von Kolowrat, welcher in zwey Dritttheile verurtheilt war, konfiszirt, auf 98024 ſß. 4 gr. 6 1/2 geſchätzt, und dem Grafen Herr mann

mann Czernin von Chudeniz um 76000 fl. baar Geld käuflich überlassen worden.

394. Petrowiz (im Rakonizer Kreise.)

Ist dem Georg Hrobczizky, welcher in ein Drittheil kondemnirt war, konfiszirt, auf 25932 fl. 50 gr. abgeschätzt, und dem Johann Zeller um 25932 fl. 50 gr. 4 ꝺ. verkauft worden.

395. Petschau oder Peczow (im Elbogner Kreise.)

Ist der Stadt Schlaggenwald konfiszirt, auf 71614 fl. 51 gr. 3 ꝺ. tarirt, und dem Gerhard von Questenberg eigenthümlich überlassen worden.

Petschowiz s. Buskowiz.

396. Pezka das halbe Schloß (im Czaslauer Kreise.)

Ist dem Christoph Harrant, welcher in den Verlust des Ganzen verurtheilt war, konfiszirt, auf 21289 fl. 34 gr. 2 ꝺ. abgeschätzt, und der Anna Salome Harrantinn um 42579 fl. 8 gr. 4 ꝺ. verkauft worden.

Pichlhof s. Brunnersdorf.

397. Pilgram, Stadt (im Bechiner, jetzt Taborer Kreise.)

Ist auf 70751 fl. 25 gr. 4 1/2 ꝺ. abgeschätzt worden.

398. Pischely und Swoyschiz (im Kauřzimer und Taborer Kreise.)

Sind dem in die Hälfte verurtheilten Karl Mraczky konfiszirt, Pischely auf 24763 fl. 32 gr. 6 ꝺ., und Swoyschiz auf 26356 fl. 40 gr. tarirt, und der Dorothea Mraczlinn um den Schätzungswerth an 51120 fl. 12 gr. 6 ꝺ. erblich überlassen worden.

399.

399. Pisek, Stadt (im Prachiner Kreise.)

Ist auf 68364 fß. 28 gr. 4 dj. abgeschätzt worden.

400. Pitozowes auch Birozowes 2 Th. (im Saazer Kr.)

Ist dem in ein Dritttheil verurtheilten Jakob Hruška konfiszirt, der erste Theil auf 15189 fß. 31 gr. 3 dj. und der andere Theil nebst den Möbilien auf 15941 fß. 51 gr. 3 dj. abgeschätzt, und dem Grafen Adam von Herbersdorf verkauft worden.

401. Pitschin und Langendorf (im Bechiner Kreise.)

Sind dem Niklas Bechinie von Laschan, welcher in die Hälfte kondemnirt war, konfiszirt, auf 30162 fß. 34 gr. 2 dj. taxirt, ihm aber nach erlangter Vergebung zurückgegeben worden.

Platz f. Hagensdorf.

Planiasky f. Ezerhinka.

402. Planiaß, Przeborzt, Markt Plánias und zwey Dörfer (im Taurzimer Kreise.)

Ist dem ältern Johann Mirek, welcher in ein Dritttheil verurtheilt war, konfiszirt, auf 42995 fß. 38. 4 dj. abgeschätzt, und dem Fürsten Karl von Lichtenstein überlassen worden.

403. Pleuln (im Pilsner Kreise.)

Ist dem in die Hälfte verurtheilten Bohuslaw Wiedersperger dem jüngern konfiszirt, auf 12096 fß. 31 gr. 3 dj. abgeschätzt, und der Anna Wiederspergerinn um 13810 fß. 47 gr. 4 dj. käuflich überlassen worden.

404. Plßkowiß, Kastely und Sochowiß (im Prachiner Kreise.)

Ist dem Niklas Schütz, welcher in zwey Dritttheile kondemnirt war, konfiszirt, auf 2325 fß. 31 gr. 3 dj. taxirt, und dem Przibik Genischek von Ugezo um die nämliche Summe verkauft worden.

Pleßtißly, f. Skaupy.

405. Poczernitz (im Taurzimer Kreise.)

Ist auf 10347 fß. 20 gr. geschätzt, und dem Johann Daniel Kaper um 11000 fß. Meißn. käuflich überlassen worden.

406.

406. **Podhoržan oder Bohrſana (im Saatzer Kreiſe.)**

Iſt dem Dietrich Vizthum, welcher in ein Drit=
theil verurtheilt war, konfiszirt, auf 40192 ſß. 2 gr.
1 dß. abgeſchätzt, und der Helena Vizthuminn um die
Taxe verkauft worden.

407. **Podlichy oder Podluhy (im Podbrder, jetzt
Berauner Kreiſe.)**

Iſt dem Wenzel Peſchik, welcher in ein Dritttheil
kondemnirt war, konfiszirt, auf 16980 ſß. 5 gr. 5 dß. ab=
taxirt, und der Maria Slavatinn gebornen von Wald=
ſtein um 16382 ſß. Meißn. erblich überlaſſen worden.

Podiauszy ſ. Hrabek.

Podmokl ſ. Biela.

Podolsky ſ. Borotin.

408. **Pokratitz (im Leutmeritzer Kreiſe.)**

Iſt auf 11988 ſß. abgeſchätzt worden.

Politſchan ſ. Roth = und Weißpolitſchan.

409. **Polna und Stadt Przibislaw (im Czaslauer
Kreiſe.)**

Iſt dem Rudolph Zeidlitz, welcher in den Verluſt
des Ganzen verurtheilt war, konfiszirt, auf 156248 ſß.
26 gr. 3 dß. taxirt, und dem Kardinal von Dietrichſtein
um 150000 fl. verkauft worden.

410. **Pomeisl oder Nepomiſchle, Lobietitz und Pu=
ſtiowitz (im Saatzer Kreiſe.)**

Sind dem Chriſtoph Niklas von Stampach, wel=
cher in die Hälfte kondemnirt war, konfiszirt, auf 44845
ſß. abgeſchätzt, und dem Herrmann von Queſtenberg um
die Taxe überlaſſen worden.

411. Popowitz (im Königgrätzer Kreise.)

Ist dem in ein Dritttheil verurtheilten Heinrich Kaspaun konfiszirt, anfänglich auf 10014 ſß. und hernachmals um 8014 ſß. tarirt, sodann aber dem Ulrich Leonhard Winarz um 4376 ſß. verkauft worden.

412. Porzitz (im Pilsner Kreise.)

Ist den Niklas Schütz von Drahenitz, welcher in zwey Dritttheile kondemnirt war, konfiszirt, auf 87127 ſß. 52 gr. 6 dz. abgeschätzt; und dem Freyherrn Philipp Adam von Kronenberg um 84802 ſß. 21 gr. 2 dz. eigenthümlich verlassen worden.

413. Posaun oder Peschna (im Bechiner, jetzt Taborer Kreise.)

Ist dem zum Lehn verurtheilten Johann Hauska konfiszirt, auf 11313 ſß. 10 gr. abgeschätzt, und dem Maximilian Pecher um 14104 ſß. Meißn. verkauft worden.

414. Poſtuptzin (im Saurzimer Kreise.)

Drey Höfe davon ſind auf 5300 ſß. abgeschätzt worden.

Potiechn ſ. Czaslauer acht Dörfer.

415. Prarachow (im Königgrätzer Kreise.)

Ist dem Felix Pansky konfiszirt, auf 2333 ſß. abgeschätzt, und dem Hanns Karl Kunig käuflich überlassen worden.

Prandkowitz ſ. Wobieritz.

Priesen, klein, ſ. Brzezno.

416. Proſetz (im Bechiner, jetzt Prachiner Kreise.)

Ist dem in den Verlust des Ganzen verurtheilten Ladislaw Woſtrowetz konfiszirt, auf 16549 ſß. 32 1/2 gr.

taxirt,

tarirt, und der Rosina Wostrowezinn um 15000 fl. gelassen worden.

417. Proskowskisches Haus (in der Altstadt.)

Wurde dem Johann Proskowsky konfiszirt, und dem Heinrich Liebsteinsky von Kolowrat um 3000 fl. Rhein. verkauft.

Prjeborzy s. Planiaß.

418. Przedliß (im Baurzimer Kreise.)

Ist dem in die Hälfte kondemnirten Wilhelm Köll bel konnszirt, auf 5158 ß. 48 gr. 4 dz. abgeschätzt, und dem Franz de Currirs käuflich überlassen worden.

419. Prjestawlky

Wurde anfänglich auf 8763 ß. 5 gr. 5 dz. und hernach auf 7931 ß. 4 gr. 2 dz. abgeschätzt.

420. Prjimda oder Frauenberg (im Pilsner Kreise.)

Ist auf 8219 ß. 34 gr. 2 dz. tarirt worden.

Prjskrzitz s. Braunischow.

Prjitofy s. Cjestinkostel.

421. Prjiwietiß (im Pilsner Kreise.)

Ist dem Johann Herrmann Czernin, welcher in die Hälfte verurtheilt war, konfiszirt, auf 21502 ß. 31 gr. 2 dz. abgeschätzt, und dem von Klenau verkauft worden.

422. Prjiwlaky (im Baurzimer Kreise.)

Ist dem in die Hälfte verurtheilten Johann Sebastian Jsiarsky konfiszirt, und auf 3486 ß. abgeschätzt worden.

Prji-

Przimorzecz f. Wobdenitz.

Pssowlk f. Petersburg.

423. Ptenin (im Blattauer Kreise.)

Ist dem jüngern Bobuslaw Wiedersperger, welcher in die Hälfte verurtheilt war, konfiszirt, auf 12096
ß. 31 gr. 3 dj. tarirt, und der Anna Wiederspergerinn
um 13810 ß. 47 gr. 4 dj. käuflich überlassen worden.

424. Pudzil, alt (im Königgrätzer Kreise.)

Ist dem in ein Drittheil verurtheilten Jaroslaw
Stoß konfiszirt, und der Barbara Katharina von Vagg-
hinn überlassen worden.

425. Puhlowitz (im Königgrätzer Kreise.)

Wurde dem Albrecht Gestrzibsky, der in ein Dritttheil kondemnirt worden, konfiszirt.

426. Purschau, Urschau und Eisendorf (im Pilsner Kreise.)

Sind dem in zwey Drittheile verurtheilten Johann
Sebastian Pergler von Perglas konfiszirt, auf 28478 ß.
45 gr. 3 dj. abgeschätzt, und vermöge k. Resoluzion vom 5.
Oktober 1624 dem Hieronym de la Porta in Abschlag der
bei Sr. Maj. habenden und vorlängst angewiesenen Forde-
rungen an 60000 fl. um 28000 fl. überlassen worden.

427. Rabitzerische Glashütten, Sklennahut (im Pilsner Kreise.)

Sind dem Johann Sebastian Rabitzer konfiszirt,
auf 2271 ß. 31 gr. 3 dj. tarirt, und dem Maximilian
von Enst um 12271 ß. 30 gr. erblich verlassen worden.

428. Rabenstein (Elbogner Kreise.)

Ist dem in ein Drittheil verurtheilten Joachim
Liebsteinsky von Kolowrat konfiszirt, und auf 92335 ß.
abgeschätzt worden.

429.

429. **Radaun auch Radauniß nebst Czebus (im Leutmeritzer Kreise.)**

Ist dem zum Lehn kondemnirten Ulrich Woftersky Keplirz konfiszirt, auf 13068 ſß. 54 gr. 2 dz. tarirt, und dem Albrecht von Waldstein käuflich überlassen worden.

Rabborji f. Zbraslawiß.

Radeschin f. Kobilnik.

Radeßya f. Wobdeniß.

430. **Radiemierjicz, sonst Radomirz (im Taurzimer Kreise.)**

Ist auf 9538 ſß. 47 gr. 1 dz. abgeschätzt worden.

431. **Radostow (im Königgrätzer Kreise.)**

Ist dem Christoph Radezky, welcher in ein Drittheil verurtheilt war, konfiszirt, auf 9849 ſß. 20 gr. tarirt, und der Maria Kaprzikinn um 6316 fl. 40 kr. verkauft worden.

432. **Radowesniß (Taurzimer Kreise.)**

Ist auf 22234 ſß. 40 gr. abgeschätzt worden.

Rann f. Launer fünf Dörfer.

433. **Rataye, ein Dorf (im Bechiner, jetzt Taborer Kreise.)**

Ist dem Heinrich und Johann Haslauer, welche in ein Drittheil verurtheilt waren, konfiszirt, auf 5117 ſß. 39 gr. tarirt, und dem Adam von Sternberg um 6000 ſß. verkauft worden.

Ratiborz f. Auderz.

434. Raudnißkisches Haus nebst 2 Weingärten
(in der Altstadt Prag.)

Ist dem Daniel Raudnißky konfiszirt, und nebst 2 Weingärten dem Heinrich Liebsteinsky von Kolowrat um 10250 fl. käuflich überlassen worden.

435. Rederisches Haus (in der kleinern Stadt
Prag.)

Ist dem Christoph von Redern konfiszirt, und dem Grafen Herrmann Czernin von Chudeniß um 3000 ß. Meißn. verkauft worden.

Reichenau f. Bohrohradek, desgl. Kostiß u. Rothrzeczitz.

Reichenberg f. Friedland.

436. Reneß, Snopauschow und Wotokrty
(im Pilsner Kreise.)

Ist dem Joachim Laubsky, welcher in die Hälfte verurtheilt war, konfiszirt, und auf 49750 ß. 27 gr. abgeschätzt worden.

Retschiß f. Launer fünf Dörfer.

Reznowiß f. Buzy.

Ribnian f. Drekow.

Richnow f. Borohradek.

Riesenburg f. Gauth und Nachod.

Riweniß f. Neusattel.

437. Rochowes und Teczeniowes (im Leutmeritzer
Kreise.)

Ist dem Adam Christoph Sezima von Sezimowa Austi, welcher in die Hälfte kondemnirt war, konfiszirt, und auf 95135 ß. 31 gr. 3 d. taxirt worden.

438.

438. Rohoſetz (im Bunzlauer Kreiſe.)

Iſt dem in den Verluſt des Ganzen verurtheilten Johann Georg von Wartenberg konfiszirt, auf 49244 fß. 24 gr. abgeſchätzt, und dem Albrecht von Waldſtein um 49244 fl. eigenthümlich überlaſſen worden.

439. Rohoziecz und Woleſſnitz (im Bunzlauer Kreiſe.)

Sind dem in ein Dritttheil verurtheilten Zdenko von Waldſtein konfiszirt, auf 18345 fß. 25 gr. 5 dł. abgeſchätzt, und dem Albrecht von Waldſtein um 18345 fl. käuflich überlaſſen worden.

Rokotowitz ſ. Großhorka.

440. Ronow (im Czaslauer Kreiſe.)

Iſt dem Albrecht Rabenhaupt konfiszirt, auf 48160 fß. 40 gr. taxirt, und der Benigna Katharina von Lobkowitz um 49487 fß. 34 gr. 2 dł. verkauft worden.

Ronow, neu, ſ. Rozdialowitz.

441. Ronsberg (im Klattauer Kreiſe.)

Iſt der Maximiliana von Schwamberg zugehörig geweſen, auf 29400 fß. Meißn. abgeſchätzt, und dem Severin Tahlo von Horſtein um 30045 fß. 52 gr. gelaſſen worden.

442. Roſochatetz oder Roſohatn (im Czaslauer Kreiſe.)

Iſt dem zum Lehn verurtheilten Abraham Bechinie konfiszirt, und auf 19590 fß. 20 gr. abgeſchätzt worden.

443. Roſtok.

Iſt dem David Borinie zwar konfiszirt, und dem Fürſten Karl von Lichtenſtein um 70000 fl. verkauft, demſelben aber, weil er ſich nachher völlig gerechtfertiget, dieſe Kaufſumme bezahlt worden.

444. Rothpolician (im Königgrätzer Kreiſe.)

Iſt dem in den Verluſt des Ganzen verurtheilten Wienik Bukowsky konfiszirt, auf 5531 fß. Meißn. geſchätzt, und dem Albrecht von Waldſtein um die Taxe verkauft worden.

E 2

445.

445. Rothrzeczitz und Reichenau oder Richnow
(im Bechiner, jetzt Taborer Kreise.)

Sind dem ältern Johann Rziczan, welcher in zwey
Dritttheile verurtheilt war, konfiszirt, und nebst den Fahrnissen auf 104429 ß. 55 gr. 5 dj. abgeschätzt worden.

Rozdialowitz f. Neu Ronow.

446. Rozmital (im Prachiner Kreise.)

Ist dem gleichfalls in den Verlust des Ganzen verurtheilten Florian Griespeck konfiszirt, und auf 63111 ß.
8 gr. 4 dj. abgeschätzt, sodann aber dem Kardinal Harrach, Erzbischofe zu Prag, so wie die Nro. 445. bemerk-
ten Herrschaften absque onere überlassen worden.

447. Rudich (im Saatzer Kreise.)

Ist dem Christoph Hrobczitzky konfiszirt, und dem
Grafen Herrmann von Czernin um 30000 fl. verkauft
worden.

Rudißgrün f. Elbogner Dörfer.

448. Rybnian.

Ist dem Gideon Pernklo konfiszirt, und dem Hanns
Münch um 4043 ß. 48 gr. 4 dj. käuflich überlassen worden.

Rywenitz f. Neusattel.

449. Rzeplowitz (jetzt Tschocha) (im Leutmer. Kreise.)

Ist dem in den Verlust des Ganzen verurtheilten
Friedrich von Bila konfiszirt, und auf 19311 ß. 14 gr.
2 dj. abgeschätzt worden ; der Freyherr Otto von Nostitz
kaufte es im J. 1628 um 19000 ß.

Rzenow f. Borotin.

450.

450. Rzepann (im Elbogner Kreise.)

Ist dem Grosvetizky konfiszirt, und auf 14858 fl. 34 r. 3 dl. taxirt worden.

451. Rzepicze (im Prachiner Kreise.)

Ist dem ältern Bernard von Hodieyowa, welcher in zwey Drittheile kondemnirt war, konfiszirt, und der Jacub von Kolowrat um 10977 fl. käuflich überlassen worden.

452. Rzepin (im Bunzlauer Kreise.)

Ist dem in den Verlust des Ganzen verurtheilten Niklas Gersdorf konfiszirt, auf 24255 fl. 25 gr. 5 dl. geschätzt, und dem Philipp Fabrizius um 20000 fl. verkauft worden.

453. Rzeschin.

Ist dem Smil Lukawczky, welcher in ein Drittheil verurtheilt war, konfiszirt, und auf 15096 fl. 40 gr. abgeschätzt worden.

Rzittow s. Hammer.

Saar s. Zdiar.

Sadek s. Hlubosch.

454 Sadown und Zizelowes (im Bidschower Kreise.)

Sind dem in zwey Drittheile verurtheilten Georg Sadowsky konfiszirt, auf 47812 fl. 47 gr. 6 dl. abgeschätzt, und dem Albrecht von Waldstein um 54833 fl. 20 kr. verlassen worden.

Salonicze s. Wobdenitz.

455. Schaben (im Elbogner Kreise.)

Ist dem ältern Niklas Scholz konfiszirt, und dem Barthälem Bruner um 7405 fl. verkauft worden.

E 3 456.

456. Schaunow (im Czaslauer Kreise.)

Ist dem Johann Burgbard Cordule, welcher in die Hälfte kondemnirt war, konfiszirt, und auf 7339. fl. 8 gr. 4 dj. taxirt worden.

Schatzler f. Koczlirzow.

457. Schlaggenwerth (im Elbogner Kreise.)

Ist dem Herzog Heinrich von Sachsen um 150000 fl. verkauft worden.

458. Schlan, Stadt (im Schlaner, jetzt Rakoni= zer Kreise.)

Ist auf 97414 fl. 51 gr. 3 dj. abgeschätzt, und ver= möge k. k. Resolution vom 24. Jullus 1638 dem Grafen Jaroslaw Borzita von Martinitz, der bereits darauf so= wohl, als auf die Stadtgüter wegen einer bis auf 383000 fl. sich belaufenden Forderung eine Pfandgerechtigkeit hatte, erb= und eigenthümlich überlassen worden.

459. Schlaner Stadtdörfer, als: Schelenitz, Netonitz u. Lotausch (im Schlaner, jetzt Rakonizer Kreise.)

Sind der Stadt Schlan konfiszirt, auf 15051 fl. 17 gr. 3 dj. geschätzt, und nurgedachtem Grafen Jaros= law Borzita von Martinitz gleichfalls käuflich überlassen worden.

460. Schleb oder Zleby (im Czaslauer Kreise.)

Ist dem Grafen Herrmann Czernin gehörig gewe= sen, und gegen Überlassung anderer konfiszirten Herrschaf= ten Ihrer Majestät abgetreten worden.

461. Schluckenau (im Leutmerizer Kreise.)

Ist dem in ein Drittheil verurtheilten Otto Star= sched konfiszirt, auf 112225 fl. 34 gr. 2 dj. taxirt, und dem

dem Grafen Wolf von Mannsfeld um 105000 fl. oder 122500 fl. verkauft worden.

Smikus ſ. Keblan.

452. Schneckendorf (im Bunzlauer Kreiſe.)

Iſt dem Julius Schwenda, der in ein Drittheil kondemnirt war, konfiszirt, auf 6930 fl. 42 gr. 6 dj. geſchätzt, und dem Albrecht von Waldſtein käuflich über-
laſſen worden.

Schönau ſ. Angelſtá Hora.
Schönberg ſ. Neuwoſik.

453. Schönburg, Neu, u. Klöſterle (im Saarzer Kreiſe.)

Sind dem in den Verluſt des Ganzen verurtheilten Chriſtoph Vitzthum konfiszirt, auf 67951 fl. 17 gr. 1 dj.
abgeſchätzt, und dem Grafen Simon von Thun um 71040 fl. 14 gr. verkauft worden.

Schönhof ſ. Buskowitz.

464. Schönwald (im Pilſner Kreiſe.)

Iſt dem in die Hälfte verurtheilten Thomas von Sebottendorf konfiszirt, auf 28968 fl. 16 gr. 1 dj. taxirt, und dem Franz de Currito um 27980 fl. 2 gr. 2. dj. überlaſſen worden.

Schogſchütz ſ. Choltik.

465. Schoſſendorf und Neudorf (im Leutmeritzer Kreiſe.)

Sind auf 2849 fl. Meißn. abgeſchätzt worden.

Schoſſenreith ſ. Altſedliſcht.

E 4　　　466.

466. Schwarzbach (im Albogner Kreise.)

Ist der Stadt Elbogen konfiszirt, und dem Gott-fried Härtel um 4700 fß. verkauft worden.

Sdowy s. Zizielowes.

Sedletz s. Vorzanowitz.

Sedletz s. Mirzegow.

467. Sedlow (im Czaslauer Kreise.)

Ist dem Adam Mirek, der in die Hälfte verurtheilt war, konfiszirt, auf 3768 fß. geschätzt, und dem Andreas Hornatezky käuflich überlassen worden.

Selmitz s. Eztytolcby.

468. Semelkowitz, Dussimky, Libsky, Kln, Kogetkeze und Kapirzi (im Bunzlauer Kreise.)

Sind nebst den Gütern Blschitz und Wobrzistwl dem Wenzel Felix Pietipesky, welcher in den Verlust des Ganzen verurtheilt war, konfiszirt, und der Polexina von Lob-kowitz zugleich mit verkauft worden.

469. Semenkowitz (im Saatzer Kreise.)

Ist dem Adam Bruska, der in ein Drittthell kon-demnirt war, konfiszirt, auf 11281 fß. 45 gr. 5 dj. ta-xirt, und dem Grafen von Herbersdorf verkauft worden.

470. Semil (im Bunzlauer Kreise.)

Ist dem in den Verlust des Ganzen verurtheilten Albert Smirzitzky konfiszirt, und auf 41197 fß. 19 gr. 2 dj. ab-geschätzt worden.

471. Semschitz (im Bunzlauer Kreise.)

Ist dem Johann Psiech Trzemensky, welcher in ein Drittthell kondemnirt war, konfiszirt, auf 14670 fß. 12 gr. taxirt, und dem Albrecht von Waldstein überlassen worden.

472. Senomat (im Rakonizer Kreise.)

Ist der Stadt Rakonitz konfiszirt, auf 14986 fß. Meißn. abgeschätzt, und dem Grafen Herrmann Czernin eingeräumt worden.

Sichdichfür

Sichdichfür ſ. Dreyhaken.

473. Silberſtein (im Königgrätzer Kreiſe.)

Wurde auf 9556 fl. 9 kr. geſchätzt, und dem Albrecht von Waloſtein käuflich überlaſſen.

474. Sinetz oder Sneitz (im Baurzimer Kreiſe.)

Iſt dem Hanns Sigmund Mirek, welcher in ein Drittheil verurtheilt war, konfiszirt, auf 12286 ſſ. 40 gr. geſchätzt, und dem Fürſten Karl von Lichtenſtein verkauft worden.

475. Sixtiſches Haus (in der Altſtadt Prag.)

Iſt dem Theodor Sixt konfiszirt, und dem Philipp Fabrizius um 4285 ſſ. 42 gr. 6 dſ. käuflich überlaſſen worden.

476. Skala (im Bunzlauer Kreiſe.)

Iſt dem in den Verluſt des Ganzen verurtheilten Albrecht Smiržitzky konfiszirt, und auf 103903 ſſ. 37 gr. 1 dſ. abgeſchätzt worden.

477. Skaupy, ein Ritterſitz, mit den Dörfern Hoſtonitz, Mletitz, Pleßtisky und Tyſſanitz (im Wltauer Kreiſe.)

Sind dem in zwey Drittthalle verurtheilten Sigismund Gloz:Eb konfiszirt, auf 11120 ſſ. Meißn. abgeſchätzt, und der Fürſtinn Polexina von Lobkowitz um 11000 fl. rhein. verkauft worden.

Sklennahue ſ. Rabitzerlſche Glashütten.

478. Skocžitz (im Prachiner Kreiſe.)

Iſt dem in den Verluſt des Ganzen kondemnirten Johann Radkower konfiszirt, auf 5058 ſſ. taxirt, und dem Joachim Ebrt um 4500 ſſ. verlaſſen worden.

479. Skocžitz (im Pilſner Kreiſe.)

Iſt dem zum Lehn verurtheilten Wenzel Przichowsky konfiszirt, und auf 5485 ſſ. 40 gr. abgeſchätzt worden.

E 5

480.

480. Skopicze (im Bechiner, jetzt Taborer Kreise.)

Ist dem Friedrich Sadlo, welcher in die Hälfte kondemnirt war, konfiszirt, und auf 6285 fl. 40. gr. taxirt worden.

481. Skreyschow (im Bunzlauer Kreise.)

Ist auf 17014. fl. 20 gr. abgeschätzt worden.

482. Skreyschow (im Moldauer, jetzt Berauner Kreise.)

Ist auf 5250 fl. taxirt worden.

483. Skržiple (im Prachiner Kreise.)

Ist dem Ulrich Gersdorf konfiszirt, auf 11704 fl. 20 gr. abgeschätzt, und dem Johann Walter Cžris um 7242 fl. gelassen worden.

484. Slatinann (im Chrudimer Kreise.)

Ist dem Georg Karlik konfiszirt, und dem Leo Burian Berka um 24000 fl. überlassen worden.

Slawikowetz s. Oberlischow.

485. Slibowitz und Wikleky (im Königgrätzer Kreise.)

Sind dem Burian Slibowitzky, welcher in ein Drittheil verurtheilt war, konfiszirt, und auf 62506 fl. 40 gr. abgeschätzt worden.

486. Slußy (im Kaurzimer Kreise.)

Ist dem Ehrenfried von Berbisdorf konfiszirt, den Jesuiten in der Altstadt Prag geschenkt, und von diesen an den Georg Benedikt Benig um 15000 fl. verkauft worden.

487.

487. **Slutiß mit drey, und Zieilowiß mit zwey Dörfern (im Baurzimer Kreise.)**

Sind den Brüdern Niklas und Johann Slapsky, welche in ein Drittheil verurtheilt waren, konfiszirt, auf 21975 fl. 37 gr. 1 dl. geschätzt, und dem Fürsten Karl von Lichtenstein käuflich überlassen worden.

Smidar s. Domaslowiß.

488. **Smirjiß (im Königgräßer Kreise.)**

Ist dem Johann Rudolph Trska konfiszirt, und auf 235618 fl. 10 gr. Meißn. abgeschätzt worden.

489. **Smislow sammt einem Hof nach Heinrich Sadlo (im Taborer, sonst Bechiner Kreise.)**

Sind dem in den Verlust des Ganzen verurtheilten Bobuslaw Dworzeßky konfiszirt, auf 6235 fl. Meißn. taxirt, und dem Fürsten Ulrich von Eggenberg um 3000 fl. verlassen worden.

490. **Smrkowiß (im Königgräßer Kreise.)**

Ist dem Johann Georg Wachtel, welcher in ein Drittheil verurtheilt war, konfiszirt, auf 48948 fl. 30 gr. abgeschätzt, und dem Albrecht von Waldstein um 46000 fl. verkauft worden.

491. **Sniet (im Bechiner Kreise.)**

Ist dem Radislaw Jaroslaw Kinsky von Wchinig, welcher in die Hälfte kondemnirt war, konfiszirt, auf 7203 fl. geschätzt, und ihm selbst am 7300 fl. wieder überlassen worden.

Snopauschow s. Reneß.

Sobieschiß s. Frimburg.

492.

492. Sobießuk (im Prachiner Kreise.)

Ist dem Wilhelm Daupowetz, welcher in ein Drittheil verurtheilt war, konfiszirt, auf 7205 fl. 20 gr. taxirt, und dem Augustin Schmidt um 7200 fl. verlassen worden.

493. Sobietiß (im Pilsner Kreise.)

Ist dem Ulrich Sobietizky, welcher in die Hälfte kondemnirt war, konfiszirt, und auf 10827 fl. 57 gr. abgeschätzt worden.

494. Sobochleben und Stradoniß (im Rakonizer Kreise.)

Sind dem in ein Drittheil kondemnirten Albrecht Kekule und Bernhard Elniz, konfiszirt, Sobochleben auf 24240 fl. 42 gr., und Stradoniß auf 5989 fl. 30 gr. abgeschätzt, und dem Alexander von Bleyleben zusammen für 30000 fl. überlassen worden.

495. Sochostow (im Pilsner Kreise.)

Ist dem in die Hälfte verurtheilten Christoph Janousky konfiszirt, auf 7983 fl. taxirt, und dem Czdibor Prijchowsky um 10500 fl. verlassen worden.

Sochowiß s. Plisskewiß.

496. Sohiize, Swinny und Kwaßinny (im Königgräßer Kreise.)

Sind den Brüdern Karl und Friedrich, welche beyde jeder in ein Drittheil, deßgleichen Benjamin und Johann von Wlkanowa, welche leztern beide, jeder in die Hälfte kondemnirt wurden, konfiszirt, zusammen auf 96584 fl. 39 gr. 5 dl. taxirt, und dem Burggrafen Heinrich von Dohna um 157000 fl. verkauft worden.

Sosna s. Petersburg.

497. Sowinka und Krasna (im Bunzlauer Kreise.)

Sind dem Wenzel Hrzan konfiszirt, Sowinka auf 17100 fß. 40 gr., und Krasna auf 10600 fß. 40 gr. abgeschätzt, und dem Peter Fuchs um 21820 fß. 40 gr. überlassen worden.

498. Spiticze (im Czaslauer Kreise.)

Ist dem zum Lehn verurtheilten Hertwig Misska konfiszirt, auf 10804 fß. 40 gr. abgeschätzt, und dem Anton Binago und Franz Chiesa um 6600 fß. verkauft worden.

499. Srlin (im Taborer Kreise.)

Ist dem Jaroslaw Haslauer, welcher in ein Drittheil kondemnirt war, konfiszirt, auf 3548 fß. abgeschätzt, und dem Bohuslaw Haslauer um die Taxe verlassen worden.

500. Skstanowitz (im Bautzimer Kreise.)

Ist dem in die Hälfte kondemnirten Albrecht Kloschek konfiszirt, und seinem Sohne, Karl, überlassen worden.

501. Sstworetz (im Bautzimer Kreise.)

Ist auf 59524 fß. 42 gr. abgeschätzt worden.

502. Ssticknik, ein Rittersitz, und Chobietitz.

Sind dem Alexander Kaplirz, welcher in die Hälfte verurtheilt war, konfiszirt worden.

Sſtiepanicze ſ. Branna.

503. Sſtiepanow (im Chrudimer Kreiſe.)

Iſt dem zum Lehn verurtheilten Adam przedborsky konfiszirt, und auf 3423 ſß. 20 gr. abgeſchätzt worden.

Staforzi ſ. Horženiß.

Starehradn ſ. Kofſtialow.

Starnbudežil ſ. Altenbach.

Stateniß ſ. Tatteniß.

Sticken ſ. Czechniß.

504. Sticzern (im Königgräzer Kreiſe.)

Iſt dem Georg Prawetizky, welcher in ein Drittheil verurtheilt war, konfiszirt, auf 10000 ſß. geſchätzt, und der Anna Suſanna Slawatinn um 10000 fl. verkauft worden.

505. Stokau oder Stokow (im Pilſner Kreiſe.)

Iſt dem ältern Wenzel Chlumczansky, welcher in die Hälfte kondemnirt war, konfiszirt, auf 9962 ſß. 54 gr. 2 dz. taxirt, und der Salome Chlumczanskinn um 8534 ſß. 16 gr. 3 dz. gelaſſen worden.

Stradoniß ſ. Sobochleben.

506. Straußniß (im Leutmerizer Kreiſe.)

Iſt dem Balthaſar Knobloch konfiszirt, und dem Grafen Wilhelm Wratislaw um 25500 fl. erblich überlaſſen worden.

507. Streyzkow od. Strenzkow (im Prachiner Kreiſe.)

Iſt dem in den Verluſt des Ganzen verurtheilten Wenzel Grießbeck konfiszirt, auf 17378 fl. 5 dz. taxirt, und dem

dem Heinrich Liebſteinsky von Kolowrat um 12000 fl. überlaſſen worden.

508. Stronetitz ein Theil (im Saatzer Kreiſe.)

Iſt den Brüdern Jaroslaw und Wolf von Stampach konfiszirt, und dem Herrmann von Queſſenberg um 7345 lß. 43 gr. verkauft worden.

509. Strjedokluky und das Dorf Cheynowa (Chenau) (im Schlaner Kreiſe.)

Sind dem zum Lehn verurtheilten Ladislaw Abdon Ludwikowsky Bezdrazicky von Kolowrat konfiszirt, das erſtere auf 77400 lß. und das andere auf 4820 lß. 40 gr. abgeſchätzt, und dem Herzog Julius Heinrich von Sachſen geſchenkt worden.

Strjela ſ. Hoſtitz.

Strjemy ſ. Berikowitz.

510. Strjetitz (im Königgrätzer Kreiſe.)

Iſt auf 6320 lß. böhmiſcher Groſchen abgeſchätzt worden.

511. Strjezomirjitz (im Klattauer Kreiſe.)

Iſt dem Peter Niklas Hermansky von Slaupna, welcher in die Hälfte kondemnirt war, konfiszirt, und dem Herrmann Lukawsky von Lukawitz und Salome von Bubna gebohrner Woſtromirskinn um 5682 lß. 50 gr. 5 dj. überlaſſen worden.

Strjitetz ſ. Doly.

Studeniowes ſ. Beßen.

512. Studenka (im Bunzlauer Kreiſe.)

Iſt dem zur Hälfte verurtheilten Georg Felix Wanjura konfiszirt, auf 39499 lß. 51 gr. 2 dj. abgeſchätzt,

und

und dem Albrecht von Waldstein um 39499 fl. verkauft worden.

513. Suchydul und Wostrow (im Podbrder, jetzt Berauner Kreise.)

Sind dem Karl Ploth, welcher in die Hälfte verurtheilt war, konfiszirt, auf 7645 fß. 20 gr. tarirt, und der Katharina Wratislawinn um 7645 fß. verlassen worden.

Suchomaßt s. Bikosch.

514. Sulowiß (im Leutmerißer Kreise.)

Ist dem Burian Kaplirz konfiszirt, und auf 14670 fß. Meißn. abgeschätzt worden.

515. Swatkowiß (im Bechiner, jetzt Taborer Kreise.)

Ist dem Prech Swatkowsky von Dobrohossie, welcher in ein Drittheil kondemnirt war, konfiszirt, auf 5002 fß. tarirt, und der Fürstinn Polerina von Lobkowiß am 5000 fl. verkauft worden.

Swiboch s. Habrzi.

516. Swigan oder Swigian und Welisch (im Bunzlauer und Königgräßer Kreise.)

Sind dem Grafen Andreas Schlik und dem jüngern Grafen von Thurn, welche in den Verlust des Ganzen verurtheilt waren, konfiszirt, das erstere auf 76021 fß. 40 gr., und das andere auf 96643 fß. 40 gr. abgeschätzt, beide zusammen aber dem Albrecht von Waldstein um 170000 fl. verkauft worden.

Swimen s. Solnicze.

517. Swinczan ein Hof (im Chrudimer Kreiſe.)

Iſt dem Thomas Tieſſel, welcher in die Hälfte kon‑ demnirt, konfiszirt, und der Brigitta Podenaſchinn um 4121 fl. Meißn. überlaſſen worden.

518. Swinczany (im Chrudimer Kreiſe.)

Iſt dem Bernard Niklas Gersdorf, welcher in ein Drittheil verurtheilt war, konfiszirt, auf 31904 fl. 20 gr. tagirt, und dem Grafen Chriſtoph Simon von Thun um 23312 fl. 45 gr. 5 dz. verkauft worden.

519. Swiniſtian (im Königgrätzer Kreiſe.)

Iſt dem Wenzel Jaruba von Huſtirzan konfiszirt, und dem Grafen Ferdinand Rudolph Lazansky von Bus kowa um 19000 fl. käuflich überlaſſen worden.

Swimny ſ. Solnicze.

Swogſchitz ſ. Choltitz.

Swogſchitz ſ. Piſcheln.

Swrzno ſ. Hoſtaun.

520. Synczany (im Chrudimer Kreiſe.)

Iſt dem Felix Wenzel Talatzko konfiszirt, auf 7295 fl. abgeſchätzt, und der Franziska Hypolita Berkinn geb. Gräfinn von Fürſtenberg um 7295 fl. verkauft worden.

521. Syrzewitz, jetzt Schirzowitz (im Leutmeritzer Kreiſe.)

Iſt dem Adam Wchinsky konfiszirt, und auf 9585 fl. 57 gr. abgeſchätzt worden.

522. Tachau, Stadt (im Pilſner Kreiſe.)

Iſt auf 96859 fl. 31 gr. 3 dz. tagirt, und dem Phi‑ lipp Haßmann um den Schätzungswerth überlaſſen worden.

IX. Heft.   F.   523.

523. Tatteniß, jetzt Stateniß, ein Hof (im Schlaner, jetzt Rakoniger Kreise.)

Ist dem David Borin konfiszirt, und auf 7352 ß.
50 gr. abgeschätzt worden.

524. Tattin (im Saatzer Kreise.)

Ist dem in ein Drittheil kondemnirten Wilhelm
Hruschka konfiszirt, auf 16937 ß. 47 gr. 1 dj. abgeschätzt,
und der Margaretha Popelinn um 16402 ß. eigenthümlich überlassen worden.

525. Tauschkow auch Tuschkau (im Pilsner Kreise.)

Ist dem Dionys Markwart, welcher in zwey Drittheile verurtheilt war, konfiszirt, und auf 25553 ß. 40 gr.
Meißn. taxirt worden.

526. Tauser Stadt, und Kirchdörfer (im Klattauer Kreise.)

Sind der Stadt Taus konfiszirt, auf 14047 ß. 30
gr. abgeschätzt, und davon 3 Dörfer, als Großowitz und
beide Luschenitz dem Grafen von Trautmannsdorf zu der
Herrschaft Horzowthein um 3687 ß. 42 gr. 6 dj. eingeräumt worden.

527. Taujetin (im Schlaner, jetzt Rakoniger
Kreise.)

Ist dem Georg Friedrich Hruschka, welcher in ein
Drittheil kondemnirt war, konfiszirt, und auf 29340 ß.
44 gr. 6 dj. abgeschätzt worden.

Teczeniowes s. Rochowes.

528. Tebraschitz (im Prachiner Kreise.)

Ist auf 9223 ß. 20 gr. abgeschätzt worden.

529.

529. Teiniß (im Wltauer, jetzt Brauner
Kreise.)

Ist dem Bernard von Hodiejow, welcher in zwey
Dritttheile kondemnirt war, konfiszirt, und dem Albrecht
von Waldstein, von diesem aber dem Paul Michna um
27000 fl. verkauft worden.

Teinicze Hrachowa s. Hrachowteiniß.

530. Teleß (im Schlaner, jetzt Rakonizer
Kreise.)

Ist dem in den Verlust des Ganzen verurtheilten Johann Adam von Ruppau konfiszirt, auf 18408 ß. 36 gr.
2 dl. tarirt, und dem Albrecht von Waldstein um 14000
ß. Meißn. verkauft worden.

531. Teltsch (im Saatzer Kreise.)

Ist dem Abraham von Steinsdorf, welcher in die
Hälfte verurtheilt war, konfiszirt, und auf 11306 ß. 10
gr. abgeschätzt worden.

532. Teplicze oder Wekelsdorf erster Theil (im
Königgrätzer Kreise.

Ist dem Borjek Hamsa von Jabiedowiß, welcher
in ein Dritttheil kondemnirt war, konfiszirt worden.

533. Teplicze zweyter Theil (im Königgrätzer
Kreise.)

Ist dem in die Hälfte verurtheilten Johann Peter
Dobrzensky konfiszirt worden.

534. Termeshofen (im Czaslauer Kreise.)

Ist dem zum Lehn verurtheilten Albrecht Ringlinger
konfiszirt, auf 8280 ß. 4 gr. 2 dl. abgeschätzt, und dem
Kloster Frauenthal cum onere eingeräumt worden.

Thaustniß

Thaustnitz s. Heczmanmiestetz.

Tieschnitz s. Miecholup.

Tischnitz s. Böhmischbroder Dörfer.

535. Tisowo und Trnowau (im Pilsner Kreise.)

Ist dem Johann Wenzel Kötz, welcher in zwey Dritttheile kondemnirt war, konfiszirt, und auf 16026 ß. 40 gr. taxirt worden.

Tloskow s. Marschowitz.

Tlustitz s. Mladiegow.

536. Tmain (im Podbrder, jetzt Beraune Kreise.)

Ist dem in die Hälfte verurtheilten Zdenko v. Trmal konfiszirt, auf 24240 ß. ein dabei befindlicher Hof aber auf 1309 ß. 8 gr. 4 dz. abgeschätzt, und dem Johann Wenzel um 23000 fl. verkauft worden.

Tmanie s. Krziowicze.

Tochowitz s. Plisskowitz.

537. Töplitz und Beneschau (im Leutmeritzer Kreise.)

Sind dem in den Verlust des Ganzen verurtheilten Grafen Wilhelm von Wchinitz konfiszirt, auf 94477 fl. 6 kr. abgeschätzt, und dem von Johann Aldringen verkauft worden.

538. Trautenauer fünf Dörfer, als: Zdiarna, Bürg-stadt, Marschendorf, Kolben und Albendorf (im Königgrätzer Kreise.)

Sind der Stadt Trautenau konfiszirt, auf 22496 ß. 11 gr. 3 dz. taxirt, und der Maria Magdalena Trezkinn um den nämlichen Preis verlassen worden.

539.

539. Trniß (im Leutmeritzer Kreiſe.)

Iſt dem Johann Heinrich Kunaſch, welcher in ein Drittheil kondemnirt war, konfiszirt, und auf 34104 fl. 4 gr. taxirt worden.

540. Trnowan (im Leutmeritzer Kreiſe.)

Iſt dem Wenzel Wilhelm von Kupau, welcher in den Verluſt des Ganzen verurtheilt war, konfiszirt, auf 22373 fl. Meißn. 30 gr. taxirt, und dem Wolf Grafen von Wrzeſowitz verkauft worden.

Trucžitz ſ. Neuſattel.

541. Truſſowan (Druſſowan.)

Iſt dem zum Lehn verurtheilten Hanns Niklas Hochbaßen konfiszirt, auf 8548 fl. 45 gr. abgeſchätzt, und dem Florian Dietrich von Sahr käuflich überlaſſen worden.

Trzebeſſowitz ſ. Nachod.

542. Trzebetow (im Pobrder Kreiſe.)

Iſt dem in die Hälfte verurtheilten Johann Lazansky konfiszirt, auf 5205 fl. Meißn. abgeſchätzt, und dem Job. Wenzel von Flieſſenbach um 5000 fl. Meißn. käuflich überlaſſen worden.

543. Trzebiblitz, und zwey Höfe in Drienzitz (im Leutmeritzer Kreiſe.)

Sind dem Georg Aurdzky, welcher in ein Dritttheil kondemnirt war, konfiszirt, und dem Johann Ritz zuſammen um 41000 fl. verkauft worden.

544. Trzebnauſchowes (im Königgrätzer Kreiſe.)

Iſt dem Adam Silwarz, welcher in zwey Dritttheile kondemnirt war, konfiszirt, auf 21523 fl. abgeſchätzt, und dem Albrecht von Waldſtein um 21000 fl. verkauft worden.

545. Trzebomislitz (im Bechiner, jetzt Prachiner Kreiſe.)

Iſt auf 13740 fl. 10. gr. taxirt worden.

546.

546. Trjebotow (im Podbrder, jetzt Berauner
Kreise.)

Ist dem Johann Lazansky, welcher in die Hälfte
kondemnirt war, konfiszirt, auf 5202 fß. Meißn. taxirt,
und dem Johann Wenzel von Fließenbach um 5000 fß.
Meißn. verkauft worden.

547. Trjebowieliß, und halb Kabaun (im Bidschower Kreise.)

Ist dem Wenzel Jaruba konfiszirt, auf 65484 fß.
11 gr. abgeschätzt, und dem Albrecht von Waldstein um
8536 fß. verkauft worden.

548. Trjebuschno (im Leutmeritzer Kreise.)

Ist dem Semil Kaplirz, welcher in die Hälfte kondemnirt war, konfiszirt, um 20264 fß. taxirt, und dem
Wenzel von Buchow um eben diesen Preis verkauft worden.

Trjemeschna s. Lichtenburg.

Trjemossua s. Weseze.

549. Trjermossno und Wletziß (im Königgrätzer
Kreise.)

Sind dem Adam Silwarz, welcher in zwey Dritttheile kondemnirt war, konfiszirt, beide auf 95398 fß. 2
gr. 3 dz. abgeschätzt, und dem Albrecht von Waldstein
zusammen um 95398 fl. verkauft worden.

550. Trji Dwory, drey Höfe (im Kaurzimer Kreise.)

Ist dem Johann Trjidworsky, welcher in die Hälfte kondemnirt war, konfiszirt, und um 10712 fß. Meißn.
taxirt worden.

Trjinow s. Wobolin-Woda.

551.

551. Tachorſitz (im Saatzer Kreiſe.)

Iſt um 18258 fß. 28 gr. 4 dj. taxirt worden.

Tſchocha ſ. Rzehlowitz.

552. Tucżapi (im Bechiner, jetzt Taborer Kreiſe.)

Iſt dem Peter Spulirż, welcher in zwey Drittbheile indemnirt war, konfiszirt, und auf 23003 fß. 14 gr. 2 h. abgeſchätzt worden.

Tupodla ſ. Cżaslauer acht Dörfer.

553. Tupadla (im Pilſner Kreiſe.)

Iſt dem Wilhelm Bezdickowsky konfiszirt, und auf 5710 fß. Meißn. abgeſchätzt worden.

554. Turcż, und das Dorf Wobory (im Pilſner Kreiſe.)

Iſt dem Johann Bartholom Schirndinger, welcher ganz kondemnirt war, konfiszirt, auf 16909 fß. 11 gr. 3 dj. abgeſchätzt, und erſtlich dem Gottfried Hubner um 17409 fl. verkauft, alsdann aber dem Don Wilhelm Verdugo eingeräumet worden.

Turżany ſ. Beßen.

Tyſſanitz ſ. Skaupy.

555. Uhrżitz (im Wltauer, jetzt Berauner Kreiſe.)

Iſt dem Peter Paul Haslauer konfiszirt, und auf 10572 fß. 1 gr. 2 dj. abgeſchätzt worden.

556. Unterkamenitz (im Pilſner Kreiſe.)

Iſt dem Chriſtoph Wiederſperger, welcher ganz kondemnirt war, konfiszirt, auf 12475 fß. Meißn. abgeſchätzt, und dem Grafen von Trautmannsdorf verkauft worden.

Urſchau

Urschau s. Purschau.

557. Walerzow (im Bunzlauer Kreise.)

Ist dem ältern Christoph Kapaun, welcher in ein Drittheil kondemnirt war, konfiszirt, auf 38029 fl. 29 gr. tarirt, und dem Albrecht von Waldstein um 38029 fl. verkauft worden.

558. Waltinow das obere (im Saatzer Kreise.)

Ist dem Heinrich Odkolek, welcher in die Hälfte kondemnirt war, konfiszirt, und der Helena Materninn, gebohrnen von Laschan verkauft worden.

559. Waltsch (im Saatzer Kreise.)

Ist dem ältern Wenzel von Stampach, welcher ganz kondemnirt war, konfiszirt, auf 38093 fl. tarirt, und der Barbara von Stampach um eben diese Summe überlassen worden.

560. Wamberg, alt, (im Königgrätzer Kreise.)

Ist dem Wenzel Niklas Petzinger, welcher in ein Drittheil verurtheilt war, konfiszirt, auf 32572 fl. 42 gr. 2 dl. abgeschätzt, und dem Albrecht von Waldstein um 32572 fl. verkauft worden.

561. Warnsdorf (im Leutmeritzer Kreise.)

Ist dem Kaspar Christoph Kottwitz, welcher in ein Drittheil verurtheilt war, konfiszirt, und vermöge k. k. Resoluzion vom 18. Oktober 1624 dem Herzog Julius Heinrich von Sachsen in Abschlag seines ausständigen Kriegsverdienstes um 20000 fl. eingeräumt worden.

562. Wartenberg (im Bunzlauer Kreise.)

Ist den Brüdern Johann Balthasar und Erasmus Hirschberger, welche in die Hälfte verurtheilt waren, konfiszirt

fiszirt, auf 83.110 fl. 42 gr. 6 dl. tarirt, und dem Albrecht Waldstein um 96968 fl. 40 kr. verkauft worden.

Wasserau s. Brzloziez.

Wegercze s. Meseriz.

563. Weißpolitschan (im Königgräzer Kreise.)

Ist dem Christian von Waldstein, welcher in die Hälfte kondemnirt war, konfiszirt, auf 8964 fl. 47 gr. 3 dl. abgeschäzt, und dem Albrecht von Waldstein um 10,458 fl. 55 kr. 2 dl. verkauft worden.

Weißwasser s. Biela.

Weißensulz s. Biela.

Wekelsdorf s. Teplize.

564. Welechow (im Schlaner Kreise.)

Ist dem Bernard Elsnizer, welcher in ein Drittheil verurtheilt war, konfiszirt, und dem Bohuslaw Walkaun von Xoler um 18750 fl. verkauft worden.

565. Zu Welechow ein Hof, und einer zu Zizeliz (im Saazer Kreise.)

Sind dem Maximilian Hofstalek konfiszirt, der zu Welechow auf 2100 fl. Meißn. und der zu Zizeliz eben so hoch abgeschäzt, und dem Johann Muk, und Georg Schön, beiderseits Bürgern zu Brüx, um 4200 fl. verkauft worden.

566. Welehrad (im Königgräzer Kreise.)

Ist dem Karl Bukowsky, welcher in ein Drittheil verurtheilt war, konfiszirt, auf 13084 fl. tarirt, und dem Albrecht von Waldstein um eben diesen Preis verkauft worden.

F 5

567.

567. Welemißlowiß (im Saatzer Kreife.)

Ift dem Niklas Hochhaufer, welcher in ein Dritt-theil kondemnirt war, konfiszirt, auf 25675 fß. 17 gr. 1 dj. taxirt, und dem ältern Humprecht Czernin um 25700 fß. Meißn. verkauft worden.

Welemiß f. Horfchetiß.

568. Weleslawinifcher Weingarten.

Ift dem Adam Weleslawin, Bürger der Altftadt Prag, konfiszirt, und dem Johann Daniel Kaper um 1285 fß. 42 gr. 6 dj. verkauft worden.

Weletiß f. Miecholup.

569. Welhartiß und Mokrofuk (im Prachiner Kreife.)

Sind dem Wenzel von Perglas konfiszirt, das erfte auf 24184 fß. 5 gr. 2 1/2 dj., und das andere auf 13530 fß. 38 gr. 4 dj. abgefchätzt, und dem Don Martin von Huerta erblich überlaffen worden.

570. Welhenieze (im Leutmeritzer Kreife.)

Ift auf 5138 fß. 40 gr. Meißn. abgefchätzt worden.

Welifch f. Swigan.

571. Wernsdorf (im Leutmeritzer Kreife.)

Ift dem Elias Schmidtgräbner konfiszirt, auf 18661 fß. 20 gr. abgefchätzt, und der Helena Jakobe-rinn um 17000 fl. verkauft worden.

572. Beskze, Trzemoschna, Pachau, Mackau, und ein Dorf Hostina (im Bechiner Kreise.)

Sind dem Wilhelm Malowetz konfiszirt, auf 4894 fl. texirt, und der Polexina Fürstinn von Lobkowitz um 4000 fl. verkauft worden.

Wesche im Saatzer Kreise s. Lusicze.

Weselow s. Paßenau.

573. Weseln (im Königgrätzer Kreise.)

Ist dem Friedrich Borzek Dohalsky, welcher in die Hälfte verurtheilt war, konfiszirt worden.

574. Weseln (im Pilsner Kreise.)

Ist dem Johann Heinrich Juker von Tamfeld, welcher in ein Drittheil kondemnirt war, konfiszirt, und auf 7041 fl. abgeschätzt worden.

575. Widhofftitz (im Saatzer Kreise.)

Ist dem Hanns Heinrich Audrsky, welcher in ein Drittheil verurtheilt war, konfiszirt worden.

Widolitz s. Zahorjan.

Wiesnik s. Neudomaschin.

576. Wiettritz.

Ist dem Jobst Smoharz, welcher in ein Drittheil verurtheilt war, konfiszirt, auf 7021 fl. 15 gr. abgeschätzt, und dem Jaroslaw Borzita Grafen von Martinitz um den abgeschätzten Preis verkauft worden.

Wekletz s. Slibowitz.

577.

577. Wilimow, Wrany und Zierotin (im Schlaner Kreise.)

Sind dem Wilhelm Abrecht Daupowez, welcher in ein Drittheil kondemnirt war, konfiszirt, das erstere auf auf 45836 fß. 33 gr. 4 dz., und das andere auf 39122 fß. 41 gr. 5 1/2 dz. abgeschätzt, und dem Johann Zoenko Wratislaw um 113959 fß. 15 gr. verkauft worden.

578. Winarzitz (im Bunzlauer Kreise.)

Ist dem Wenzel Czerensky, welcher in die Hälfte verurtheilt war, konfiszirt, auf 20004 fß. 32 gr. 1 dz. tarirt, und dem Adam von Waldstein um 24356 fß. Meißn. käuflich überlassen worden.

Windig Jenikau f. Genikow.

579. Wintirzow (im Saazer Kreise.)

Ist dem Heinrich Mathes von Thurn, welcher ganz kondemnirt war, konfiszirt, auf 47524 fß. 30 gr. Meißn. abgeschätzt, und erstlich der Gräfinn von Thurn abgetreten, von ihr aber dem Grafen von Magrol verkauft worden.

Wlaschina f. Neubomaschin.

580. Wlaßenitz (im Bechiner Kreise.)

Ist dem Bohuslaw Ritter von Großötting, welcher in ein Drittheil verurtheilt war, konfiszirt, auf 4514 fß. 52 1/2 gr. tarirt, und der Polexina Fürstinn von Lobkowitz verkauft worden.

581. Wleji (im Leutmeritzer Kreise.)

Ist dem ältern Niklas Satamirz, welcher in die Hälfte verurtheilt war, konfiszirt, auf 4537 fß. Meißn.

täs

taxirt , und dem Wilhelm von Lobkowiz um 4600 fl.
verkauft worden.

585. Wleſſkowiz (im Königgrätzer Kreiſe.)

Iſt dem Herrmann Wilhelm Petzinger, welcher in
die Hälfte verurthellt war, konfiszirt, auf 21672 fl. 50
gr. taxirt, und dem Albrecht von Waldſtein um 21672 fl.
verkauft worden.

Wleſitz ſ. Trjemoſchno.

583. Wlkoſow oder Wilkeſchau (im Pilſner Kreiſe.)

Iſt dem Adam Andreas Ratſchin, welcher in ein
Drittheil kondemnirt war, konfiszirt, auf 26216 fl. 20 gr.
abgeſchätzt , und dem Adam Georg Rokorzowetz um
22500 fl. verkauft worden.

584. Wlkow (Wlkau) (im Bechiner Kreiſe.)

Iſt den Erben des Adam Leonhards von Neuberg,
konfiszirt, und dem Albrecht von Waldſtein um 32666 fl.
40 kr. verkauft worden.

Wlſitz ſ. Marchendorf.

Wltiniow ſ. Mladiegow.

585. Wobdenitz, Schloß und Dorf, nebſt dem Städtchen Kameik, und Dörfern Brodt, Oberlhota, Ra-
deſſna, Kaubalowa, Wobierad, Ratiborz ꝛc. ꝛc.
(im Leutmeritzer und Wltauer Kreiſe.)

Sind dem Niklas Kametsky und Ulrich Miſſka
baſiezirt, auf 28363 fl. 55 gr. 1 dz. gewürdert, und der
Fürſtinn Polexina von Lobkowiz um 28000 fl. überlaſſen
worden.

586. Wobiedowiß (im Bidschower Kreise.)

Ist dem Niklas Klusak, welcher in die Hälfte verurtheilt war, konfißzirt, und auf 23126 ß. Meißn. tarirt worden.

Wobierad s. Wobbeniß.

587. Woblakowiß oder Oblakowiß (im Bechiner,
jeßt Taborer Kreise.)

Ist dem ältern Peter Smrzka, welcher in die Hälfte verurtheilt war, konfißzirt, auf 3000 ß. Meißn. abgeschäßt, und dem ältern Johann Wratislaw verkauft worden.

588. Woblat oder Oblat und Neprowiß (im Saa-
ßer Kreise.)

Sind dem Gottfried von Stampach konfißzirt, und
auf 9195 ß. 5 gr. 5 dz. tarirt, und dem Augustin Schmid
um 10195 ß. 5 gr. 5 dz. verkauft worden.

Woborrn s. Turcz.
Webrziistwi s. Bischiß.
Wodokrtn s. Reneß.

589. Wobbolin-Woda, und Dorf Krinow oder
Drinow (im Kaurzimer Kreise.)

Sind dem Ladislaw Sekerka, welcher ganz verurtheilt
war, konfißzirt, auf 9940 ß. 30 gr. abgeschäßt, und der
Fürstinn Polexina von Lobkowiß um 9000 fl. verkauft
worden.

590. Wohlagiewiß (im Bechiner Kreise.)

Wurde dem in die Hälfte verurtheilten Peter Smrzka
dem ältern konfißzirt, auf 3000 ß. Meißn. abgeschäßt, und
dem ältern Hanns Wratislaw um 3000 fl. käuflich verlassen.

Wohniß s. Skrzewiß.

591.

591. Mokatschischer Weingarten.

Ist dem Simon Mokatsch konfiszirt, auf 857 fß. 3 gr. 4 dl. abgeschätzt, und dem Philipp Fabrizius um die nämliche Summe verkauft worden.

Wolbrani s. Habrji.

592. Woleschnitz (im Königgrätzer Kreise.)

Ist dem Idenko von Waldstein, welcher in die Hälfte kondemnirt war, konfiszirt, auf 44941 fß. 8 gr. 4 dl. abgeschätzt, und dem Albrecht von Waldstein um 44941 fl. verkauft worden.

593. Wolessnik (im Bechiner, jetzt Budweiser Kreise.)

Ist dem Albrecht Gregor Pauser, welcher in zwey Drittheile verurtheilt war, konfiszirt, auf 16742 fß. abgeschätzt, und nebst den Gütern Dubno und Korosetk dem Raab zu Budweis um 44500 fß. verkauft worden.

Wolessnitz s. Rohoziecz.

594. Wolfartitz das obere (im Leutmeritzer Kreise.)

Ist dem Sigmund Rauschendorfer konfiszirt, auf 13163 fß. 14 gr. 2 dl. taxirt, und dem Franz de Currirs um 17827 fß. 54 gr. käuflich überlassen worden.

595. Wolfartitz, das untere (im Leutmeritzer Kreise.)

Ist dem Johann von Lutitz, welcher in zwey Drittheile kondemnirt war, konfiszirt, auf 18277 fß. 2 gr. 6 dl. abgeschätzt, und dem Grafen Wilhelm Wratislaw um eben diesen Preis verlassen worden.

Wollin s. Mirowitz.

596. Wolsse und Neudorf (im Bechiner Kreise.)

Sind dem ältern Adam Haslauer, welcher in die Hälfte verurtheilt war, konfiszirt, und 10096 fß. 30 gr. taxirt worden.

597.

597.   Workik (im Prachiner Kreise.)

Ist dem Peter von Schwamberg, welcher ganz
verurtheilt war, konfiszirt, auf 130294 ſß. 21 gr. 3 dz.
abgeschätzt, und dem Fürsten Ulrich von Eggenberg um
159360 ſß. 8 gr. 4 dz. verkauft worden.

598.   Woseczan (im Wltauer, jetzt Brauner Kreise.)

Ist dem Johann Adam Rzepißky, welcher ganz
verurtheilt war, konfiszirt, und dem Albrecht von Wald=
stein um 28000 fl., von ihm aber dem Paul Michna wie=
der verkauft worden.

699.   Wosek mit 4 Dörfern (im Prachiner Kreise.)

Ist dem Zdenko Czeyka, welcher ganz kondemnirt
war, konfiszirt, auf 6998 ſß. 20 gr. taxirt, und dem Für=
sten Karl von Lichtenstein um eben denselben Preis käuf=
lich überlassen worden.

600.   Wosek (im Pilsner Kreise.)

Ist dem Peter von Rziczan, welcher ganz verur=
theilt war, konfiszirt, auf 22836 ſß. 20 gr. abgeschätzt,
und dem N. von Klenau um den abgeschätzten Preis ver=
kauft worden.

601.   Wosluchow (im Elbogner Kreise.)

Ist dem Bohuchwal Schliwiß, welcher in ein Dritt=
theil kondemnirt war, konfiszirt, auf 6237 ſß. 5 gr. ta=
xirt, und dem Gottfried Härtl um eben diesen Preis ver=
kauft worden.

Wosow ſ. Großwosow.

602.

602. **Woſtromirz** (im Königgrätzer Kreiſe.)

Iſt dem Wenzel Woſtromirzky, welcher in die Hälfte verurtheilt war, konfiszirt, auf 8536 fß. 40 gr. taxirt, und dem Albrecht von Waldſtein um 8536 fß. Meißn.
verkauft worden.

603. **Woſtrow, Pernikow und Hoblow** (im Czaslauer Kreiſe.)

Sind dem Johann Dionys Brzesky, welcher in ein
Drittheil verurtheilt war, konfiszirt, auf 29940 fß. 28
g. 4 dz. taxirt, und der Eliſabeth Schrotinin um 29940
f. käuflich überlaſſen worden.

Woſtrow ſ. Suchibul.

604. **Wotitz** (im Kaurzimer Kreiſe.)

Iſt dem Paul Kaplirz, welcher ganz verurtheilt war,
konfiszirt, auf 15,428 fß. 40 gr. 2 dz. taxirt, und dem
Sezima Grafen von Wrtby um die Taxe verkauft worden.

Woykow ſ. Amſchelberg.
Wozitz ſ. Neuwozitz.

605. **Wrautel** (im Saazer Kreiſe.)

Iſt auf 36843 fß. 14 gr. 2 dz. abgeſchätzt worden.

Wrazney ſ. Hlinitz.

606. **Wrezowitzer Gericht** (im Prachiner Kreiſe.)

Gehörte der Herrſchaft Piſek, und wurde dem Niklas Deym um 8000 fl. käuflich überlaſſen.

Wrutitz ſ. Lieben.

607. Wrzezno (im Bechiner, jetzt Taborer Kreise.)

Ist dem Albrecht Wrchotizky konfiszirt, auf 9239 ſß. Meißn. abgeschätzt, und dem Jakob Kötzel um 10000 fl. verkauft worden.

608. Wsseborzi (im Czaslauer Kreise.)

Ist dem ältern Niklas Bukawezky, welcher in die Hälfte verurtheilt war, konfiszirt, und auf 11575 ſß. 20 gr. Meißn. abgeschätzt worden.

Wssebrzitz ſ. Habrowitz.

609. Wtelno (im Bunzlauer Kreise.)

Ist dem Felix Kaplirz, welcher in die Hälfte kondemnirt war, konfiszirt, auf 11363 ſß. 31 gr. 3 dl. abgeschätzt, und dem Florian Dietrich von Sahr käuflich überlassen worden.

610. Wtelno (im Bunzlauer Kreise.)

Ist dem Johann Wtelensky, welcher in zwey Drittheile verurtheilt war, konfiszirt, auf 17302 ſß. Meißn. taxirt, und dem Martin Kinsker um 15500 ſß. verkauft worden.

611. Wysoké Weseln (im Chrudimer Kreise.)

Ist auf 57852 ſß. 47 gr. geschätzt worden.

Wysoky Dwůr ſ. Czkynic.

612. Zaboles und Gesnik.

Ist dem Adam von Steinsdorf, welcher in ein Drittheil verurtheilt war, konfiszirt, und dem Wenzel Tablo um 4396 fl. 50 kr. 2 dl. überlassen worden.

Zachotin

Zachotin s. Kleteczno.

613. Zageczitz (im Chrudimer Kreise.)

Ist dem Johann Georg Misska, welcher in ein Drittheil verurtheilt war, konfiszirt, auf 16465 fß. abgeschätzt,
und dem Johann Baptista Weber um 10266 fß. 26 gr.
läßlich überlassen worden.

614. Zahorjan und Widolitz (im Saazer Kreise.)

Sind dem Wolf Erhard Raber, welcher in ein
Drittheil kondemnirt war, konfiszirt, und dem Grafen
Ferdinand von Nagrol um 12734 fß. Meißn. verkauft
werden.

615. Zahorži (im Bechiner, jetzt Taborer Kreise.)

Ist dem zum Lehn verurtheilten Wilhelm Wosterzky
Kaplirž, konfiszirt, auf 5389 fß abgeschätzt, und von J.
K. M. der Ludmilla Kapliržinn wieder erblich überlas-
sen werden.

Zaliczi s. Jansdorf.
Zaliczy s. Branischow.

616. Zaluschan (im Prachiner Kreise.)

Ist dem Johann Laubsky, welcher in die Hälfte verurtheilt war, konfiszirt, auf 23451 fß. taxirt, und den
Joam Sternbergischen Erben um eben denselben Preis
verkauft worden.

617. Zamrsk (im Chrudimer Kreise.)

Ist dem Karl Kapann, welcher in die Hälfte kondemnirt war, konfiszirt, auf 25321 fß. 2 gr. 6 dß. abgeschätzt, und dem Albrecht von Waldstein um 28000 fl.
überlassen worden.

Zasadka s. Biela.

Zandow

Zandow f. Liebiechow.

618. Zawßy (im Bechiner Kreise.)

Wurde dem jüngern Bohuslaw Ruth konfiszirt und dem Christoph Wratislaw von Mitrowitz um 675 ß. Meißn. käuflich überlassen.

619. Zbieschitz das halbe Dorf (im Chrudimer Kreise.)

Ist dem Ulrich Haslauer, welcher in ein Drittheil kondemnirt war, konfiszirt, auf 959 ß. 30 gr. abgeschätzt und dem Bohuslaw Haslauer um den abgeschätzten Preis verkauft worden.

620. Zborowsko (im Czaslauer Kreise.)

Ist dem Ladislaw Wostrowez konfiszirt, und dem Bohuslaw Zniekowsky um 11229 ß. 20 gr. verkauft worden.

621. Zbraslawitz, Dobržen und Radbořzi (im Kaurzimer Kreise.)

Sind dem Andreas Horniatizky, welcher in ein Drittheil kondemnirt war, konfiszirt, auf 69,145 ß. 48 gr. taxirt, und ihm Horniatizky um 32048 ß. 36 gr. überlassen worden.

Zbuzan f. Chotiesch.

Zdanitz gehört zu den Kaurzimer Dörfern.

622. Zdiar oder Saar (im Elbogner Kreise.)

Ist dem Johann Wenzel Zdiarsky, welcher in ein Drittheil verurtheilt war, konfiszirt, auf 40318 ß. 33 gr. 5 dj. abgeschätzt, und dem Johann Georg Zdiarsky um 41314 ß. 33 gr. 5 dj. verkauft worden.

Zdiarna f. Trautenauer fünf Dörfer.

623.

623. Zdikow (im Prachiner Kreiſe.)

Iſt um 6230 fl. taxirt worden.

624. Zehub ein Gut (im Czaslauer Kreiſe.)

Iſt dem Tobias Schlechta, welcher zum Lehn verurtheilt war, konfiszirt, und auf 5539 fl. abgeſchätzt worden.

625. Zerlaß oder Zrlaß.

Wurde der Zuferinn um 2794 fl. 10 kr. käuflich überlaſſen.

626. Zhorz (im Rakonitzer Kreiſe.)

Iſt dem Adam von Wdzinitz jetzt Kinsky und Tettau welcher in ein Drittheil verurthelt war, konfiszirt, und dem Obriſtlieutenant Franz de Curriro um 47496 fl. 30 gr. 6 dl. verkauft worden.

627. Zhorz (im Czaslauer Kreiſe.)

Iſt dem Hartwich Skalsky, welcher in ein Drittheil kondemnirt war, konfiszirt worden.

628. Zichelow.

Iſt dem Julius Hofer konfiszirt, auf 11250 fl. 8 gr. 4 dl. abgeſchätzt, und dem Johann Chriſtoph Hofer um 11550 fl. 8 gr. 4 dl. verkauft worden.

629. Zichelitz ein Hof.

Iſt auf 1725 fl. abgeſchätzt worden.

630. Zielechowitz (im Leutmeritzer Kreiſe.)

Iſt dem Felix Kaplirz, welcher in die Hälfte kondemnirt war, konfiszirt worden.

G 3 Ziernoſek

Ziernosek f. Ezernosek.

Zierotin f. Wilimow.

Zicrowitz f. Lodenitz.

631. Ziestok (im Chrudimer Kreise.)

Ist dem Bernard Niklas von Gersdorf, welcher in ein Drittheil verurtheilt war, konfiszirt, auf 15056 fß. 5 gr. 5 dj. tarirt, und dem Leo Burian Berka um den Abschätzungswerth überlassen worden.

Zießlowitz f. Slustitz.

632. Zihle (im Rakonitzer Kreise.)

Wurde dem Georg Chotek, welcher in den Verlust des Ganzen kondemnirt war, konfiszirt, und dem Grafen Herrmann Ezernin um 48000 fl. verkauft worden.

633. Zihobitz (im Prachiner Kreise.)

Ist dem Jaroslaw Bukowsky pinta von Buko= wan, welcher in die Hälfte verurtheilt war, konfiszirt

634. Zikow und Lieblin (im Pilsner Kreise.)

Ist dem Wenzel Grießbek, welcher ganz kondemnirt war, konfiszirt, und dem Benjamin Fruhwein um 28000 fß. Meißn. verkauft worden.

635. Zilowitz (im Chrudimer Kreise.)

Ist dem Bernard Niklas Gersdorf, welcher in ein Drittheil verurtheilt war, konfiszirt, auf 31855 fß. 2 gr. 6 dj. tarirt, und dem Johann Baptista Bruno um 13855 fl. verkauft worden.

636. Zimuntitz oder Schimuntitz (im Bechiner, jetzt Taborer Kreise.)

Ist dem ältern Karl Czabelizky, welcher in zwey Drittheile, sowohl dem Alexius und Adam Czabelizky, welche

welche beyde in ein Dritttheil kondemnirt waren, konfiſ⸗
zirt, und auf 23457 fl. 47 gr. 1 dʒ. tazirt worden.

Ziretz ſ. Domaslowitz.

Zizelitz ſ. Horzetitz und Welechow.

Zizelowes ſ. Sadowy.

Zlatenka ſ. Doly.

Zleby ſ. Schleb.

637. Zlunitz und Chotielitz (im Königgrätzer
Kreiſe.)

Iſt dem Albrecht Smirziczky konfiszirt, auf 85339
fl. 27 gr. 2 dʒ. abgeſchätzt, und dem Albrecht von Wald⸗
ſtein um 200000 fl. verkauft worden.

638. Zruczie (im Chrudimer Kreiſe.)

Iſt dem Albrecht Bawor Kalenicze, welcher in ein
Drittheil verurtheilt war, konfiszirt, und auf 19793 fl. 51 gr.
3 dʒ. abgeſchätzt worden.

639. Zudowicze (im Podbrder, jetzt Berauner
Kreiſe.)

Iſt dem Jakob Sudowsky, welcher in die Hälfte
kondemnirt war, konfiszirt worden.

Zwikow ſ. Klingenberg.

Zwikowes ſ. Frauenberg.

640. Zwikowitz (im Pilſner Kreiſe.)

Iſt dem Wenzel Worlich von Bubna konfiszirt,
auf 17682 fl. 18 gr. geſchätzt, und dem Wenzel von
Nixnia um 12000 fl. verlaſſen worden.

641.

641.   Zwirzeliß (im Bunzlauer Kreise.)

Ist dem Hanns Wolk, welcher in die Hälfte verurtheilt war, konfiszirt, auf 82246 fl. 48 gr. geschätzt, und
dem Albrecht von Waldstein um 30000 fl. Meißn. verkauft worden.

642.   Zwoleniowes (im Schlaner, jetzt Rakonitzer Kreise.)

Ist dem Peter Müller von Mühlhausen, welcher
ganz kondemnirt war, konfiszirt, und der Susanna
Ehrtinn um 25548 fl. Meißn. verkauft worden.

Zum Schluße muß man erinnern, daß das schon beym
Anfang erwähnte Manuskript, woraus vorstehendes Verzeichniß genommen worden, eben dasjenige ist, dessen sich
auch Schaller in seiner Topographie des Königreichs Böhmen mit unter bedient hat. Er gebraucht sich dessen allemal bey der Gelegenheit, wenn er einer Herrschaft, eines
Gutes oder Ortes erwähnt, das seinem Besitzer nach der
im Jahre 1620 gestillten Rebellion konfiszirt worden, und
nennt es überhaupt nur Manuskript, wie solches unter
andern im 1ten Theile sothaner Topographie S. 112 bey
Butowiz im Rakonitzer Kreise, das dem Albrecht Pfef-
ferkorn, S. 116 bei Sbuzan, welches dem Georg Mayerle, S. 134 bey Cheinawa, welches dem Ladislaw Ludwikowsky Bezdrußky von Kolowrat, S. 140 bey Horz-
kau, welches dem Adam von Wchinitz und Tettau konfiszirt worden, und an andern Orten mehr zu ersehen ist,
dergestalt, daß, wenn er bey solchen Fällen eines Ma-
nuskripts ohne weitern Beysatz gedenkt, er allemal dieses
zum Grunde gegenwärtigen Verzeichnisses genommene Manuskript darunter versteht.

I.

Alphabetisches Verzeichniß der Besitzer, wel=
chen ihre Herrschaften und Güter in Böhmen nach der im
Jahre 1620 gestillten Rebelion konfiszirt worden.

Anmerkung : Wo kein Heft angeführt werden, so bedeutet es den
gegenwärtigen IX. Heft.

Chotek

.2.

Alphabetisches Verzeichniß derjenigen Perso=
nen, welche sothane Herrschaften und Güter
gekauft haben.

Zur Erleichterung des Aufschlagens und besserer Uibersicht hat man bey je=
dem Käufer die Numer des erkauften Gutes anstatt der Sei=
tenzahl gesetzt.

Pfeffer-

　　　　Wagghinn,

Wenn man die Summen zusammen rechnet, wie hoch gedachte böhmische Herrschaften und Güter abgeschätzt worden, so kommen weit über 30 Millionen Gulden heraus, dahingegen die Summen, um welche solche verkauft worden, ohngefähr an die 28 Millionen sich belaufen möchten.

Oerterverzeichniß

des

Bidschower Kreises

1 7 8 8.

Namen der Ortschaften.	Was der Ort sey.	Pfarrey oder Lokalie.
A		
Adelburg, Eichelburg, .	Dorf	Sabſka Pf.
Achoſchow f. Biofchow alt	Dorf	Liban Pf.
Altenourg, ſtare Hrady .	Dorf	
Altkrzeniez f. Ewreniez.		
Altlomniz f. Lomniz		
Altnechaniz f. Nechniz alt		
Altwaſſer, ſtará Woda, .	Dorf	Chlumez D.
Altdorf f. Ernsdorf.		
Areith	Dorf	böhmiſch Prausniz ?
Arnau, Hoſtan, Hoſtina, Ho- ſtinney, Hoſtin, Arnavia,	Stadt	Arnau D.
Arnsdorf .	Dorf	Arnau D.
Auberniz .	Dorf	Liban Pf.
Augezd, Ugezd, .	Dorf	Wapno Pf.
Augezo	Dorf	Neupala Pf.
Augezd, St. Johann, Au- gezd ſwarojanſto, .	Dorf	Bielohrad Pf.
Augezd Schwarz	Dorf	Liſkowiz N. L.
Augezo, unter, podborni,	Dorf	Chomutiz Pf.
Augezdeze, Augezd, .	Dorf	Eiſenſtadtl Pf.
Auhlezow .	Dorf	Milletin Pf.
Auhlirz, Uhlirz .	Dorf	Pezkau D.
Aulibiz .	Dorf	Luſchan Pf.
Aumislowiz .	Dorf	Aumislowiz N. L.
Auneiz .	Dorf	Liban Pf.
Auslauf, Aubislawiz, .	Dorf	Auslauf N. L.
Auſtj .	Dorf	Neudorf N. Pf.
B.		
Babiz, groß .	Dorf	Babiz N. L.
Babiz, klein .	Dörfel	Babiz N. L.
Bundehauſen f hohenel. Geb.		
Baume .	Mayerhof	Schehun Pf.
Barchow, groß, Barchau, welſch Barchow, .	Dorf mit einem Schloße	Babiz N. L.

Häuser Zahl.	Zahl der Einwohner aller Gattungen und Alter.			Herrschaften wohin sie gehören.	Dermalige Besitzer.
	männlich.	weiblich.	Summe		
10	57	58	115	H. Podiebrad	K. Kammer.
40	127	137	264	— Kopidlno	Graf Schlick.
20	73	85	158	— Chlumetz	Gr. Kinsky.
31	69	66	135	— Arnau	Gr. Volza.
223	576	675	1251	— Arnau	Gr. Volza.
54	150	187	337	— Wildschütz	Religionsfond, vorher dem Fürsten Schwarzenberg gehörig.
39	104	120	224	— Kopidlno	Gr. Schlick.
25	88	86	174	— Chlumetz	Gr. Kinsky.
23	60	79	139	— Kumburg	Gr. Trautmannsdorf.
41	116	117	233	— Bielohrad	Gr. Schafgotsch.
28	63	64	127	— Horzitz	Invalideninstitut.
49	124	133	257	G. Sobschitz	Religionsfond, sonst den Karthäus. zu Waldiz
[14	39	40	79	H. Radim	Religionsf. (zuständ.
2	9	6	15	— Kumburg	Gr. Trautmannsdorf.
14	41	42	83	— Politschan	Gr. Kottulinsky.
20	52	55	107	— Bielohrad	Gr. Schafgotsch.
39	139	169	308	— Kumburg	Gr. Trautmannsdorf.
17	51	49	100	— Podiebrad	K. Kammer.
26	62	80	142	— Kopidlno	Gr. Schlick.
60	170	181	351	— Kumburg	Gr. Trautmanns-
47	129	132	261	— Kumburg	dorf.
22	74	59	133	H. Chlumetz	Gr. Kinsky.
4	16	15	31	— Chlumetz	— Kinsky.
1	4	6	10	H. Chlumetz	Gr. Kinsky
60	138	154	292	G. Großbarchow	Invalideninstitut.

Namen der Ortschaften.	Was der Ort sey.	Pfarrey oder Lokalie.
Barchow, klein, Malec; Barchow, Barchowek,	Dorf mit einem Schloße	Mlikosrb N. L.
Bartochow, Bartossow,	Dorf	Kopidlno Pf.
Baschniß, Passnicje,	Dorf	Horjiß Pf.
Barttn	Dörfel	Wellisch Pf.
Bauden böhmisch, und Johle s. hohenelber Gebirg		
Bauden groß, kleine	Häuser	Rochliß Pf.
Bauden, Bernbader, Krausebauden, Siebengründen,	Häuser	Hohenelbe D.
Beierwek	Dorf	Friedhradn L.
Beneßko, Benezko, Benecko,	Dorf	Stieraniß Pf.
Bertholka, Brtolka	Dörfel	Chodowiß N. L.
Bezdieeßin, Bezdieeßin,	Dörfel	Lonniß D.
Beznik	Dorf	Milletin Pf.
Bidschow, alt, ßarß Bidciow	Dorf	Smidar Pf.
Bidschow, neu, Bitschow, nowý Bidzow, Bitziovia, Bidzovium	Kreis und Leibgedingßadt	Bidschow D.
Biechar, Biethar, Bletharn	Dorf	Wrseß N. Pf.
Biella, Biela,	Dorf	Neudorf N. Pf.
Bielohrad, Weißenburg, Albea,	Markt	Bielohrad Pf.
Bieroniß, groß, Beroniez, Berunieze,	Dorf	Groß Bieroniß N.L.
Bieroniß, klein, Bieronieek, Bieronujek	Dörfel	Groß Bieroniß N.L.
Bilay, Biela, Biley,	Dorf	Peßkau D.
Bileko	Dorf	Kopidlno Pf.
Birtochow, Sidochow,	Dörfel	Rowensko Pf.
Blaschka, Blassßow, nowý Dwur	Mayerhof	Petrowiß Pf.
Blatta, Blattla,	Dörfel	Samschin Pf.
Blaßiwek	Mühle	Sgnil Pf.
Bleko	Dorf	Chodowiß N. L.
Blud, Bludy,	Mayerhof	Luschek Pf.
Bobniß	Dorf	Chleb L.
Böhmisch Prausniß s. Prausniß		
Bobawiesen s. hohenelber Gebirg		
Botek	Dörfel	Milletin Pf.

Häuser Zahl	Zahl der Einwohner aller Gattungen und Alter.			Herrschaften wohin sie gehören.	Dermalige Besitzer.
	männlich	weiblich	Summe		
25	90	74	164	G. Kleinbarchow	Baron Obiteczko
12	39	43	82	H. Wolschitz	Fürstinn Esterhazy
43	108	144	252	— Horzitz	Invalideninstitut
8	21	18	40	— Wolschitz	Fürstinn Esterhazy
2	13	12	25	— Starkenbach	Graf Harrach
3	10	14	24	— Branna	— Harrach
25	66	71	137	— Podiebrad	K. Kammer
59	234	251	485	— Branna	Graf Harrach
4	11	9	20	— Bielohrad	Gr. Schafgotsch
10	23	25	48	— Lomnitz	Gr. Morzin
20	47	55	102	— Milletin	Bar. Wlkanow. Erben
70	233	240	473	— Smidar	Graf Kolloredo
388	1369	1497	2866	Stadt Bidschow	Stadt Bidschow
75	221	223	444	H. Kopidlno	Graf Schlick
85	238	271	509	— Kumburg	Gr. Trautmannsdorf
77	193	216	409	— Bielohrad	Gr. Schafgotsch
52	173	176	349	— Dymokur	Gr. Kolloredo
8	34	40	74	— Chlumetz	Gr. Kinsky
38	91	117	208	G. Petzkau	Religionsfond
30	94	96	190	H. Wolschitz	Fürstinn Esterhazy
8	14	15	29	— Lomnitz	Graf Morzin
1	3	4	7	G. Skriwan	Gräfinn Netolitzky
5	18	21	39	— Wolschitz	Fürstinn Esterhazy
1	2	1	3	— Lomnitz	Graf Morzin
16	57	48	105	— Horzitz	Invalideninstitut
2	14	14	28	— Chlumetz	Graf Kinsky
44	134	148	282	— Podiebrad	K. Kammer
7	18	28	46	— Milletin	B. Wlkanowsche Erb

Namen der Ortschaften.	Was der Ort sey.	Pfarrey oder Lokalie.
Borowitz, groß, hrubá Borowicze,	Dorf	Borowitz groß N. L.
Borowitz, klein, malá Borowicze,	Dorf	Petzkau D.
Boschetz, Boschitz, Bojcze, Baschitz,	Dorf	Elbeteinitz Pf.
Bradda, Braba,	Dorf	Wostrujno Pf.
Bradletz s. Lhotta Bradley,		
Branna, Brannen, Brenna,	Dorf mit einem Schloße	Branna Pf.
Branna, unter, s. Hennersdorf		
Bratrochow, Bratauchow,	Dorf	Jablonetz Pf.
Brbo	Dorf	Auslauf N. L.
Brnno, Brno,	Dörfel	Jablonetz Pf.
Brodek bei Neudorf	Mühle	Neudorf Pf.
Brtew, Brtwn, Prtwn,	Dorf	Bielohrad Pf.
Brunn St. Johann, Johannesbrunn, Johannesbad	Dorf	Freyheit L.
Brjeska, Brjesko,	Dorf	Libun Pf.
		Eisenstadtl Pf.
Brjezina	Dorf	
		Wostrujno Pf.
Brjezowitz	Dorf	Gerschitz Pf.
Brkschetlan, Brjistian, Brjistiany,	Dorf	Herschitz Pf.
Brkstew	Dorf	Kopidlno Pf.
		Rozdialowitz D.
Budimierzitz	Dorf	Nimburg D.
Budin	Dörfel	Mechanitz Pf.
Budschowes, Bucjowes,	Dorf	Kopidlno Pf.
Bukowin, Bukowina,	Mayerhof	Warno Pf.
Bukowina	Dorf	Rözeldorf Pf.
Bukowina, Bukowy, Bukowin,	Dorf	Petzkau D.
Bukowina	Dorf	Kallna Pf.
Bukwitz	Dorf	Welliſch Pf.
Burghöfel, Burghof,	Dorf	B. Prausnitz Pf.
Burschau, Burau, Bursjau,	Dorf	Jablonetz Pf.

Häuser Zahl	Zahl der Einwohner aller Gattungen und Alter.			Herrschaften wohin sie gehören.	Dermalige Besitzer.
	männlich.	weiblich.	Summe		
117	280	324	604	G. Peßlau	Religionsfond.
27	66	77	143	H. Branna	Graf Harrach.
69	200	182	382	G. Studenetz	Gr. Chorinsky.
10	24	27	51	G. Ejista	Gr. Morzin.
5	16	15	31	H. Starkenbach	Gr. Harrach.
22	46	59	105	H. Podiebrad	K. Kammer.
14	50	50	100	— Wolschitz	Fürstinn Esterhazy.
305	654	730	1384	— Branna	Graf Harrach.
47	172	208	380	— Branna	Gr. Harrach.
36	104	102	206	— Kumburg	Gr. Trautmannsdorf.
7	34	30	64	— Starkenbach	Gr. Harrach.
1	2	4	6	— Lomniz	Gr. Morzin.
34	84	99	183	— Bielobrad	Gr. Schafgotsch.
31	83	87	170	— Wildschiz	Religionsfond.
10	30	29	59	— Wolschiz	Fürstinn Esterhazy.
7	21	30	51	— Millitschowes	Exiesuitenfond, vorm. Jesuitenkol. zu Gitsch.
15	51	48	99	— Wolschiz	Fürstinn Esterhazy.
33	64	72	136	G. Gerschiz	Fürst Paar.
36	87	96	183	H. Horziz	Invalideninstitut.
6	15	12	27	— Kozidlno	Gr. Schlick.
21 nach Krzinez im Bunzlauer Kreise.					
12	47	51	93	H. Podiebrad	K. Kammer.
10	23	26	49	G. Ewnkow	— Richter.
10	43	44	87	H. Kopidlno	Graf Schlick.
11	41	44	85	— Domokur.	Gr. Kolloredo.
1	6	5	11	— Chluinez	Gr. Kinsky.
23	63	55	118	— Arnau	Gr. Bolza.
25	72	79	151	— Bielobrad	Gr. Schafgotsch.
32	86	82	168	G. Ejista	Gr. Morzin.
26	94	85	179	H. Wolschiz	Fürstinn Esterhazy.
20	53	65	118	— Arnau	Gr. Bolza.
25	94	94	188	— Starkenbach	Gr. Harrach.

Namen der Ortschaften.	Was der Ort sey.	Pfarrey oder Lokalle.
Buttowes, Puttowes,	Dorf	Poppowitz N. L.
Bystra	Dorf	Liebstadtl Pf.
Bystrzitz, Bistrziz, Bistraicium.	Dorf	Liban Pf.
C.		
Chegsch, Chegst, Cheist	Dorf	Wapno Pf.
Chigitz, Chygicze,	Dorf	Wellisch Pf.
Chleb, Chleby,	Dorf	Chleb L.
Chloniek, Chlumek, sonst Glomut,	Dorf	Gerschitz Pf.
Chlomek, Chlumek,	Dörfel	Auslauf N. L.
Chlomka, Chlumek, Chlumka,	Dörfel	Chodowitz N. L.
Chlum	Dorf	Chodowitz N. L.
Chlum, Koneczchlum,	Dorf	Luschan Pf.
Chlum mit Tabor	Dorf	Lomnitz D.
Chlumetz, Chlumecz nab Czidlinau,	Stadt mit einem Schloße	Chlumetz D.
Chodowitz	Dorf	Chodowitz N. L.
Chollenitz, Cholenicz	Dorf	Kopidlno Pf.
Chomutiz, groß,	Dorf	Chomutiz Pf.
Chomutiz, klein, Chomuticzky, Chomuticzek,	Dorf	Chomutiz Pf.
Chotaun	Dorf	Skramnik N. Pf.
Chotelsko s. Kottelsko		
Chotesch, Choteci,	Dorf	Chotesch N. L.
Chotianek, Chotanek,	Dorf	Libitz N. Pf.
Chotielitz, Chotelicz,	Dorf	Smidar Pf.
Chotieschitz	Dorf	Chotieschitz N. L.
Chotiowitz	Dorf	Schchun Pf.
Chroustow, Chraustow,	Dorf	Chreustow N. L.
Chroustow, Chraustow, Chrostow,	Dorf	Milletin Pf.
Chrtschitz, Chrezice,	Dorf	Woharz N. L.
Chuderzitz, Chuderzicze,	Dörfel	Kratenau Pf.
Chudonitz	Dorf	Bidschow D.
Chwallina, Chwalina.	Dorf	Horzitz Pf.

Häuser Zahl	Zahl der Einwohner aller Gattungen und Alter.			Herrschaften wohin sie gehören.	Dermalige Besitzer.
	männlich.	weiblich.	Summe.		
17	34	40	74	H. Miklitschowes .	Eriesuitenfond.
51	183	171	354	— Kumburg .	Graf Trautmannsdorf.
82	66	63	129	— Kopidlno .	Gr. Schlick.
30	nach Dietenitz im Bunzlauer Kreise.				
24	109	116	225	H. Chlumetz .	Graf Kinsky.
63	195	191	386	— Wofschitz .	Fürstinn Esterhazy.
37	151	165	316	— Podiebrad .	K. Kammer.
17	35	50	85	G. Gerschitz .	Fürst Paar.
9	31	26	57	H. Radim .	Religionsfond.
10	27	22	49	G. Hollowaus .	Baron Löwenehr.
52	119	139	258	H. Horjitz .	Invalideninstitut.
38	164	151	315	— Kumburg .	Graf Trautmannsdorf.
20	74	67	141	— Lomnitz .	Gr. Morzin.
245	880	986	1866	— Chlumetz .	Gr. Kinsky.
22	45	55	100	G. Hollowaus .	Baron Löwenehr.
44	143	133	276	H. Kopidlno .	Gr. Schlick.
53	167	184	351	G. Smrkowitz .	K. Kammer.
23	88	86	174	H. Kumburg .	Gr. Trautmannsdorf.
6	17	16	33	G. Smrkowitz .	K. Kammer.
29	100	125	225	H. Podiebrad .	K. Kammer.
3	nach Schwarzkosteletz Kaurjimer Kreises.				
66	164	180	344	G. Chotesch .	Paulaner zu Neupaka.
27	108	104	212	H. Podiebrad .	K. Kammer.
58	161	191	352	— Dymokur .	Graf Kolloredo.
60	166	186	352	— Dymokur .	Gr. Kolloredo.
48	152	158	310	— Chlumetz .	Gr. Kinsky.
47	128	149	277	— Dymokur .	Gr. Kolloredo.
17	64	61	125	— Milletin .	F. Wkanow. Erben.
33	89	100	189	— Podiebrad .	K. Kammer.
11	50	39	89	— Chlumetz .	Graf Kinsky.
36	68	79	147	Kreisstadt Bidschow	Stadt Bidschow.
12	22	15	67	— Horjitz .	Invalideninstitut.

Namen der Ortschaften.	Was der Ort sey.	Pfarrey oder Lokalle.
Chwalowiß	Dorf	Kowaniß Pf.
Czegkowiß, Czenkowicze, Czenkowiß,	Dorf	Woskrujno Pf.
Czerekwiß, Czerekwicze,	Dorf	Hniewtschowes Pf.
Czermna s. Tschermna.		
Czerna, Tscherna,	Dorf	Lomniß D.
Czernahura, Czernahora,	Dorf	Königstadtl Pf.
Czernin, Tscheruin, mit einer Mühle, Hammer genannt,	Dorf	Cielobrab Pf.
Czernutek, Tschernutek, dolnj Czermutky,	Dorf	Hniemtschowes Pf.
Czerwenowes	Dorf	Smidar Pf.
Czeslow	einzelnes Haus	Gitschin D.
Czeschow, Czessow, Tscheschow,	Dorf	Slatin Pf.
Czidlina	Dorf	Eisenstadtl Pf.
Czikwaska	Dorf	Liebstadtl Pf.
Cziniowes, Czinowes,	Dorf	Cziniowes Pf.
Czista, Tschista, Cinsta	Dorf	Kallna Pf.
D.		
Dachow	Wirthshaus	Milletin Pf.
Damm, langer, blauhá Hrß	Dörfel	Schischeliß Pf.
Daubrawa, Dobrawa	Dorf	Horjiß Pf.
Daubrawiß	Dörfel	Eisenstadtl Pf.
Daubrawiß	Dorf	Lanschow Pf.
Daubrawiß	Dorf	Lanschow Pf.
Dechtow nieder	Dörfel	Trjemeschna Pf.
Dechtow ober	Dorf	Trjemeschna Pf.
Dikow s. Dylow.		
Dilleß, Dilecz,	Dorf	Gitschin D.
Dlauhopolsko	Dorf	Bieroniß N. L.
Döberneyer Els s. Els.		
Dobeich	Dörfel	Milletin Pf.
Dobrzeniß, Dobrjenicze, Dobronicium,	Dorf	Dobrjeniß Pf.

Häuser Zahl	Zahl der Einwohner aller Gattungen und Alter.			Herrschaften wohin sie gehören.	Dermalige Besitzer.
	männlich.	weiblich.	Summe		
24	70	76	145	H. Podiebrad	K. Kammer.
24	88	87	175	H. Wolschiz	Fürstinn Esterhazy.
47	153	125	278	G. Czerekwiz	Graf Browne.
13	29	28	57	H. Lemniz	Gr. Morzin.
35	98	98	196	— Dymokur	Gr. Kolloredo.
16	43	51	94	— Bielohrad	Gr. Schafgotsch.
29	83	86	169	G. Czerekwiz	Gr. Browne.
33	97	115	212	H. Smidar	Gr. Kolloredo.
1	1	3	4	H. Kumburg	Gr. Trautmannsdorf.
37	132	121	253	— Wolschiz	Fürstinn Esterhazy.
30	54	72	126	— Millitschowes	Exiesuitenfond.
32	65	67	132	— Kumburg	Gr. Trautmannsdorf.
91	294	322	616	— Podiebrad	K. Kammer.
139	371	389	760	G. Czista	Gr. Morzin.
1	3	2	5	H. Milletin	B. Wlkanow. Erben.
9	35	32	67	— Chlumez	Graf Kinsky.
19	45	46	92	— Horziz	Invalideninstitut.
[8	19	29	48	— Millitschowes	Exiesuitenfond.
[2	5	6	11	— Radim	Religionsfond.
25	90	90	180	— Politschan	Graf Kottulinsky.
26	75	68	143	G. Trzemeschna	v. Gränzenstein.
7	34	25	59	H. Politschan	Graf Kettulinsky.
14	39	44	83	— Politschau	— Kottulinsky.
20	93	86	179	H. Kumburg	Graf Trautmannsdorf.
24	71	74	145	— Chlumez	Gr. Kinsky.
10	30	23	53	— Horziz	Invalideninstitut.
[71	227	225	452	G. Dobrzeniz	Baron Dobrzensky.

[2 nach Pardubiz Chrudimer Kreises.

Namen der Ortschaften.	Was der Ort sey.	Pfarrey oder Lokalie.
Dobsch, Dobesch,	Dörfel	Milletin Pf.
Dobichitz	Dorf	Schehun Pf.
Dobalitichka, Dobalicisko, klein Dobalitz,	Dörfel	Dohalitschka Pf.
Dohailitz, Dohalicz ober	Dörfel	Dohalitschka Pf.
Dohallitz unter	Dorf mit einem Schloße	Dohalitschka Pf.
Dolanka, Dolcze, Dolau	Dorf	Radim Pf.
Dollan, Dolan, Dolany,	Dorf	Wellisch Pf.
Dollinetz, Dolleneck,	Mayerhof	Milletin Pf.
Domanowitz	Dorf	Schehun Pf.
Domoslawitz, Domaslowitz	Dorf	Liskowitz N. L.
Draho	Dörfel	Nimburg D.
Draboras	Dorf	Kopidlno Pf.
Drschtiekrey, Dischtiekrey, Deschtiekrey,	Dorf	Samschin Pf.
Drzewenitz	Dorf	Radim Pf.
Dub	Dorf	Hniewtschowes Pf.
Duberschno, Dubeczno,	Dorf	Choticschitz N. L.
Duschnitz nieder, Duffnicze, dolenj Krosnow	Dorf	Jablonetz Pf.
Duschnitz ober, Duffnicze Horjenj s Rezkem, Rezek	Dorf	Rochlitz Pf.
Dworetz	Dörfel	Gitschin Pf.
Dworzische, Dworjisstie,	Dorf	Chroustow Pf.
Dymokur, Dymokury, Domokurji,	Dorf mit einem Schloße	Dymokur L.
E.		
Eisenstadel, Zeleznicze, Zelezno,	Markt	Eisenstadtl Pf.
Els Döberneyer, Dels Debernen, Dobernay, Debrny	Dorf	Els N. Pf.
Els, Dels, mittel	Dorf	Els N. Pf.
Els nieder	Dorf	Els N. Pf.
Els ober	Dorf	Els N. Pf.
Emaus, Nemaus, nieder, Nemagow, Nemajow,	Dorf	Trjemeschna Pf.
Ernsdorf, Ernstdorf, Anzdorf,	Dorf	Petzkau D.

Häuser Zahl	Zahl der Einwohner aller Gattungen und Alter.			Herrschaften wohin sie gehören.	Dermalige Besitzer.
	männlich	weiblich	Summe		
7	26	18	44	H. Bielohrad	Graf Schafgotsch.
27	102	103	205	— Chlumetz	Gr. Kinsky.
8	23	25	48	Sadowa	von Gränzenstein.
11	33	33	66	G. Trjemeschna	von Gränzenstein.
24	82	72	154	H. Sadowa	von Gränzenstein.
12	36	45	81	— Kumburg	GrafTrautmannsdor
24	72	94	166	— Wokschitz	Fürstinn Esterhazy.
1	3	7	10	— Milletin	B. Wilkanows. Erber
15	45	39	84	— Podiebrad	K. Kammer.
28	78	74	152	G. Hollowaus	Baron Löwenehr.
7	30	33	63	H. Podiebrad	K. Kammer.
20	70	81	151	— Wokschitz	Fürstinn Esterhazy.
25	77	84	161	— Wokschitz	Fürstinn Esterhazy.
42	182	192	374	— Kumburg	Gr. Trautmannsdor
17	52	45	97	— Sadowa	von Gränzenstein.
37	85	104	189	— Dymokur	G. Kolloredo.
8	62	80	142	— Starkenbach	Gr. Harrach.
39	186	197	383	— Starkenbach	Gr. Harrach.
10	26	31	57	— Radim	Religionsfond.
18	50	53	103	— Domokur	Gr. Kolloredo.
94	277	299	576	— Dymokur	Gr. Kolloredo.
168	430	499	929	Stadt Gitschin	Stadt Gitschin.
1	4	4	8	— Kumburg	GrafTrautmannsdor
22	61	72	133	Herrschaft Arnau	Graf Bolza.
29	65	80	145	— Arnau	— Bolza.
84	222	244	466	— Arnau	— Bolza.
59	135	177	312	— Arnau	— Bolza.
18	46	50	96	G. Trjemeschna	von Gränzenstein.
20	45	52	97	H. Bielohrad	Gr. Schafgotsch.

IX. Heft. J

Namen der Ortschaften.	Was der Ort sey.	Pfarrey oder Lokalie.
Ernstthal, Eisenhammer, Lang s Hamry,	Häuser	Starkenbach Pf.
F.		
Sohlebanden s. hohenelber Ge- birg.		
Forst mit	Dorf	Forst Pf.
Försterbad, und Arnauer Wiesen Förster	einzelne Häuser	Forst Pf.
	Haus	Forst Pfarr.
Franzenthal, Francenthal	Dorf	Rochlitz Pf.
Freiheit	Markt	Freiheit L.
Freudenthal	Dorf	Schischelitz Pf.
Frießbauden s. hohenelber Gebirg.		
Fuchsberg	Dorf	Hohenelbe D.
Fuchsberg s. hohenelber Gebirg.		
G.		
Gablonez s. Jablonez.		
Ganns s. hohenelber Ge- birg.		
Gaworz s. Jaworz.		
Gebelniez s. Kbelnitz.		
Gebirg hohenelber, wozu ge- hören: Baudebauden, Böh- nischbauden, Bohnwiesen, Kohlebauden, Frießbauden, Fuchsberg, Ganns, Goldhö- be, Hanelpetershau, Kail- bauden, Lahrbauden, Ochsen- graben, Planierbauden, Pom- mersdorf, Rennerbauden, Schönelahn, Siebengründen, Spiegelbauden, Tafelbau- den, Weißewiese.	zerstreute Häu- ser	Hohenelbe D.
Gebirg langenauer	Dorf	Schwarzenthal N. A.
Gerschitz, Gerjicz, Jerschitz, gr. Gerschitz, welsch Gerjicz	Dorf mit einem Schloße	Gerschitz Pf.

Häuser Zahl	Zahl der Einwohner aller Gattungen und Alter.			Herrschaft wohin sie gehören.	Dermalige Besitzer.
	männlich.	weiblich.	Summe		
5	14	36	70	H. Starkenbach .	Graf Harrach.
31	111	130	241	G. Jorst .	Graf Chorinsky.
2	3	4	7	G. Forst .	Gr. Chorinsky.
1	2	1	3	H. Arnau .	Gr. Bolja.
60	193	227	420	— Starkenbach .	Gr. Harrach.
118	298	312	610	— Wildschitz .	Religionsfond.
22	52	52	104	— Podiebrad .	K. Kammer.
19	42	37	79	H. Hohenelbe .	Gr. Morzin.
214	818	772	1590	H. Hohenelbe .	Graf Morzin.
15	56	71	127	H. Hohenelbe .	Graf Merzin.
63	163	191	354	G. Serschitz .	Fürst Paar.

Namen der Ortschaften.	Was der Ort sey.	Pfarrey oder Lokalie.
Jesirzaby f. Jestrjaby.		
Gilemnicze, Jilemnicze, Starkenbach,	Markt mit einem Schloße	Starkenbach Pf.
Gillem, Jilem,	Dorf	Starkenbach Pf.
Gmoliß, Gmolieze,	Dorf	Libun Pf.
Gitscim, Giejin, Gitzinium,	Stadt mit einem Schloße	Gitschin D.
Gitschinowes, Giejinowes	Dorf mit einem Schloße	Wellisch Pf.
Glaßendorf, Klaßendorf,	Dorf	Altstadt Pf.
Gluckzu	Dorf	Prjedhrad L.
Goldhöhe f. Hohenelber Gebirg.		
Goreß f. Koreß		
Grenedorf, Gränzdorf,	Dorf	Rochliß Pf.
Großbabiß f. Babiß, Groß,		
Großbarchow f. Barchow		
Großbauden f. Bauden.		
Großbieroniß f. Bieroniß.		
Großborowiß f. Borowiß.		
Großgerschiß f. Gerschiß.		
Großhluschiß f. Hluschiß.		
Großkosiß f. Kosiß.		
Großkozogeß f. Kozogeß.		
Großsmerkowiß f. Smerkowiß.		
Großtrottin f. Trottin.		
Großtrzebnauschowes f. Trjebnauschowes.		
Großwiklek f. Wiklek.		
Günersdorf	Dorf	Kößelsdorf Pf.
Gutsmuts, Gußmuß,	Dörfel	Arnau D.
Gutwasser ober	Dorf	Horjiß Pf.
Gutwasser unter	Dorf	Horjiß Pf.
H.		
Haarta, Harta.	Dorf	Hohenelbe D.
Hackeledorf, Herlikowicze,	Dorf	Hohenelbe D.

Häuser Zahl	Zahl der Einwohner aller Gattungen und Alter.			Herrschaften, wohin sie gehören.	Dermalige Besitzer.
	männlich	weiblich	Summe		
217	736	821	1557	H. Starkenbach	Graf Harrach.
61	221	212	433	— Branna	Gr. Harrach.
31	86	89	175	— Woksich	Fürstinn Esterhazy.
315	944	1239	2183	— Kumburg	Gr. Trautmannsdorf.
13	36	54	90	— Moksich	Fürstinn Esterhazy.
41	112	115	227	— Wildschitz	Religionsfond.
27	78	73	151	— Podiebrad	K. Kammer.
24	72	70	142	— Starkenbach	Graf Harrach.
102	231	251	482	H. Arnau	Graf Bolza.
36	73	75	148	— Wildschitz	Religionsfond.
9	nach Schurz im Königgräzer Kreise.				
4	13	13	26	H. Arnau	Graf Bolza.
41	91	106	197	— Horjitz	Invalideninstitut.
33	93	94	187	— Horjitz	Invalideninstitut
22	33	34	67	H. Hohenelbe	Graf Morzin.
141	567	575	1142	— Branna	Gr. Harrach.

J 3

Namen der Ortschaften.	Was der Ort sey.	Pfarrey oder Lokalie.
Hage, Haye	Dorf	Laukow L.
Hammer s. Czernin,		
Hanelpetershau s. Gebirg hohenelber.		
Harrachsdorf	Dorf	Harrachsdorf N. L.
Hawranskow bei Wrstez	einzelnes Haus	Chleb L.
Hartmannsdorf	Dorf	Jungbuch Pf.
Heidelberg s. Zialy		
Heilow, Heglow	Dorf	Jablonez Pf.
Hennersdorf, Unterbranna, dolenj Branna	Dorf	Branna Pf.
Hermannsdorf	Dorf	Wrbitz N. Pf.
Hermannsseifen	Dorf	Hermannsseifen Pf. u. evang. Bethaus.
Hinter Zbirnitz s. Zbirnitz.		
Hlasek, Hlassek,	Dörfel	Chodowitz N. L.
Hlawerschnik, Hlawecjnik,	Dorf	Schischelitz Pf.
Hlinow	Mayerhof	Luschetz Pf.
Hluschitz groß, Hlusitz	Dorf	Hluschitz L.
Hluschitz, klein	Dorf	Hluschitz L.
Hniewtschowes	Dorf	Hniewtschowes Pf.
Hoch Wesseli s. Wesseli.		
Hohenelbe, Wrchlaby, Albipolis,	Markt	Hohenelbe D.
Hohenelbe nieder	Dorf	Hohenelbe D.
Hohenelbe ober	Dorf	Hohenelbe D.
Hohenelber Gebirg s. Gebirg hohenelber.		
Hollinn, Hollin,	Dorf	Westrujno Pf.
Hollowaus, Holowaufy,	Dorf mit einem Schloße	Chodowitz N. L.
Horzarew, Horjatow,	Dorf	Komanitz Pf.
Horzensko	Dorf	Semill Pf.
Horzicz, Horsicze,	Markt	Horzitz Pf.
Hostin s. Arnau		
Hrabatschow, Hrabacjow,	Dorf	Starkenbach Pf.
Hradek	Dorf	Nechanitz Pf.
Hradek	Dörfel	Nechanitz Pf.
Hradischko, Hradißtko,	Dorf	Schischelitz Pf.
Hradischko, Hradißko,	Dorf	Sadska Pf.

Häuser Zahl	Zahl der Einwohner aller Gattungen und Alter.			Herrschaften, wohin sie gehören.	Dermalige Besitzer.
	männlich.	weiblich.	Summe		
15	54	47	101	H. Rumburg .	Graf Trautmannsdorf.
43	162	170	332	H. Starkenbach .	Gr. Harrach.
1	4	6	10	— Podiebrad .	K. Kammer.
85	238	207	445	— Wildschitz .	Religionsfond.
14	50	51	101	H. Starkenbach .	Graf Harrach.
159	423	470	893	H. Branna .	Gr. Harrach.
22	63	62	125	— Podiebrad .	K. Kammer.
271	695	768	1463	— Wildschitz .	Religionsfond.
11	zur Stadt Trautenau im Königgrätzer Kreise.				
3	7	6	13	G. Hollowaus .	Baron Löwenehr.
2	6	5	11	G. Sobschitz .	Religionsfond.
31	98	112	210	H. Chlumetz .	Graf Kinsky.
1	3	3	6	G. Wiklef .	Gr. Kinsky.
45	147	177	324	H. Smidar .	Gr. Kolloredo.
67	239	210	439	H. Smidar .	Gr. Kolloredo.
35	118	117	235	G. Ejerekwitz .	Gr. Browne.
355	1057	1203	2260	Herrsch. Hohenelbe	Gr. Morzin.
119	336	355	691	H. Hohenelbe .	Gr. Morzin.
152	411	424	835	H. Hohenelbe .	Gr. Morzin.
33	111	134	245	H. Wolschitz .	Fürstin Esterhazy.
47	146	153	299	G. Hollowaus .	Baron Löwenehr.
43	166	157	323	H. Podiebrad .	K. Kammer.
13	56	54	110	— Lonnitz .	Graf Morzin.
346	1113	1291	2404	— Horzitz .	Invalideninstitut.
71	224	246	470	— Starkenbach .	Gr. Harrach.
13	59	65	124	G. Kuntschitz .	Graf Klary.
5	22	26	48	H. Sadowa .	v. Gränzenstein.
54	112	110	222	— Chlumetz .	Graf Kinsky.
53	110	102	212	— Podiebrad .	K. Kammer.

Namen der Ortschaften.	Was der Ort sey.	Pfarrey oder Lokalle.
Hradischko .	Dorf	Wesseli Pf. .
Hrdonowiz, Hrdoniowitz,	Dorf.	Libun Pf.
Hrobieschau, Hrobiczan, Hrobiczauy, .	Dorf	Wesseli Pf.
Hubalow .	Dorf	Poppowitz N. L. .
Hubogeb, Hubogeba, .	Dorf	Mladiegow Pf. .
Humburg, Humburky, .	Dorf mit einem Schloße	Metliczau N. L.
Huttendorf, Lhota Sahatzka, Safatka, Zasabka, mit den Brannayer Häusern Neuwald, .	Dorf	Studenetz L. .
J.		
Jablonetz, Gablonecz, .	Dorf	Jablonetz Pf. .
Jahodna .	Dörfel	Milletin Pf. .
Janarow .	Dörfel	Nechanitz Pf. .
Janowitz .	Dorf	Hlusebitz L. .
Jaroschow .	Mayerhof	Gitschin D. .
Jaworek, Jaworeckeg Dwur,	Ma erhof	Branna Pf. .
Jawornik s. Mohrn		
Jaworz ober, Jaworsch, Gawor; horjeni, .	Dorf	Petzkau D. .
Jaworz unter, Gawor; boleni, .	Dörfel	Petzkau D. .
Jenikau	Mayerhof	Milletin Pf. .
Jerusalem, Rezkem, Rezek,	Häuser	Kochlitz Pf. .
Jestrabj, Gestirjabi, Jestrzabl, .	Dorf	Ponikla Pf. .
Johannesbrunn s. Brunn St. Johann.		
Jungbuch, mladh Buky, Trübenwasser, Neo-Bucha, juvenis fagus . .	Dorf,	Jungbuch Pf. .

Häuser Zahl	Zahl der Einwohner aller Gattungen und Alter.			Herrschaften, wohin sie gehören.	Dermalige Besitzer.
	männ lich.	weib lich.	Summe		
29	69	79	148	G. Turj	Gitschiner Stiftungs
12	31	35	66	H. Wolschiz	Fürstinn Esterhazy.
1	6	5	11	— Kopidlno	Graf Schlick
				nach Groß Bunzlauer Kreises.	
41	119	129	248	H. Millitschowes	Griesuitenfond.
13	36	41	77	G. Turj	Gitschiner Stiftungs
26	75	61	136	H. Wolschiz	Fürstinn Esterhazy.
30	89	77	166	G. Großbarchow	Invalideninstitut.
116	330	325	655	G. Stubenez	Graf Chorinsky.
4	17	20	37	H. Starkenbach	Graf Harrach.
61	187	228	415	H. Starkenbach	Graf Harrach.
4	8	14	22	— Millesin	B. Wlkanow. Erbe
3	6	8	14	— Sadowa	v. Gränzenstein.
19	48	58	106	— Smidar	Graf Kolloredo.
8	18	25	43	— Millitschowes	Griesuitenfond.
1	8	5	13	— Branna	Graf Harrach.
25	55	63	118	— Bielohrad	Graf Schafgotsch.
9	34	26	60	— Bielohrad	Graf Schafgotsch.
1	3	7	10	— Millesin	B. Wlkanow. Erbe
2	7	5	12	— Starkenbach.	Graf Harrach.
69	347	361	708	— Starkenbach	Graf Harrach.
115	299	330	629	— Wildschiz	Religionsfond.

Namen der der Ortschaften.	Was der Ort sey.	Pfarrey oder Lokalie.
K.		
Kackerow, Kaherow	Mühle	Milletin Pf.
Kailbauden f. Hohenelbergebirg.		
Kall	Dorf	Pehkau D.
Kall	Mühle	Pehkau D.
Kallna, Kalna,	Dorf	Kallua Pf.
Kalrenberg, Studeneh	Dorf	Rochlih Pf.
Kamenih, Kamenicz,	Dorf	Luschan Pf.
Kamensky	Maverhof	Kopidlno Pf.
Kamiblowes	Dorf	Knieschih Pf.
Kandia bey Petschek	einzelnes Haus	Dobrjichow Pf.
Kanih	Dorf	Petrowih Pf.
Karanih	Dorf	Kratenau Pf.
Karlow	Dorf	Rostok L.
Karlow, Karlsdorf	Dörfel	Kallna
Karleck, Karlsek,	Maverhof	Kottwih N. L.
Karlskron	Schloß	Chlumeh D.
Kaur, Kauty,	Dorf	Aumislowih N. L.
Kaurt	Dörfel	Liskowih N. L.
Kbelluih, Gbelnicz,	Dorf	Gitschin D.
Kesselbauden	einzelnes Haus	Wittkowih N. Pf.
Ketten	Dorf	Liban Pf.
Kladerub, Kladeruby,	Dörfel	Chlumeh D.
Klamosch	Dorf	Wapno Pf.
Klassendorf f. Glaßendorf.		
Kleinbabih f. Babih klein.		
Kleinbarchow f. Barchow klein.		
Kleinbieronih f. Bieronih.		
Kleinborowih f. Borowih.		
Kleinhluschih f. Hluschih.		
Kleinkosih f. Kosih.		
Kleinkozoged f. Kozoged.		
Kleinmilletin f. Milletin.		
Kleinpetrowih f. Petrowih.		
Kleinseite, Malá Strana,	Dorf	Knieschih Pf.
Kleinsmerkowih f. Smerkowih.		
Kleintrottin f. Trottin.		

Häuser Zahl	Zahl der Einwohner aller Gattungen und Alter.			Herrschaften, wohin sie gehören.	Dermalige Besitzer.
	männlich.	weiblich.	Summe		
1	3	4	7	Milletin.	Bar. Wlkanow.Erben
33	78	79	157	Milletin	Baron Wlkanowsche
1	2	1	3	Milletin	Erben.
158	392	415	807	G. Cziska	Graf Morzin.
5	15	13	28	H. Branna	Gr. Harrach.
19	63	78	141	— Starkenbach	Gr. Harrach.
28	107	116	223	— Kumburg	Gr. Trautmannsdorf
1	2	3	5	— Kopidlno	Gr. Schlik.
21	64	61	125	— Dymokur	Gr. Kolloredo.
1	2	2	4	— Podiebrad	K. Kammer.
14	36	39	75	— Horziz	Invalideninstitut.
18	84	83	167	— Chlumez	Gr. Kinsky.
29	87	104	191	— Starkenbach	Gr. Harrach.
7	7	12	19	G. Cziska	Gr. Morzin.
1	4	3	7	H. Arnau	Gr. Bolza.
4	23	17	40	— Chlumez	Gr. Kinsky.
16	50	57	107	— Podiebrad	K. Kammer.
6	16	12	28	— Horziz	Invalideninstitut.
17	75	80	155	— Kumburg	Gr. Trautmannsdorf
3	3	4	7	— Branna	Gr. Harrach.
21	66	76	142	— Wolschiz	Fürstinn Esterhazy.
11	50	47	97	— Chlumez	Gr. Kinsky.
24	83	94	177	— Chlumez	Gr. Kinsky.
14	43	47	90	H. Dymokur	Gr. Kolloredo.

Name.1 der Ortschaften.	Was der Ort sey.	Pfarrey oder Lokalie.
Kleinerzebnauschowes s. Erzebnauschowes.		
Kleinwiklek s. Wiklek.		
Kleinwoser s. Wosk.		
Klenitz, Klenicz,	Dorf	Oniewtschowes Pf.
Klinge, Klingen,	Dörfel	Jungbuch Pf.
Kluk	Dorf	Podiebrad D.
Knieschitz, Kniejicz	Dorf	Knieschitz Pf.
Kniekdtrscher, Kniejiczek, Kleinkniejez,	Dorf	Vieronitz N. L.
Kobilicz nebst Opatow	Dorf	Nechanitz Pf.
Königstadtl, Regio-Mie-stecium, Krulown Mie-stec, sonst Königsfeld genannt,	Markt	Königstadtl Pf.
Kokes	Mayerhof	Wapno Pf.
Komarow, Komprow, Komorau,	Dorf	Wapno Pf.
Komarow, Komorau,	Dörfel	Nechanitz Pf.
Komarow	einzelnes Haus	Lomnitz D.
Kommar, Komar	Dorf	Kötzelsdorf Pf.
Koneczchlum s. Chlum		
Konetschin, Koncjin, w Kon-cjinoch	Dorf	Jablonetz Pf.
Kontschitz, Koncjicz,	Dorf	Schischelitz Pf.
Kopanik	Mühle	Kowanitz Pf.
Kopidlno	Markt mit einem Schloße	Kopidlno Pf.
Kopitschak	Häuser	Vieronitz N. L.
Koretz, Goretz,	Mayerhof	Schischelitz Pf.
Koschow	Dorf	Lomnitz D.
Koschetalow, Kosttialow,	Dorf	Liebstadtl Pf.
Kositz groß	Dorf	Mlikojrb N. L.
Kositz klein, Kossicjek,	Dorf	Babitz N. L.
Kostletz, Kostelec zamku Welitz,	Dorf	Wellisch Pf.
Kostelni Lhotta s. Lhotta kostelni.		
Kottelsko, Chotelsko,	Dorf	Kowensko Pf.
Kottwitz	Dorf	Kottwitz N. L.
Kowanitz	Dorf	Kowanitz Pf.
Kowansko	Dorf	Chleb L.

Häuser Zahl	Zahl der Einwohner aller Gattungen und Alter.			Ortschaften wohin sie gehören.	Dermalige Besitzer.
	männlich	weiblich	Summe		
23	70	75	145	H. Sadowa	von Gränzenstein.
6	14	12	26	— Wildschiz	Religionsfond.
26	110	112	222	— Podiebrad	K. Kammer.
115	307	303	610	— Domokur	Graf Kolloredo.
22	74	86	160	— Chlumez	Gr. Kinsky.
17	69	68	137	G. Slaupno	Kloster Braunau.
255	769	743	1512	H. Domokur	Graf Kolloredo.
1	2	5	7	— Chlumez	Graf Kinsky.
18	55	66	121	— Chlumez	Gr. Kinsky.
6	13	11	24	— Sadowa	v. Gränzenstein.
1	2	3	5	— Lomniz	Graf Morzin.
37	85	86	171	— Arnau	Gr. Bolza.
19	73	75	148	— Starkenbach	Graf Herrach.
36	122	121	243	— Chlumez	Gr. Kinsky.
1	3	4	7	— Podiebrad	K. Kammer.
130	350	389	739	— Kopidlno	Graf Schlick.
3	9	13	22	— Chlumez	Graf Kinsky.
1	3	10	13	— Chlumez	Gr. Kinsky.
36	92	105	197	— Lomniz	Gr. Morzin.
79	228	254	482	— Rumburg	Gr. Traurmannsdorf
28	110	107	217	— Chlumez	Gr. Kinsky.
39	128	145	273	— Chlumez	Gr. Kinsky.
14	44	61	105	— Wolfschiz	Fürstinn Esterhazy.
18	64	98	162	— Lomniz	Graf Morzin.
117	357	397	754	— Arnau	Gr. Bolza.
65	174	176	350	G. Kowaniz	Baron Larisch.
28	65	60	125	H. Podiebrad	K. Kammer.

Namen der Herrschaft.	Was der Ort sey.	Pfarrey oder Lokalie.
Rowatsch, Kowaci,	Dorf	Luschan Pf.
Rozadlrek	Dorf	Liban Pf.
Rozoged groß, Kozgedy welkh,	Dorf	Schlunitz Pf.
Rozoged klein, Kozogidek,	Dorf	Schlunitz Pf.
Rralik	Dorf	Metlician N. L.
Rratenau, Kratenow, Krateno, Kratnohy, Kratonohy,	Dorf mit einem Schloße	Kratenau Pf.
Rrausebauden s. Bauden Krause.		
Rrosnow s. Duschnitz nieder		
Rrßmobl, Krßmole, Krimol,	Dörfel	Neupaka Pf.
Rruh, Ober und Niederkruch,	Dorf	Rostok L.
Rriellina, Krjelina,	Dorf	Wellisch Pf.
Rrzeschitz	Dorf	Liban Pf.
Rrzetschkow, Krjeczkow,	Dorf	Podiebrad D.
Rrzischlitz, Krjißlicze,	Dorf	Wittkowitz N. Pf. Krjißlicze, Bethaus evangel.
Rrziteschow, Krjiczow,	Dorf	Smidar Pf.
Rtanow s. Rtanow.		
Rundratitz, Kundraticze,	Dorf	Schischelitz Pf.
Rundratitz, Kundraticze,	Dorf	Wemerzitsch N. Pf.
Runeschitz, Koneßicz,	Dorf	Nechanitz Pf.
Ryge	Dorf	Eisenstadtl Pf.
L.		
Labaun	Dorf	Wrsetz N. Pf.
Labni, Labny,	Dorf	Bielohrad Pf.
Labrbauden s. hohenelber Gebirg.		
Langenauer Gebirg s. Gebirg langenauer.		

Zahl der Einwohner aller Gattungen und Alter.			Herrschaften wohin sie gehören.	Dermalige Besitzer.
männlich	weiblich	Summe		
86	92	178	H. Kumburg ·	Gr. Trautmannsdorf
28	23	51	— Kopidlno ·	Graf Schlick.
nach Dietenitz im Bunzlauer Kreise.				
138	142	280	— Dymokur ·	Gr. Kolloredo.
63	56	119	— Dymokur ·	Graf Kolloredo.
55	70	125	G. Klaupno ·	Benedikt. zu Brauna
2	2	4	Stadt Bidschow	Kreisstadt Bidschow
248	253	501	G. Kratenau ·	Gr. Kinsky.
34	27	61	H. Kumburg ·	Gr. Trautmannsdorf.
215	225	440	— Starkenbach ·	Graf Harrach.
34	25	59	— Kumburg ·	Graf Trautmannsdor
44	45	89	— Wolschitz ·	Fürstinn Esterhazy.
67	67	134	— Kopidlno ·	Gr. Schlick.
86	77	163	— Podiebrad ·	K. Kammer
284	296	580	— Brauna ·	Graf Harrach.
77	89	166	— Smidar ·	Gr. Kolloredo.
39	46	85	— Chlumetz ·	Graf Kinsky.
273	257	530	— Starkenbach ·	— Harrach
5	9	14	— Kumburg ·	Gr. Trautmannsdor
102	85	187	G. Kunetschitz ·	Gr. Klam.
89	97	186	H. Radim ·	Religionsfond.
87	83	170	G. Turj ·	Gitsch. Stiftungsfont
53	49	102	H. Bielohrad ·	Gr. Schafgotsch.

Namen der Ortschaften.	Was der Ort sey.	Pfarrey oder Lokalie.
Langenau klein , Lanow, Langenavia, Lanovia,	Dorf	Langenau Pf.
Langenau mittel .	Dorf	Langenau Pf.
Langenau nieder .	Dorf	Langenau Pf.
Langenau ober , sammt Prißelbauden, .	Dorf	Langenau Pf.
Langer Damm s. Damm.		
Lanschow , Lanschau , Lan- iow,	Dorf	Lanschow Pf.
Laudenthal , Laubenthal,	Dörfel	Wrbiß N. Pf.
Laukonos .	Dorf	Schischelitz Pf.
Lauterwasser .	Dorf	Forst Pf.
Lautschitz , Laucsicz, .	Dorf	Lusche Pf.
Lauczna Hura , Laucsna. Hura, .	Dorf	Smidar Pf.
Ledeczek , Ledetska, .	Dorf	Rozdialow's Pf.
Leovoid	Derf	Mohrn N. Pf.
Lewin , Molessnice , Lewis ner Els.	Dorf	Lewin N. L.
Lhan , Welhanie, .	Dorf	Radim Pf.
Lhota Sahaska s. Huttendorf		
Lhotka .	Dorf	Lanschow Pf.
Lhotka .	Mayerhof	Lusche Pf.
Lhotka .	Dorf	Bidschow D.
Lhotta , Lhota, .	Dorf	Smidar Pf.
Lhotta, Lhotta Stracsowska,	Dorf	Petrowiß Pf.
Lhotta .	Dorf	Wesseli Pf.
Lhotta Auberniß .	Dorf	Liban Pf.
Lhotta Bradleß , Bradlicz, Bradlecska , Scheteniczka,	Dorf	Eisenstadtl Pf.
Lhotta Hlasna .	Dorf	Wellisch Pf.
Lhotta kacjakowa .	Dorf	Poppowiß N. L.
Lhotta kostelni .	Dorf	Lhotta kostelnj N. L.
Lhotta parjcjka .	Dörfel	Libun Pf.
Lhotta piskowa .	Dorf	Lhotta kostelni N. L
Lhotta prednj .	Dorf	Podiebrad Pf.
Lhotta St. Gotthard .	Dörfel	Horjiß Pf.
Lhotta Scharowes, Sjaro- wes, .	Dorf	Mlasowiß L.

Häuser Zahl	männlich	weiblich	Summe	Herrschaften wohin sie gehören	Dermalige Besitzer
25	79	78	157	H. Hohenelbe	Graf Morzin
102	313	327	640	— Hohenelbe	Gr. Morzin
200	505	601	1106	— Hohenelbe	Gr. Morzin
133	344	399	743	— Hohenelbe	Gr. Morzin
37	113	118	231	— Politschan	Gr. Kottulinsky
8	20	23	43	— Podiebrad	K. Kammer
26	63	67	130	— Chlumetz	Gr. Kinsky
113	354	381	735	G. Forst	Gr. Chorinsky
63	197	191	388	H. Chlumetz	Gr. Kinsky
37	108	105	113	— Smidar	Gr. Kolloredo
12	34	40	74	— Dymokur	Graf Kolloredo
21	62	61	123	— Wildschitz	Religionsfond
82	228	235	463	— Kumburg	Graf Trautmannsdorf
16	39	41	80	— Radim	Religionsfond
13	42	40	82	— Politschan	Gr. Kottulinsky
1	4	7	11	— Chlumetz	Graf Kinsky
29	72	68	1⚫	— Bidschow	Kreisstadt Bidschow
35	104	115	219	— Smidar	Graf Kolloredo
17	40	50	90	G. Stratschow	Gräfinn Bredau
24	79	79	158	G. Hochwesseli	Fürst Poor
11	43	50	93	H. Woschitz	Fürstinn Esterhazy
42	120	121	241	Millitschowes	Exjesuitenfond
	82	62	144	— Woschitz	Fürstinn Esterhazy
	76	87	163	— Kumburg	Gr. Trautmannsdorf
	16	26	42	G. Turi	Gtsch. Stiftungsf.
	228	218	446	H. Podiebrad	K. Kammer
	29	31	60	— Woschitz	Fürstinn Esterhazy
	210	229	439	— Podiebrad	K. Kammer
	239	120	249	— Podiebrad	K. Kammer
	14	10	24	— Horzitz	Invalideninstitut
34	100	88	188	— Horzitz	Invalideninstitut
	7	8	15	— Bielobrad	Graf Schafgotsch

IV. Heft.

Namen der Ortschaften.	Was der Ort sey.	Pfarrey oder Lokalie.
Lhorra Stieranitz, Lhota Stiepanicka,	Dorf	Stiepanitz Pf.
Lhorra Wichau, Wichowa Lhotta, Lhota Wichowska,	Dorf	Ponikla Pf.
Lhorra winicina	Dorf	Rozdialowitz Pf.
Lhorra wrbowa	Dorf	Lhorra kostelnj R. L.
Liban	Markt	Liban Pf.
Libisitz	Dorf	Schlunitz Pf.
Libin, Libicze, Lubig, Libicium,	Dorf	Libin N. Pf.
Libniowes	Maverhof	Schebun Pf.
Libunecz, Libunecz.	Dorf	Libun Pf.
Lieben	Dörfel	Bidschow D.
Liebstadtl, Liebstadt,	Markt	Liebstadtl Pf.
Lippez, Lipez,	Dorf	Elbereinitz Pf.
Lischitz	Dorf	Luschetz Pf.
Lickowitz	Dorf	Lickowitz N. L.
Lirschno, Licino,	Dorf	Liban Pf.
Lochow, ober,	Dorf	Westrujno Pf.
Lochow, unter,	Dorf	Westrujno Pf.
Lodin, Lodin,	Dorf	Nechanitz Pf.
Löwinn, Lewin,	Dörfel	Chlumetz D.
Lomnitz, Lomnicze nad Porel-kau, ohne Vorstadt Ratschin,	Markt	Lomnitz D.
Lomnitz alt, stara Lom-nicze,	Dorf	Lomnitz D.
Lomnitz, unter,	Dorf	Lomnitz D.
Lubno	Dorf	Nechanitz Pf.
Lukawetz	Dorf	Bielohrad Pf.
Lukawetschek, Lukawecjek,	Dörfel	Milletin Pf.
Lukowa	Dörfel	Mlikosrb N. L.
Luschan, Lusan,	Dorf	Luschan Pf.
Luschetz, Lujecz, Lujcze, Lujicza,	Dorf	Luschetz Pf.
Lustdorf	Dörfel	Libin N. Pf.
Lurschitz, Lucjicz,	Dorf	Chlumetz D.
Lustgarten	einzel. Wirthsh.	Gitschin D.
Lybin, Libin,	Dorf	Mlaiowitz L.
Lybonitz, Libonitz,	Dorf	Horjitz Pf.

Häuser Zahl	Zahl der Einwohner aller Gattungen und Alter.			Herrschaften wohin sie gehören.	Dermalige Besitzer.
	männlich.	weiblich.	Summe		
20	74	78	152	H. Branna .	Graf Harrach.
31	107	119	226	— Branna .	Gr. Harrach.
14	27	35	62	— Dymokur .	Gr. Kolloredo.
33	113	131	244	— Podiebrad .	K. Kammer.
148	379	380	759	— Kopidlno .	Gr. Schlick.
50	117	90	207	— Wokschitz .	Fürstinn Esterhazy.
58	204	210	414	H. Podiebrad	K. Kammer.
1	5	7	12	— Chlumetz .	Gr. Kinsky.
21	57	71	128	— Wokschitz .	Fürstinn Esterhazy.
5	13	14	27	— Bidschow .	Kreisstadt Bidschow
109	326	351	677	— Kumburg .	Gr. Trautmannsder
30	87	83	170	— Podiebrad .	K. Kammer.
23	75	68	143	— Chlumetz .	Gr. Kinsky.
45	104	113	217	— Smidar .	Gr. Kolloredo.
23	75	69	144	— Kopidlno .	Graf Schlick.
12	33	39	72	— Wokschitz .	Fürstinn Esterhazy.
18	60	58	118	— Wokschitz .	Fürstinn Esterhazy.
41	112	110	222	— Sadowa .	v. Gränzenstein.
7	27	41	68	— Chlumetz .	Gr. Kinsky.
209	544	671	1215	— Lomnitz .	Gr. Morzin.
32	74	100	174	— Lemnitz .	Gr. Morzin.
47	117	144	261	— Lomnitz .	Gr. Morzin.
41	95	96	191	— Sadowa .	v. Gränzenstein.
51	104	109	213	— Bielohrad .	Gr. Schafgotsch.
5	15	18	33	— Milletin .	B. Wlkanowsche E(.)
9	28	22	50	— Chlumetz .	Gr. Kinsky.
112	425	404	829	— Kumburg .	Gr. Trautmannsdo
19	237	241	478	— Chlumetz .	Gr. Kinsky.
6	17	13	30	— Podiebrad .	K. Kammer.
24	76	66	142	— Chlumetz .	Graf Kinsky.
1	4	6	10	— Kumburg .	Gr. Trautmannsdo
13	30	32	62	— Horzitz .	Invalideninstitut.
13	36	44	80	— Horzitz .	Invalideninstitut.

Namen der Ortschaften.	Was der Ort sey.	Pfarrey oder Lokalle.
M.		
Malastrana, f. Kleinseite,		
Markersdorf, Merklow, Mrklow,	Dorf	Stiepaniß Pf.
Martiniß, Martinieze, Merzdorf,	Dorf	Köstok L.
Mastig, Moskel	Dorf	Böhm. Pransniß Pf.
Mastig,	Jägerhaus	Böhm. Brausniß Pf.
Mastigerbaad,	Dörfel	Böhm. Brausniß Pf.
Metliczan, Metlitschan,	Dörfel	Metliczan N. L.
Mezrborz, Mezyborsch, Mezyborzy,	Dörfel	Mlasowiß L.
Michnowka, Michnowiß, Michnauka,	Mayerhof und einzel. Häuser	Kratenau Pf.
Mieschziowes, Misstiowes,	Dorf	Petrowiß Pf.
Millkowiß,	Mayerhof	Kopidlno Pf.
Milletin, Miletin, Milatin,	Markt	Milletin Pf.
Milletinek, Klein Miletin,	Mayerhof, Schäferey u. Mühle	Milletin Pf
Milletinek,	Jägerhaus	Milletin Pf.
Milkitschowee, Miltschowes, Milicjowes,	Dorf mit einem Schloße	Nemitschowes N. L.
Millowiß, Milowiß,	Dorf	Horziß Pf.
Mileschiß,	Dorf	Skramnik Pf.
Mirkowiß,	Schäferey	Schischeliß Pf.
Mlasowiß, Mlazowicl,	Markt	Mlasowiß L.
Milegniß,	Dorf	Kopidlno Pf.
Mlikosrb, Mlikosrby,	Dorf	Mlikosrb N. L.
Mnienik, Mienik,	Dorf	Bidschow D.
Mobrn, Jawornik, Mohren, Mohra, Mohr, Ordow,	Dorf	Mobrn N. Pf.
Mokrowaue,	Dorf	Dohalitschka Pf.
Morawczilcz,	Dörfel	Gitschin D.
Morzziniowes, Morzinowes,	Dorf	Lomniß D.
Mrziczna, f. Wemerziß,		

Häuser Zahl	Zahl der Einwohner aller Gattungen und Alter.			Herrschaften, wohin sie gehören.	Dermalige Besitzer.
	männlich	weiblich	Summe		
47	210	216	426	H. Granna	Graf Harrach.
65	223	233	461	— Starkenbach	Gr. Harrach.
20	65	73	138	— Arnau	Gr. Bolza.
5	18	12	30	G. Forst	Gr. Chorinsky.
2	10	5	15	H. Milletin	B. Wlkanow. Erben
1	3	5	8	— Wildschütz	Religionsfond.
8	23	25	48	— Arnau	Gr. Bolza.
5	8	14	22	— Bidschow	Kreisstadt Bidschow.
2	5	5	10	G. Glaupno	Kloster Braunau.
6	15	16	31	H. Horzitz	Invalideninstitut.
2	7	6	13	G. Hollowaus	Bar. Löwenehr.
4	9	11	20	H. Chlumetz	Graf Kinsky.
15	51	44	95	— Smidar	Gr. Colloredo.
36	105	124	229	G. Strziwau	Gräfinn Netoliczky.
1	3	3	6	H. Kopidlno	Graf Schlick.
178	433	516	949	— Milletin	B. Wlkanow. Erben
3	11	26	37	— Milletin	F. Wlkanow. Erben
2	2	2	4	— Milletin	B. Wlkanow. Erben
54	133	153	286	— Millitschowes	Exiesuitenfond.
41	97	111	208	— Horzitz	Invalideninstitut.
21	91	103	194	— Podiebrad	K. Kammer.
1	2	4	6	— Chlumetz	Gr. Kinsky.
76	197	216	413	— Horzitz	Invalideninstitut.
29	82	91	173	— Kopidlno	Gr. Schlick.
37	131	118	249	— Chlumetz	Gr. Kinsky.
33	90	88	178	— Bidschow	Kreisstadt Bidschow.
107	330	312	642	— Wildschütz	Religionsfond.
38	91	89	180	— Sadowa	v. Gränzenstein.
7	33	43	76	— Kumburg	Gr. Trautmannsdor
13	38	39	77	— Lomnitz	G:. Morzin.

Namen der Ortschaften.	Was der Ort sey.	Pfarrey oder Lokalie.
Münichsdorf, Mönchsdörtel, klassterska Lhotta,	Dorf	Kallna Pf.
Murinsko,	Dörfel	Srzinetz Pf.
Mzann, Mzan, Mschau, Messsany,	Dorf	Dobalitschka Pf.
N.		
Nachodsko,	Dörfel	Gitschin D.
Nadslaw,	Dorf	Wellisch Pf.
Nausow, ober, unter,	Mühlen	Prjedhradj L.
Niechanitz,	Markt mit einem Schloße	Nechanitz Pf.
Nechanitz, Altnechanitz	Dorf	Nechanitz Pf.
Neczas,	Dorf	Kozidlno Pf.
Nedarsch, Nedarzik, Nedarzicz,	Dörfel	Kallna Pf.
Nedwicz, Nedwiezo,	Dorf	Semill Pf.
Nemagow, s. Emaus		
Nemitschowes, Niemitschowes, Niemeejowes, Nemessowiez,	Dorf	Nemitschowes N. L.
Nepolis, Nepolisy,	Dorf	Chlumetz D.
Neroschow	Dorf	Petrowin Pf.
Nerrzebitz,	Dorf	Aumislowitz N. L.
Neubidschow, s. Bidschow		
Neu Neudörfel,	Dorf	Bohisla Pf.
Neudorf, nieder, Nowawes dolenj,	Dorf	Bielohrad Pf.
Neudorf, ober, Nowawes horjenj,	Dorf	Bielohrad Pf.
Neudorf, Nowawez,	Dorf	Chotiefschitz N. L.
Neudorf, Nowawes,	Dorf	Neudorf N. Pf.
Neudorf,	Dorf	Schwarzenthal N. Pf.
Neubrazer Mühle, s. Prasek,		
Neuhof,	Mayerhof	Bielohrad Pf.
Neuhof, nowy Dwur,	Mayerhof	Liban Pf.
Neujahrsdorf,	Dorf	Kowanitz Pf.

Häuser Zahl	Zahl der Einwohner aller Gattungen und Alter.			Herrschaften wohin sie gehören.	Dermalige Besitzer.
	männlich.	weiblich.	Summe		
45	150	155	235	H. Branna	Graf Harrach.
9	15	19	34	— Hohenelbe	Gr. Morzin.
1	3	3	6	G. Ejsta	Gr. Morzin.
5	16	18	34	H. Domokur.	Gr. Kolloredo.
38	107	115	222	— Sadowa	v. Gränzenstein.
9	31	39	70	— Kumburg	Graf Trautmannsdor
18	48	50	98	— Wolschitz	Fürstin Esterhazy.
2	10	6	16	— Podiebrad	K. Kammer.
105	260	275	535	— Sadowa	v. Gränzenstein.
64	154	161	315	— Sadowa	v. Gränzenstein.
14	39	38	77	— Kopidlno	Gr. Schlick.
11	15	21	37	G. Peykau	Religionsfond.
21	56	47	103	H. Lomnitz	Gr. Morzin.
80	238	237	475	— Millitschowes	Exjesuitenfond.
61	217	228	445	— Chlumetz	Gr. Kinsky.
15	36	45	81	— Smidar	Gr. Kolloredo.
15	65	70	135	— Podiebrad	K. Kammer.
14	44	51	95	— Branna	Gr. Harrach.
61	172	192	364	— Bielohrad	Gr. Schafgotsch.
82	224	253	477	— Bielohrad	Gr. Schafgotsch.
21	63	60	123	— Domokur	Gr. Kolloredo.
135	339	370	709	— Lomnitz	Gr. Morzin.
86	261	254	515	— Hohenelbe	Gr. Morzin.
1	12	9	21	— Bielobrad	Gr. Schafgotsch.
3	11	9	20	— Kopidlno	Gr. Schlick.
17	54	55	109	— Podiebrad	K. Kammer.

Namen der Ortschaften.	Was der Ort sey.	Pfarrey oder Lokalie.
Neupaka, sieh Paka, neu.		
Neuschloß, Nowy zamka,	Dörfel	Els N. Pf.
Neuschloß, nowy Zamky, .	Dorf	Krzinetz Pf.
Neusmerkowitz, s. Smerkowitz.		
Neustadel, .	Dorf	Els N. Pf.
Neustadel, Nowh Miesto, .	Dorf	Chlumetz D.
Neuwald, s. Huttendorf.		
Neuwelt, Neuwald, nowy Swiet, Elena Hut, .	Dorf	Harrachsdorf N. L.
Newratitz, Newraticze, .	Dorf	Chomutin Pf.
Niederduschnitz, s. Duschnitz nieder.		
Nieder Els, s. Els nieder.		
Niederhof, .	Dorf	Langenau Pf.
Niederhohenelbe, s. Hohenelbe, nieder.		
Niederkruh, s. Kruh.		
Niederneudorf, s. Neudorf.		
Niederprausnitz, s. Prausnitz.		
Niederrochlitz, s. Rochlitz.		
Niederstiepanitz, s. Stiepanitz.		
Nouzow, Naujow, Nausow,	Dorf	Chotieschitz N. L.
Nowohrad, Nowhhrady, .	Dorf	Cziniowes Pf.

O.

Oberdohalitz, s. Dohalitz, ober.
Oberduschnitz, s. Duschnitz.
Oberels, s. Els.
Obergutwasser, s. Gutwasser.
Oberhohenelbe, s. Hohenelbe.
Oberjaworz, s. Jaworz.
Oberkruch, s. Kruh.
Oberlangenau, s. Langenau.
Oberlochow, s. Lochow.
Obernausow, s. Nausow.

Häuser Zahl	Zahl der Einwohner aller Gattungen und Alter.			Herrschaften wohin sie gehören.		Dermalige Besitzer.
	männlich.	weiblich.	Summe			
9	50	14	64	H. Arnau	.	Gr. Bolza.
17	35	53	83	— Dymokur	.	Gr. Kolloredo.
15	48	51	99	— Arnau	.	Gr. Bolza.
35	134	130	264	— Chlumetz	.	Gr. Kinsky.
18	124	145	369	— Starkenbach	.	Gr. Harrach.
12	116	121	237	— Kumburg	.	Gr. Trautmannsdorf
17	49	50	99	G. Smrkowitz	.	K. Kammer.
140	378	380	758	H. Hohenelbe	.	Gr. Morzin.
31	62	74	136	— Dymokur	.	Gr. Kolloredo.
42	156	138	294	— Podiebrad	.	K. Kammer.

Namen der Ortschaften.	Was der Ort sey.	Pfarrey oder Lokalie.
Oberneudorf, s. Neudorf.		
Oberoppollan, Opolan, .	Dorf	Libin N. L.
Oberprausnitz, s. Prausnitz.		
Oberrochlitz, s. Rochlitz.		
Oberstiepanitz, s. Stiepanitz.		
Oberzames, s. Zames.		
Obiedowitz, Wobiedowitz, .	Dorf	Kratengu Pf.
Obora, Wobora, Gestütt .	Dorf	Chomutitz Pf.
Ochsengraben, s. Hoheinelbergebirg.		
Odrzeps, Odrzepes, Odrzepsy, .	Dorf	Libitz N. Pf.
Ols, s. Els.		
Oppoeschnitz, Opocinis, Wopocinitz, Wopocjinecz, .	Dorf	Wrbitz N. Pf.
Osek, s. Wosek.		
P.		
Paka alt, Stará Paka, Pakau,	Dorf	Neupaka Pf.
Para neu, Nowá Paka nad Roketnicze, .	Markt	Neupaka Pf.
Pamietnik, Pomednik, .	Dorf	Chlumetz D.
Passnicze, s. Baschnitz.		
Parek, .	Dorf	Podiebrad D.
Parrzjm, .	Häuser	Schlunitz Pf.
Peklowes, Peklo, .	Dörfel	Libun Pf.
Pelsdor, .	Dorf	Hohenelbe D.
Perzimow, Perzinow, .	Dorf	Wemierzitsch N. Pf.
Petrowitz, groß, .	Dorf	Groß Petrowitz Pf.
Petrowitz, klein, Petrowiczky, Petrowiczek, .	Dorf	Groß Petrowitz Pf.
Petscher, .	Dorf	Dobrzichow Pf.
Petzkau, Peczka, Kerustadtl,	Markt	Petzkau D.
Pilnikau, Pilnikow, Sylwaru, Pilingau, Pilingivilla, Pilnikavia, .	Markt	Pilnikau L.
Pilsdorf,	Dorf	Pilnikau L.

Haußt. Zahl	Zahl der Einwohner aller Gattungen und Alter.			Herrschaften, wohin sie gehören.	Dermalige Besitzer.
	männlich.	weiblich.	Summe		
16	36	54	90	H. Podiebrad .	K. Kammer.
34	142	117	259	— Chlumetz .	G. Kinsky.
31	66	84	150	G. Smrkowiz .	K. Kammer.
43	149	137	286	H. Podiebrad .	K. Kammer.
74	250	230	480	— Podiebrad	K. Kammer.
110	299	345	644	— Kumburg .	Gr. Trautmannsdorf
310	812	940	1752	— Kumburg .	Gr. Trautmannsdorf
12	44	38	82	— Chlumetz .	Gr. Kinsky.
33	116	99	215	— Podiebrad .	K. Kammer.
2	2	2	4	G. Wollaniz .	v. Gränzenstein.
10	33	33	66	H. Millitschowes .	Exiesuitenfond.
63	151	157	308	— Hohenelbe .	Gr. Morzin.
88	276	280	556	— Kumburg .	Gr. Trautmannsdor
61	196	184	380	— Smidar .	Gr. Kolloredo.
22	53	67	120	— Horsitz .	Invalideninstitut.
36	93	100	193	— Podiebrad .	K. Kammer.
14				zur H. Radim Kaurzimer Kreises.	
10				zur H.Smogschitz Kaurzimer Kreises.	
5				zur H. Schwarzkostelez Kaurzimer Kreises.	
99	99	122	221	H. Radim .	Religionsfond.
161	379	411	790	G. Peykau .	Religionsfond.
155	379	383	762	H. Wildschitz .	Religionsfond.
133	341	375	716	— Wildschitz .	Religionsfond.

C

Namen der Ortschaften.	Was der Ort sey.	Pfarrey oder Lokalie.
Piseck,	Dorf	Chlumetz. D.
Piskowa Lhotta, s. Lhotta Piskowá.		
Pist,	Dorf	Sadska Pf.
Pitrel,	Mühle	Libitz N. Pf.
Planierbauden, s. hohenelb. Gebirg.		
Plauschnitz, Plaussnicze,	Dorf	Lomnitz D.
Plhow,	Dorf	Mladiegow Pf.
Pulow,	Dorf	Priedhradj L.
Podhay, Podhagn,	Dorf	Radim Pf.
Podhradj, Podhrad,	Markt	Wellisch Pf.
Podiebrad, Kozy brady, Podiebradium,	Stadt	Podiebrad D.
Podmol,	Dorf	Wrbitz N. Pf.
Podolib, Podolnb,	Dorf	Dobrienitz Pf.
Podulsch, Podulek,	Dorf	Eisenstadtl Pf.
Podorzj,	Dörfel	Liebstadtl Pf.
Politschann, Weiß, Bilh Policzany,	Dorf	Lanschow Pf.
Polkendorf,	Dorf	Hermannseifen Pf.
Pollaben, Polabecz,	Dorf	Podiebrad D.
Pollakow,	Mühle	Millerin Pf.
Pommeredorf, s. hohenelb. Gebirg.		
Ponikla	Dorf	Ponikla Pf.
Poppowitz Popowicz,	Dorf	Porrowitz N. L.
Pozarer Hegers Chaluppen, s. Trjesitz.		
Pousche, Pauscht, Bausst,	Dorf	Knieschitz Pf.
Prachow,	Dorf	Wostrujno Pf.
Prasek, Praschek, Prassek, mit Neuhrazer Mühle,	Dorf	Metliczan N. L.
Prausnitz, böhmisch, nieder,	Dorf	Trjemeschna Pf.
Prausnitz, böhmisch, ober,	Dorf	Prausnitz Pf.
Prißelbauden, s. Oberlansgenzu.		
Proschwitz,	Dorf	Arnau D.
Proschwitz, böhmisch, cjeská Proscej,	Dorf	Auslauf N. L.

Häuser Zahl	Zahl der Einwohner aller Gattungen und Alter.			Herrschaften wohin sie gehören.	Dermalige Besitzer.
	männlich.	weiblich.	Summe		
23	93	96	189	H. Chlumetz	Gr. Kinsky.
11	76	76	152	— Podiebrad	K. Kammer.
1	3	—	3	— Podiebrad	K. Kammer.
15	29	37	66	— Radim	Religionsfond.
28	84	96	180	— Wolschitz	Fürstinn Esterhazy.
33	108	121	229	— Podiebrad	K. Kammer.
17	39	45	84	— Radim	Religionsfond.
31	73	92	165	— Wolschitz	Fürstinn Esterhazy.
225	977	1173	1150	— Podiebrad	K. Kammer.
43	155	161	316	— Podiebrad	K. Kammer.
27	70	76	146	G. Strziwann	Gräfinn Netoliczky.
25	79	84	163	H. Kumburg	Gr. Trautmannsdorf
9	24	23	47	— Lomnitz	Gr. Morzin.
50	152	191	343	— Politschan	Graf Kottulinsky.
50	169	175	344	— Wildschitz	Religionsfond.
17	66	77	143	— Podiebrad	K. Kammer.
2	4	9	13	— Milletin	B. Wikanow. Erben
155	591	604	1195	— Branna	Gr. Harrach.
45	129	154	283	— Millitschowes	Exjesuitenfond.
9	21	21	42	Freyhof zu Poppowitz	Lederer.
12	29	33	62	H. Dymokur	Gr. Kolloredo.
15	42	40	82	— Wolschitz	Fürstinn Esterhazy.
81	222	229	451	— Bidschow	Kreisstadt Bidschow.
70	180	194	374	— Arnau	Gr. Bolza.
169	466	511	977	— Arnau	Gr. Bolza.
96	293	298	591	— Arnau	Gr. Bolza.
18	70	62	132	— Kumburg	Gr. Trautmannsdorf

Namen der Ortschaften	Was der Ort sey.	Pfarrey oder Lokalie.
Proschwitz , wüste , puſtá Proſecz,	Dorf	Luſchan Pf.
Przedhradj, Prjedhrad,	Dorf	Prjedhradj L.
Przednj Lhotta, ſieh Lhotta Prjednj.		
Przepich,	Dorf	Wapno Pf.
Przibegſchow,	Dorf	Schiſchelitz Pf.
Przibiſlaw,	Dorf	Bielohrad Pf.
Pſchanek,	Dorf	Petrowitz Pf.
Pſchowes, Pſowes, Pſſowes,	Dorf	Kopidlno Pf.
Pſynitz, Pſiniez,	Dorf	Liban Pf.
Puchlowitz, Puchlowieze	Dorf	Bobarna N. L.
Puſchhäuſer,	Häuſer	Petzkau D.
Puttowes, ſ. Buttewes.		

R.

Radim,	Dorf	Radim Pf.
Radoweſultz,	Dorf	Schiſchelitz Pf.
Rakaus,	Mühle	Chlumies D.
Rakonik, ober,	Mühle	Chotesch N. L.
Rakonik, unter, Rakonik doleni,	Mühle	Chotesch N. L.
Raſchin,	Dorf	Gerſchitz Pf.
Raſchowitz, Raſowieze,	Dorf	Chleb L.
Raſoch, Roſochy,	Dorf	Schiſchelitz Pf.
Ratkin,	Dorf	Petzkau D.
Ratſchan, Raczan,	Dorf	Wrbitz N. Pf.
Ratſchin	Vorſt. v. Lomnitz	Lomnitz D.
Raudnitz,	Dorf	Wittkowitz N. Pf.
Rennerbauden, ſ. hohenelb. Gebirg.		
Ribnitſchek, Ribniezek, Rnbniezek,	Dörfel	Woſtruzno Pf.
Richlow,	Dorf	Stiepanitz Pf.
Robaus,	Dorf	Gitſchin D.
Rochlitz , nieder, Roketnicze doleni,	Dorf	Rochlitz Pf.

Häuser Zahl	Zahl der Einwohner aller Gattungen und Alter.			Herrschaften wohin sie gehören.	Dermalige Besitzer.
	männlich.	weiblich.	Summe		
16	48	69	117	H. Kumburg	Gr. Trautmannsdorf
20	87	66	153	— Podiebrad	K. Kammer.
14	61	55	116	— Chlumetz	Gr. Kinsky.
27	83	82	165	— Chlumetz	Gr. Kinsky.
15	36	32	68	— Bielohrad	Gr. Schafgotsch.
22	57	64	121	— Horzitz	Invalideninstitut.
55	128	127	255	— Kopidlno	Gr. Schlick.
38	104	107	211	— Kopidlno	Gr. Schlick.
30	71	70	141	G. Puchlowitz	Baron Aßfeld.
3	4	6	10	— Petzkau	Religionsfond.
54	152	170	322	H. Radim	Religionsfond.
36	116	139	255	— Podiebrad	K. Kammer.
1	3	3	6	— Chlumetz	Gr. Kinsky.
1	2	5	7	G. Chotesch.	Paulaner zu Neupak
1	2	3	5	— Chotesch	Paulaner zu Neupak
23	49	49	98	H. Horzitz	Invalideninstitut.
20	59	76	135	— Podiebrad	K. Kammer.
20	55	63	118	— Chlumetz	Gr. Kintzky.
26	78	82	160	G. Petzkau	Religionsfond.
17	47	46	93	H. Podiebrad	K. Kammer.
32	80	83	163	— Lomnitz	Gr. Morzin.
39	145	164	309	— Branna	Gr. Harrach.
6	16	27	43	— Mokschitz	Fürstinn Esterhazy.
25	103	112	215	— Branna	Gr. Harrach.
129	121	143	264	— Kumburg	Gr. Trautmannsdor
3	7	7	14	— Millitschowes	Exjesuitenfond.
10	32	32	64	— Radim	Religionsfond.
5	9	9	18	Freyh. Popowitz	Lederer.
188	649	701	1350	H. Starkenbach	Gr. Harrach.

Namen der Ortschaften.	Was der Ort sey.	Pfarrey oder Lokalie.
Rochlitz, ober, Rokernicze horjenî,	Dorf	Rochlitz Pf.
Rohozma, Rohoznicz,	Dorf	Milletin Pf.
Rohosnitz,	Dorf	Milletin Pf.
Roschkopow, Roskopow,	Dorf	Neupaka Pf.
Rostok, Rostoky, Roztok,	Dorf	Rostok L.
Rotherzemessna, sieh Trzemeschna.		
Rothweisseli, s. Wesseli.		
Rowniarzchow, Ronnaczew,	Dörfel	Rostok L.
Rozehnal, mit einer Mühle,	Dörfel	Schischelitz Pf.
Rzanow, Rzanow,	Mayerhof	Warno Pf.
Rudolpbowitz, Rudolfiowicze,	Dorf	Lomnitz D.
Ruppersdorf, Ropprechtitz,	Dorf	Ruppersdorf Pf.
Rwarschow, Wreha,	Dorf	Lomnitz D.
Rzebersch, Rzebecz,	Dorf	Luschan Pf.
Rzehot, Rzehota,	Dörfel	Werliczan N. L.
Rzeczicz, Rzetschitz,	Dörfel	Lauschow Pf.
Rzidelez,	Dorf	Chotesch N. L.
Rzmenin,	Dorf	Marquartitz Pf.
S.		
Saborow, Zaborow,	Dörfel	Lauschow Pf.
Sabrzes, Zabrzeg,	Dorf	Lauschow Pf.
Sadowa, Sadow, Sadown,	Dörfel mit einem Schloße	Dohalitschka Pf.
Sadska, Sazka, Saczko, Sadezka,	Markt	Sadska Pf.
Sahornitz, Zahornitz,	Dorf	Knieschitz Pf.
Salenbach, Sahlenbach,	Dorf	Rochlitz Pf.
Salles, Sales, Zalesj,	Dörfel	Lauschow Pf.
Samichin, Samssina,	Dorf	Samschin Pf.
Sa atka, s. Huttendorf.		
Saudna,	Dörfel	Gitschin D.
Schabata,	Wirthshaus	Aumislowitz N. L.
Schandow, s. Zantow.		

Häuſer Zahl	Zahl der Einwohner aller Gattungen und Alter.			Herrſchaften, wohin ſie gehören.	Dermalige Beſitzer.
	männlich.	weiblich.	Summe		
255	840	947	1787	H. Starkenbach .	Gr. Harrach.
37	103	106	209	— Millerin .	Bar. Wlkanow. Erben.
33	98	129	227	— Politſchan . .	Gr. Kottulinſky.
56	154	165	319	— Kumburg .	Gr. Trautmannsdorf.
113	342	403	745	— Starkenbach .	Gr. Harrach.
6	17	17	34	— Starkenbach .	Gr. Harrach.
3	6	9	15	M. Forſt .	Graf Chorinſky.
9	29	34	63	H. Chlumetz .	Gr. Kinſky.
1	3	2	5	— Podiebrad .	K. Kammer.
1	9	12	21	— Chlumetz .	Gr. Kinſky.
28	68	70	138	— Lomnitz .	Gr. Morzin.
5	14	18	32	— Starkenbach .	Gr. Harrach.
160 Häuſer gehören nach Semil im Bunzlauer Kreiſe.					
13	39	36	75	— Lomnitz .	Gr. Morzin.
12	55	48	103	— Kumburg .	Graf Trautmannsdorf.
3	6	11	17	— Bidſchow .	Kreisſtadt Bidſchow.
4	17	14	31	G. Ejerekwitz .	Gr. Browne.
2	8	6	14	H. Politſchan .	Gr. Kottulinſky.
28	65	86	151	— Bielohrad .	Gr. Schäfgotſch.
34	94	112	206	— Kepidlno . .	Gr. Schlick.
7	21	26	47	— Politſchan .	Gr. Kottulinſky.
13	39	39	78	— Politſchat .	Gr. Kottulinſky.
9	55	63	118	— Sadowa. .	v. Gränzenſtein.
213	657	665	1322	— Podiebrad .	K. Kammer.
88	272	259	531	— Dymokur .	Gr. Kolloredo.
78	286	308	594	— Starkenbach .	Gr. Harrach.
10	30	35	65	— Politſchau .	Gr. Kottulinſky.
29	93	94	187	— Wolſchitz .	Fürſtinn Eſterhazy.
9	26	17	43	— Millitſchowes .	Exjeſuitenfond.
1	6	5	11	— Podiebrad .	K. Kammer.

Namen der der Ortschaften.	Was der Ort sey.	Pfarrey oder Lokalie.
Schaplawa, Ssaplawa,	Dorf	Liskowiß N. L.
Schebun, sieh Zebun.		
Scheikowiß s. Zelkowiß.		
Schereriß, s. Zereriß.		
Schidowiß, Zidowiß,	Dorf	Chroustow N. L.
Schrichelliß s. Zrielicz.		
Schittierin, Zittierin,	Dorf	Slatin Pf.
Schlibowiß, Slibowicz,	Dorf	Luscheß Pf.
Schlottawa,	Dörfel	Nimburg D.
Schluniß, Sluniß,	Dorf	Schluniß Pf.
Schmiddorf,	Dörfel	Langenau Pf.
Schönelahn s. hohenelber Gebirg.		
Schreibendorf,	Dörfel	Hohenelbe D.
Schwarzenthal, Schwarz; thal,	Markt	Schwarzenthal N. L.
Sebin,	Mayerhof	Gitschin D.
Sedleß, Sedlecz,	Dorf	Lanschow Pf.
Sedlische, Sedlisst,	Dorf	Liban Pf.
Seifenbach,	Dorf	Harrachsdorf N. L.
Seifenehal s. Thal.		
Sekerzin,	Dorf	Schluniß Pf.
Seniß,	Dorf	Wrbiß N. Pf.
Sezboz s. Absch.		
Sichdichfür,	Dörfel	Rochliß Pf.
Siebengründen s. hohenelb. Gebirg.		
Siegfeld, sonst Kell genannt,	Dorf	Priedbradi L.
Silberstein,	Dörfel	Wildschiß Pf.
Sirienow,	Dorf	Neudorf N. Pf.
Sittowa,	Dorf	Wemierzitsch N. W.
Stochowiß,	Dorf	Luscheß Pf.
Skrzenierz, Alt und Neu,	Dörfel	Hluschiß L.
Skrziwann, Skrziwan, Skrziwann,	Dorf mit einem Schloße	Smidar Pf.
Skubrow, Skurow,	Dorf	Lomniß D.
Slatin Groß und Klein, Slatina,	Dorf	Slatin Pf.
Slaupno,	Dorf	Merliczan N. L.
Slawikow s. Nausow.		
Slawoßiß,	Dorf	Wrseß N. Pf.

Häuser Zahl	Zahl der Einwohner aller Gattungen und Alter.			Herrschaften, wohin sie gehören.	Dermalige Besitzer.
	männlich.	weiblich.	Summe		
23	75	56	132	H. Smidar	Gr. Kolloredo.
38	101	92	193	— Kopidlno	Gr. Schlick.
26	85	83	168	— Wolschitz	Fürstinn Esterhazy.
12	47	55	102	G. Wiklek	Gr. Kinsky.
8	34	37	71	H. Podiebrad	K. Kammer.
[gehört nach Nimburg im Bunzlauer Kreise.					
50	152	132	304	H. Dymokur	Gr. Kolloredo.
5	9	13	22	— Hohenelbe	Gr. Morzin.
11	37	31	68	— Hohenelbe	Gr. Morzin.
65	202	209	411	— Hohenelbe	Gr. Morzin.
4	16	17	33	— Kumburg	Gr. Trautmannsdorf.
16	58	57	115	— Politschan	Gr. Kottulinsky.
30	90	98	188	— Kopidlno	Graf Schlick.
34	123	126	249	— Starkenbach	Gr. Harrach.
47	149	137	286	— Dymokur	Gr. Kolloredo.
19	67	67	134	— Podiebrad	K. Kammer.
11	36	40	76	— Starkenbach	Gr. Harrach.
39	129	124	253	— Podiebrad	K. Kammer.
11	33	35	68	— Wildschitz	Religionsfond.
43	119	136	255	— Kumburg	Gr. Trautmannsdorf.
36	131	134	265	— Starkenbach	Graf Harrach.
36	113	137	250	— Chlumetz	Graf Kinsky.
10	41	34	75	— Smidar	Gr. Kolloredo.
56	197	201	398	G. Skrzimann	Gräfinn Netolitzky.
4	32	43	75	H. Lomnitz	Gr. Morzin.
56	211	217	428	— Wolschitz	Fürstinn Esterhazy.
47	213	198	411	G. Slaupno	Kloster Braunau.
48	134	138	272	H. Kopidlno	Graf Schlick.

Namen der Ortschaften.	Was der Ort sey.	Pfarrey oder Lokalie.
Slemeno, Slem,	Dorf	Kallna Pf.
Sliw, Zliw,	Dorf	Liban Pf.
Slowetsch, Slowecj,	Dorf	Königstadtl Pf.
Smidar, Smidary,	Markt mit einem Schloße	Smidar Pf.
Smrkowitz Groß, Welkß Smrkowicze,	Dorf	Chomutiß Pf.
Smrkowitz klein, auch neü, Smrkowiczly,	Dorf	Chomutiß Pf.
Sobieras, Sobieraz,	Dorf	Kadim Pf.
Sobietitz, Sowieticz,	Dorf	Untertschomeß Pf.
Sobietusch,	Dorf	Nechaniß Pf.
Sobschiß, Sobjicze,	Dorf mit einem Schloße	Chomutiß Pf
Sokoletsch, Sokalecj,	Dorf	Prjedbradj L.
Spiegelbauden sieh hohenelber Gebirg.		
Srbeß,	Dorf	Wrbiß N. Pf.
Starkenbach s. Gilemnicz.		
Stank, Stankow,	Dorf	Peßkau D.
Starabura,	Dörfel	Chomutiß Pf.
Stara Paka, s. Paka Alt.		
Stara Woda, s. Altwasser.		
Stary Hrady, s. Altenburg.		
Starymjsto,	Dorf	Wostrusno Pf.
Staw,	Dorf	Auslauf N. L.
Stidla, Stydla,	Dorf	Wellisch Pf.
Stiepaniß, Sstiepanicze,	Dorf	Auslauf N. L.
Stiepaniß nieder, doleni Sstiepanicze, Dolesstiepanice,	Dorf	Stiepaniß Pf.
Stiepaniß ober, Esstiepanicze Wrchuj, Horzeujsstiepanicze,	Dorf	Stiepaniß Pf.
Stikau, Stikow, Stikowy,	Dorf	Neupaka Pf.
Stinow,	Mayerhof	Smidar Pf.
Stitt, Schtit,	Dorf	Waxno Pf.
Straschow, Strassow,	Dorf	Waxno Pf.
Stratschow, Stracjow,	Dorf	Petrowiß Pf.
Struschineß, Strujinecj,	Dorf	Komniß D.

Häuser Zahl	Zahl der Einwohner aller Gattungen und Alter.			Herrschaften wohin sie gehören.	Dermalige Besitzer.
	männlich	weiblich	Summe		
[19]	45	53	98	G. Ciista	Graf Morzin.
2	3	6	9	H. Branna	Graf Harrach.
34	99	97	196	— Kopidlno	Graf Schlick
62	168	169	337	— Domofur	Gr. Kolloredo.
445	396	487	883	— Smidar	Gr. Kolloredo.
62	166	104	370	G. Smrkowitz	K. Kammer.
23	67	61	128	— Smrkowitz	K. Kammer
49	130	129	259	H. Radim	Religionsfond.
30	94	89	183	— Sadowa	von Gränzenstein.
25	59	72	131	— Sadowa	v. Gränzenstein.
68	158	170	328	G. Sobschitz	Religionsfond.
40	129	148	277	H. Podiebrad	K. Kammer.
16	63	67	135	— Podiebrad	K. Kammer.
18	47	61	108	G. Petzkau	Religionsfond.
8	18	17	35	— Sobschitz	Religionsfond.
19	46	63	109	H. Wolschitz	Fürstinn Esterhazy.
28	97	98	195	— Kumburg	Graf Trautmannsdorf.
15	47	45	92	— Wokschitz	Fürstinn Esterhazy.
13	29	37	66	— Radim	Religionsfond.
67	215	245	460	— Branna	Graf Harrach.
10	139	152	291	— Branna	Graf Harrach.
41	115	121	236	G. Petzkau	Religionsfond.
9	9	13	22	— Skřiwann	Gräfinn Netolitzky.
11	38	42	80	H. Chlumetz	Graf Kinsky.
24	89	94	183	— Chlumetzl	Gr. Kinsky.
45	130	263	393	G. Stratschow	Gräfinn Bredau.
68	169	189	358	H. Lomnitz	Graf Morzin.

Namen der Herrschaft.	Was der Ort sey.	Pfarrey oder Lokalie.
Striellersch, Strjelici, .	Dorf	Mladiegow Pf.
Strjewacich, Strjemacj, .	Dorf	Wellisch Pf.
Straubnitz,	Dorf	Wesseli Pf.
Strzichow, .	Dorf	Königstadtl Pf.
Studeneh, Studanka, .	Dorf	Studeneh L.
Studian, Studnian, .	Dorf	Radim Pf.
Studinka, .	Dorf	Neupaka Pf.
Stupnay, Stupna, .	Dorf	Peßkau D.
Sucha, .	Dorf	Nechaniß Pf.
Sukorad, Sukorat, .	Dorf	Lißkowiß N. L.
Sutiß, Schutiß, .	Dörfel	Semill Pf.
Swidniß, Swydniß, .	Dorf	Königstadtl Pf.
Swierla, .	Dörfel	Semill Pf.
Swirschin, .	Dorf	Böhm. Brausniß
Swogel, .	Dorf	Liebstadtl Pf.
Swykow, Zwikow, .	Dorf	Voharna N. L.
Syrowatka, .	Dorf	Dobrjeniß Pf.

T.

Tafelbauden, sieh hohenelb. Gebirg.		
Tample, .	Dorf	Rostok L.
Tettin, .	Dorf	Milletin Pf.
Thal, Neuseifen, Seifenthal,	Dorf	Junabuch Pf.
Theresiengab, Tereziedar, .	Dorf	Chomutiß Pf.
Tieschin, .	Dörfel	Eisenstadtl Pf.
Tikow, .	Dörfel	Lomniß D.
Tunaw, Trnawa, .	Dorf	Babiß N. L.
Trotein Groß, .	Dorf	Lanschow Pf.
Trotein klein, Malecj, .	Dörfel	Milletin Pf.
Trübenwasser s. Jungbuch.		
Trotein, Trotin, .	Baadhaus	Milletin Pf.
Triebibosch, Trjebihoß, .	Dorf	Milletin Pf.
Trjewnauschowes groß, Trjebniauschowes, Trjeb-nauschwes,	Dorf	Horjiß Pf.
Trjebnauschowes klein, sonst Eileney genannt, .	Dörfel	Horjiß Pf.
Trjebowietiß, .	Dorf	Lanschow Pf.

Haüſer Zahl	Zahl der Einwohner aller Gattungen und Alter. männlich	weiblich	Summe	Herrſchaften wohin ſie gehören.	Dermalige Beſitzer.
19	52	48	100	H. Woſichiz	Fürſtinn Eſterhazy.
6	117	132	249	— Woſichiz	Fürſtinn Eſterhazy.
19	55	55	110	G. Turz	K. Kammer.
47	135	126	261	H. Domokur	Graf Kolloredo.
111	270	300	570	G Studenez	Gr. Chorinsko.
45	123	118	241	H. Radim	Religionsfond.
19	50	48	98	— Kumburg	Graf Trautmannsdorf.
72	172	197	359	G. Pezkau	Religionsfond.
47	130	129	259	H. Sadowa	von Gränzenſtein.
33	86	79	165	— Horjiz	Invalideninſtitut.
3	9	5	14	— Lomniz	Graf Morzin.
36	98	98	196	— Domokur	Graf Kolloredo.
5	10	10	20	— Lomniz	Gr. Morzin.
42	131	145	277	— Politſchan	Gr. Kottulinsko.
35	113	107	220	— Kumburg	Gr. Trautmannsdorf.
16	40	47	87	G. Swykow	Richter.
31	68	83	151	— Sprowatka	von Klamer.
40	114	121	235	H. Kumburg	Graf Trautmannsdorf.
17	54	48	102	— Milletin.	B. Wlkanowſ. Erben
17	42	42	84	— Wildſchiz	Religionsfond.
19	54	52	106	G. Emrkowiz	K. Kammer.
11	25	29	54	— Millitſchowes	Exjeſuitenfond.
4	11	11	22	H. Lomniz	Graf Morzin.
26	95	87	183	G. Kuntſchiz	Gr. Klary.
22	74	61	135	H. Politſchan	Gr. Kottulisky.
7	19	22	41	— Milletin	B. Wlkanow. Erben
1	3	2	5	— Milletin	B. Wlkanow. Erben
10	142	139	281	— Politſchan	Gr. Kottulisky.
4	123	143	266	— Horjiz	Invalideninſtitut.
9	21	30	51	— Horjiz	Invalideninſtitut
49	149	150	299	G. Cjerekwiz	Er. Browne.

Namen der Ortschaften.	Was der Ort sey.	Pfarrey oder Lokalie.
Trjemeschna Roth, Czerwena Trjemessua,	Dorf	Milletin Pf.
Trjemeschna, Weiß Trjemejna,	Dorf	Trjemeschna Pf.
Trjesitz,	Mayerhof	Mlikostb N. L.
Trjesitzer Mühle, nebst Pozarner Hegerschaluppeu,	einzelne Häuser	Kratenau Pf.
Trjesowitz, Trjesowicz,	Dorf	Dohalitschka Pf.
Trzienitz,	Dorf	Chomutiz Pf.
Tschermna, Czermna Ober, und Unter,	Dorf	Arnau D.
Tscherna sieh Czerna.		
Tschernin s. Czernin.		
Tschernutek s. Czernutek.		
Tscheschow s. Czeschow.		
Tschihar,	Schäferey	Luschez Pf.
Tschista s. Czista.		
Tuhani, Tuchau, Tuhiau,	Dorf	Lomniz D.
Tunie,	Dörfel	Nechaniz Pf.
Turz, Turjo, Tursch,	Dorf mit einem Schloße	Poppowiz N. L.
Tuschin, Tujin,	Dorf	Radim Pf.
Tykow, Dikow,	Dörfel	Mlasowiz L.

U.

Ugezd s. Augezd.
Uhlirz s. Aulirj.
Unteraugezd s. Augezd, unter.
Unterbranna s. Hennersdorf.
Unterdohaliz s. Dohaliz.
Unterels s. Els.
Untergutwasser s. Gutwasser.
Unterjaworz s. Jaworj.
Unterlochow s. Lochow.
Unterlomniz s. Lomniz unter,
Unternausow s. Nausow.
Unterzames s. Zames.

Häuser Zahl	Zahl der Einwohner aller Gattungen und Alter.			Herrschaft wohin sie gehören.	Dermalige Besitzer.
	männlich	weiblich	Summe		
10	91	79	170	H. Milletin	B. Wlkanow. Erben.
75	174	165	339	G. Trjemeschna	von Gränzenstein.
1	11	12	23	H. Chlumetz	Graf Kinsky.
3	6	7	13	— Chlumetz	Gr. Kinsky.
39	106	98	204	— Sadowa	von Gränzenstein.
45	157	180	337	— Kumburg	Gr. Trautmannsdorf.
121	308	287	595	G. Tscherinna	Rit. Sablo v. Wrajny.
1	8	5	13	H. Chlumetz	Graf Kinsky.
42	116	101	217	— Lomnitz.	Graf Morzin.
6	12	11	23	— Sadowa	von Gränzenstein.
43	129	136	265	G. Turj	Gitschiner Stiftungsf.
33	83	84	167	H. Radim	Religionsfond.
2	10	6	16	— Kumburg	Gr. Trautmannsdorf.
8	23	24	47	— Horjitz	Invalideninstitut.

Namen der Ortschaften.	Was der Ort sey.	Pfarrey oder Lokalie.
V.		
Vorderzbirnitz s. Zbirnitz.		
W.		
Waldau, Waldow, Waldau,	Dorf	Chotetsch N. L.
Walditz,	Dorf	Radim Pf.
Walditz, Waldicze,	Dörfel	Liebstadtl Pf.
Waltersdorf, Waltierzic,	Dorf	Branna Pf.
Wapno,	Dorf	Wapno Pf.
Waschitz, Wajicz,	Dorf	Liban Pf.
Weigelsdorf,	Dorf	Wildschitz Pf.
Weissenburg s. Bielohrad.		
Weißewiese s. hohenelb. Geb.		
Weißpolitschan s. Politschon.		
Weißerzemeschna s. Trzemeschna		
Welhoscht, Wlhoßt,	Dorf	Wesseli Pf.
Welbot, Lhotta,	Dorf	Petzkau D.
Wellehradek, Welehradek,	Dörfel	Lanschow Pf.
Wellenitz,	Dorf	Cziniowes Pf. u. lenitz reformirt. L
Welleschitz,	Dorf	Wesseli Pf.
Wellim, Welim,	Dorf	Priedbradj L. u. lim reformirtes L
Wellisch Alt, Wellisch, Wellitz nad Griczinem,	Dorf	Wellisch Pf.
Wemierzitsch, Wemerzicz, Mrziczna,	Dorf	Wemierzitsch N.
Wesecz,	Dorf	Wellisch Pf.
Wesseli hoch, roth, Wesseli wsoké, czerwené,	Markt	Wesseli Pf.
Westez, Wesecz, Weszeze,	Dorf	Chleb L.
Wichau, Wichowa,	Dorf	Starkenbach Pf.
Wldach, Widochow, Witochau, Widechow,	Dorf	⌈Kallna Pf. ⌊Neupaka Pf.
Widoln, Widon,	Dorf	Milletin Pf.
Widonitz, Widentsch,	Dorf	Petzkau D.
Wizlek, groß,	Dorf	Bicronitz N. L.
Wizlek klein,	Dorf	Wapno Pf.

Häuser Zahl	Zahl der Einwohner aller Gattungen und Alter.			Herrschaften, wohin sie gehören.	Dermalige Besitzer.
	männlich.	weiblich.	Summe		
44	121	119	240	G. Chotetsch	Paulaner zu Neupaka
2	7	6	13	H. Bielohrad	Graf Schafgotsch.
24	61	71	132	— Radim	Religionsfond.
8	25	28	53	— Kumburg	Gr. Trautmannsdorf
116	403	397	800	— Branna	Graf Harrach.
26	70	74	144	— Chlumetz	Gr. Kinsky.
14	30	42	72	— Kopidlno	Gr. Schlick.
58	152	171	323	— Wildschitz	Religionsfond.
9	zur Stadt Trautenau Königgrätzer Kreises.				
21	48	53	101	G. Turj	Gitschiner Stiftungs
28	66	70	136	— Betzkau	Religionsfond.
6	22	23	45	H. Politschan	Gr. Kottulinsky.
27	104	91	195	— Podiebrad	K. Kammer.
23	65	75	140	G. Wesseli, hoch	Fürst Paar.
49	186	197	383	H. Podiebrad	K. Kammer.
27	80	105	185	— Wolschitz	Fürstinn Esterhazy.
145	401	413	814	— Starkenbach	Graf Harrach.
11	49	60	109	H. Wolschitz	Fürstinn Esterhazy.
114	332	348	680	G. Wesseli	Fürst Paar.
11	82	86	168	H. Podiebrad	K. Kammer.
190	376	421	797	— Branna	Gr. Harrach.
53	153	157	310	G. Petzkau	Religionsfond.
17	35	49	84	— Petzkau	Religionsfond.
18	53	57	110	H. Milletin	B. Wlkanow. Erben
26	64	67	131	G. Petzkau	Religionsfond.
35	142	128	270	G. Willek groß	Gr. Kinsky.
15	50	63	113	H. Chlumetz	Gr. Kinsky.

Namen der Ortschaften.	Was der Ort sey.	Pfarrey oder Lokalie.
Wildschitz, Wlezieze, ehedem Wolfowitz,	Dorf	Wildschitz Pf.
Winar, Winary,	Dorf	Schlunitz Pf.
Winikle,	Wirthshaus	Liebstadtl Pf.
Winitz, Winicie,	Dorf	Knieschitz Pf.
Wisorichau, Wisoczan mit Woseker Mühle,	Dorf	Bidschow D.
Wittkowitz, Witkowitz, Witkowieze s Snslausra, a Kottowa Baudau,	Dorf	Wittkowitz N. Pf.
Wittiniowes, Witinowes,	Dorf	Nemitschowes N. L.
Wlkanow,	Dörfel	Millecin Pf.
Wlkow,	Dörfel	Luschetz Pf.
Wobora sieh Obora.		
Wogitz,	Dorf	[Chomutitz Pf. [Luschan Pf.
Wogtieschitz, Wogtiessieze,	Dorf	Jablonetz Pf.
Woharzitz,	Dorf	Samschin Pf.
Wohawersch, Wohawecz,	Dorf	Wostrujno Pf.
Wohnischtian, Alt und Neu-wohnischtian, Wohnihnis-stiann, Wohnisstan,	Dorf	Chomutitz Pf.
Wokrauhly, Wokrauhlik,	Dörfel	Bielohrad Pf.
Wokschitz, Wokssyeze, Oks-syeze,	Schloß	Wellisch Pf.
Wokrzinek,	Dörfel	Wrbitz N. Pf.
Woleschnitz, Woleschnieze,	Dorf	Chlumetz D.
Wolfsberg,	Dorf	Wrbitz N. Pf.
Wollanitz, Wolanicz,	Dorf	[Wesseli Pf. [Schlunitz Pf.
Wollarna,	Dörfel	Dohalitschka Pf.
Wosek, Osek,	Dorf	Chroustow N. L.
Woserschek, Wosecjek, Klein-wosek,	Dorf	Przedhradi L.
Wostromierz, Wostromirz,	Dorf	Chomutitz Pf.
Wostrow,	Dorf	Horzitz Pf.
Wostrow,	Mühle	Milkoseb N. L.
Wostrujno, Wostrujan, Ostrzezan,	Dorf	Wostrujno Pf.
Wottus,	Dorf	Gerichitz Pf.
Wrbitz, Wrbieze,	Dorf	Wesseli Pf.

| Dunkle Zahl | Zahl der Einwohner aller Gattungen und Alter. | | | Herrschaften, wohin sie gehören. | Dermalige Besitzer. |
	männlich.	weiblich.	Summe.		
172	512	565	1087	H. Wildschitz	Religionsfond.
31	28	94	182	G. Winar	Gr. Kinsky.
1	2	4	6	H. Lomnitz	Gr. Morzin.
31	80	86	166	— Dymokur	Gr. Kolloredo.
31	100	81	181	— Bidschow	Stadt Bidschow.
201	725	796	1521	— Branna	Graf Harrach.
53	147	179	326	— Millitschowes	Exiesuitenfond.
10	22	27	49	— Milletin	B. Wlkanowsche Erb.
5	23	33	56	— Chlumetz	Gr. Kinsky.
[13	32	28	60	G. Wogitz	Religionsfond.
[66	165	151	315	— Wogitz	Religionsfond.
26	87	106	193	H. Starkenbach	Graf Harrach.
29	84	84	168	— Wolfchitz	Fürstinn Esterhazy.
18	65	60	125	— Wolfchitz	Fürstinn Esterhazy.
72	209	220	429	G. Smrkowitz	K. Kammer.
5	20	21	41	H. Bielohrad	Graf Schafgotsch.
2	32	47	79	— Wolfchitz	Fürstinn Esterhazy.
4	11	10	21	— Podiebrad	K. Kammer.
16	68	74	142	— Chlumetz	Gr. Kinsky.
21	69	59	128	— Podiebrad	K. Kammer.
[12	54	55	109	G. Wollanitz	von Gränzenstein.
[68	171	180	351	— Wollanitz	v. Gränzenstein.
6	13	16	29	H. Sadowa	v. Gränzenstein.
35	102	93	195	— Dymokur	Graf Kolloredo.
33	105	125	230	— Podiebrad	K. Kammer.
61	154	166	320	G. Sobschitz	Religionsfond.
21	55	58	113	H. Horjin	Invalideninstitut.
1	2	4	6	— Chlumetz	Gr. Kinsky.
34	104	103	207	— Wolfchitz	Fürstinn Esterhazy.
16	52	53	105	G. Gerschitz	Fürst Paar.
[42	125	127	252	H. Millitschowes	Exiesuitenfond.
[1	5	2	7	— Wolfchitz	Fürstinn Esterhazy.

Namen der Ortschaften.	Was der Ort sey.	Pfarrey oder Lokalle.
Wrbiß,	Dorf	Wrbiß N. Pf.
Wrcha sieh Kwatschow.		
Wrchowina,	Dorf	Nenpaka Pf.
Wrchownitz, Wrchnowiez,	Dorf	Horziniowes Pf.
Wrsetz, Wrssecz, Wesetz,	Dorf	Wrsetz N. Pf.
Wrzeinik,	Dorf	Bielohrad Pf.
Wüste Proschwitz s. Prosch-witz wüste.		
X.		
Xawerowitz,	Dorf	Lomnitz D.
Z.		
Zabledau, Zabedau,	Dorf	Metlicjan N. L.
Zaborow s. Saborow.		
Zabrjez s. Sabrjes.		
Zachraschtian,	Dorf	Bibschow D.
Zadraschan, Zadraschbian,	Dorf	Bidschow D.
Zahornicz s. Sahornitz.		
Zahub,	Dorf	Liban Pf.
Zakaurj,	Dörfel	Stiepanitz Pf.
Zalesy s. Sales.		
Zames ober, Zamez,	Dörfel	Eisenstädtl Pf.
Zames unter, Zamezy,	Dorf	Eisenstädtl Pf.
Zamost,	Dorf	Mladiegow Pf.
Zantow, Schantow, Zan-dow.	Dörfel	Luschetz Pf.
Zbierz, Zbernik,	Dorf	Wesseli Pf.
Zbosch, Zboji, Ssboj,	Dorf	Auslauf N. L.
Zboschy, Zboji,	Dorf	Pobiebrad D.
Zbranie, Zbran,	Dörfel	Schischelitz Pf.
Zdiar,	Dorf	Lewin N. L.
Zdiar,	Dorf	Neudorf N. Pf.
Zdirecz, Zdirecj,	Dörfel	Lewin N. L.
Zdirnitz hinter, Zadny Zdir-nicje,	Dorf	Kallna Pf.

Conscriptions Zahl	Zahl der Einwohner aller Gattungen und Alter.			Herrschaften wohin sie gehören.	Dermalige Besitzer.
	männlich.	weiblich.	Summe		
4	136	131	267	H. Podiebrad	K. Kammer.
70	185	203	388	— Kumburg	Gr. Trautmannsdorf
15	39	45	85	G. Czereckwitz	Gr. Browne.
39	134	138	272	H. Kopidlno	Gr. Schlick.
31	70	89	159	— Milletin	B. Wlkanow. Erben
12	34	31	65	H. Lomnitz	Gr. Morzin.
27	48	57	105	— Bidschow	Kreisstadt Bidschow.
32	90	89	179	— Bidschow.	Kreisstadt Bidschow.
21	65	44	109	— Bidschow	Kreisstadt Bidschow.
16	45	60	105	— Kopidlno	Gr. Schlick.
9	51	49	100	— Branna	Graf Harrach.
10	33	36	69	— Millitschowes	Exjesuitenfond.
18	69	76	145	— Kumburg	Gr. Trautmannsdorf
12	37	41	78	— Wolschitz	Fürstinn Esterhazy.
9	22	26	48	— Chlumetz	Gr. Kinsky.
80	230	221	441	G. Turj	Gitsch. Stiftungsfond
47	141	136	277	H. Radim	Religionsfond.
2	8	6	14	— Kumburg	Gr. Trautmannsdorf
44	181	161	342	— Podiebrad	K. Kammer.
9	29	24	53	— Chlumetz	Graf Kinsky.
28	93	89	182	— Starkenbach	Graf Harrach.
30	74	80	154	— Radim	Religionsfond.
8	20	22	42	— Starkenbach	Graf Harrach.
32	84	78	162	Gut Ejista	Gr. Morzin.

Namen der Ortschaften.	Was der Ort sey.	Pfarrey oder Lokalie.
Zdirniß vorder , Prjednj Zdirnicze,	Dorf	Kallna Pf.
Zdobin,	Dörfel	Millerin Pf.
Zdechowiß, Zdechowiß,	Dorf	Merliczan N. L.
Zehun, Schehun, Zehau ꝛc,	Dorf	Zehun Pf.
Zelkowiß, Schelkowiß, Zelkowicze,	Dorf	Horziniowes Pf.
Zellecha,	Mühle	Lomniß D.
Zellegow, Zelegow,	Dorf	Millerin Pf.
Zereriß, Zereticze, Scheretiß,	Dorf	Wesseli Pf.
Zialy, Zalj, Heidelberg,	Dörfel	Stiepaniß Pf.
Zichow,	einzelnes Haus	Lomniß D.
Zidowiß, sieh Schibowiß.		
Zirierin s. Schittierin.		
Zizeliß, Zijelicze, Ssisselicze, Schischeliß,	Markt	Zijeliß Pf.
Zlabek, Schlopek,	Häuser	Tacobie N. L.
Zliw s. Sliw.		
Zluniß s. Schluniß.		
Zwierzinek,	Dorf	Sadska Pf.
Zwolkow s. Swoykow.		

Häuser Zahl	Zahl der Einwohner aller Gattungen und Alter.			Ortschaften wohin sie gehören.	Dermalige Besitzer.
	männlich.	weiblich.	Summe		
20	51	57	108	Gut Cjista .	Gr. Morzin.
6	25	21	46	H. Velitschann .	Gr. Kottulinsky.
31	93	81	174	— Bidschow .	Kreisstadt Bidschow.
53	194	214	408	— Chlumez .	Gr. Kinsky.
24	69	80	149	G. Cjerekwitz .	Gr. Browne.
1	2	3	5	H. Lemnitz .	Gr. Morzin.
14	57	49	106	— Milletin .	B. Wlkanow. Erben.
75	225	193	418	G. Turj .	Gitschiner Stiftungsf.
31	29	34	63	H. Branna .	Graf Harrach.
1	2	2	4	— Lomnitz .	Gr. Morzin.
173	492	493	985	— Chlumez .	Gr. Kinsky.
2	7	6	13	— Lomnitz .	Gr. Morzin.
20	64	81	145	— Podiebrad .	K. Kammer.

*　　　*　　　*

Vorstehendes Oerterverzeichniß des Bidschower Kreises ist im Jah
re 1788. verfaßt worden. Da sich aber seit der Zeit sowohl die
Population, als die Häuserzahl merklich vermehrt hat, und zwar
letztere besonders daher, weil verschiedene Mayerhöfe zerstückt und
den Unterthanen überlassen worden, welche denn hier und da neue
Häuser und Chaluppen angelegt haben, und denn in diesem Kreise,
so wie im ganzen Königreiche der Zuwachs an Gebornen größer
ist, als der Abgang von Verstorbenen; so wird es nicht mißfallen,
wenn, wie man aus neuerlichen im heurigen Frühjahre gefertigten
Tabellen ersehen hat, die Vermehrung der Häuserzahl kürzlich bemerkt wird.

Sie hat sich auf der Herrschaft Arnau um 3, Häuser, auf
der H. Bielohrad um 5. auf den beyden Herrschaften Branna
und Starkenbach um 105, auf der H. Chlumetz, mit Inbegriff
eines aus einem zerstückten Mayerhofe neuangelegten aus 30 Häusern bestehenden Dorfs, Weißchinitz genannt, um 84 Häuser,
bey dem Gute Chotetsch um 4 Czerekwitz um 15, Czista um
20, Dobrjenitz um 1 H. auf der H. Hohenelbe um 14, G. Hollowaus um 2, H. Horzitz um 7, H. Kopidlno um 36, H.
Kumburg um 70, G. Kuntschitz um 2, H. Lommitz um
51, H. Milletin um 21, H. Millitschowes um 1, H. Podiebrad um 9, H. Politschan um 13, G. Staupno um 5, H.
Smidar um 2, G. Smrkowitz um 1, G. Turj um 3, und
auf der Hersch. Wokschitz um 7, mithin zusammen wenigstens um
471 Häuser vermehrt, so daß im heurigen 1739ten Jahre die
Häuserzahl dieses Kreises, welche im verwichenen Jahre nur 28276
betrug, sich nunmehr auf 28747 Häuser beläuft. Man hat aber
doch auch in den nachstehenden besondern und allgemeinen Herr-
schaftenverzeichnissen die erstere Zahl beybehalten müssen, weil man
sonst die ganze Tabelle hätte umändern und zugleich die inzwischen
sich ebenfalls vermehrte Population dazu bringen müssen, welches
aber wieder neue Zeit und Mühe würde verursacht und dennoch
keinen größern Nutzen verschafft haben.

Besonderes

Verzeichniß

der

Herrschaften und Güter

nebst den dazu gehörigen Ortschaften

im

Bibschower Kreise.

1) Herrſchaft Arnau;

dem Grafen Joſeph Bolza gehörig.

1) Anſelt 23 Häuſer, 135 Perſonen. 2) Arnau, Stadt, mit 2 Kirchen, einem Schloß und einer Dechantey, 223 H. 1251 P. 3) Bukowina 23 H. 118 P. 4) Burghöfel 20 H. 118 P. 5) Doberneyer Elß 22 H. 133 P. 6) Elß, mittel, mit einer Kirche und einer Pfarre 29 H. 145 P. 7) Elß, nieder 84 H. 466 P. 8) Elß, ober 59 H. 312 P. 9) Forſt (der größte Theil gehört nach Forſt) 1 H. 3 P. 10) Güntersdorf (36 H. gehören nach Wildſchitz, und 9 H. nach Schurz im Königgrätzer Kr.) 102 H. 482 P. 11) Gutsmuths 4 H. 26. P. 12) Karlſet 1 H. 7 P. 13) Kommar 37 H. 171 P. 14) Kottwitz mit einer Kirche und neuen Lokalie, 153 H. 754 P. 15) Maſtitz (ein Theil gehört nach Forſt, Milletin und Wildſchitz) 20 H. 138 P. 16) Maſtigerbad 8 H. 48 P 17) Neuſchloß mit einem Schloße 9 H. 64 P. 18) Neuſtädtel 18 H. 99 P. 19) Praußnitz, böhmiſch nieder mit einer Pfarrkirche 70 H. 374 P. 20) Praußnitz, böhm. ober, 169 H. 977 P. 21) Proſchwitz 96 H. 591 P.

Summe: 1171 Häuſer, 6412 Perſonen.

2) Gut Barchow groß;

dem Invalideninſtitute gehörig.

1) Barchow, groß, mit einem Schloße 60 H. 292 P. 2) Humburg 30 H. 166 P.

Summe: 90 Häuſer, 458 Perſonen.

M 3   3)

3) Gut Barchow klein;

dem Freyherrn Johann von Obitezky gehörig.

Kleinbarchow, Schloß und Dorf mit einer Kapelle, 25 Häuser 164 Personen.

4) Bidschow, Neu, Kreisstadt und Herr-schaft;

der dasigen Gemeine gehörig.

1) Bidschow, Neu, Kreisstadt, mit einer Pfarr-kirche, und einer Dechantey, 388 Häuser, 2866 Personen. 2) Chudonitz 26 H. 147 P. 3) Kralik (der größte Theil gehört nach Slaupno) 1 H. 4. P. 4) Lhot-ka 29 H. 140 P. 5) Lieben 5 H. 27 P. 6) Metllejan, mit einer Kirche und neuen Lokalle, (2 H. gehören nach Slaupno) 3 H. 22 P. 7) Mienik 33 H. 178 P. 8) Prasek mit Neubrazer Mühle, 81 H. 451 P. 9) Njebot 3 H. 17 P. 10) Wlsotschan mit Wosekec Mühle, 31 H. 161 P. 11) Zabiedau 27 H. 105 P. 12) Zachraschtian 32 H. 179 P. 13) Zadraschan 21 H. 109 P. 14) Zecho-witz 31 H. 174 P.

Summe: 711 Häuser, 4600 Personen.

5) Bielohrad Herrschaft;

dem Grafen Johann Berthold Schafgotsch gehörig.

1) Augezb, St. Johann, mit einer Kirche 41 H. 233 P. 2) Außirj 20 H. 107 P. 3) Bertholka 4 H. 20 P. 4) Bie-lohrad (Weißenburg) Markt mit einem Schlosse und einer Pfarrkirch 77 H. 409 P. 5) Brtev 34 H. 183 P. 6) Bukowlna 52 H. 151 P. 7) Czernin 16 H. 94 P. 8) Dobsch 7 H. 44 P. 9) Erasdorf 20 H. 97 P. 10) Jaworj, ober, 25 H. 118 P. 11) Jaworj, unter, 9 H. 60 P. 12) Lahni 19 H. 102 P. 13) Laotta Scharowes (der größte Theil ge-hört nach Horzin) 1 H. 15 P. 14) Lukawez 51 H. 213 P. 15) Neudorf, nieder, 61 H. 364 P. 16) Neudorf, ober, 82 H. 477 P. 17) Neuhof 1 H. 21 P. 18) Przi-biślaw 15 H. 68 P. 19) Rjidelez mit einer Kirche, 28 H.

H. 151 P. 20) Waldau (der größte Theil gehört nach Ebereich) 2 H. 13 P. 21) Woltraubly 5 H. 41 P.

Summe: 543 Häuſer. 2981 Perſonen.

6) Herrſchaft Branna;

dem Grafen Johann Harrach gehörig.

1) Bernbaber und Krauſebauden auch Siebengrünten, 3 H. 24 P. 2) Benezko 59 H. 485 P. 3) Boromitz, groß, (der größte Theil gehört nach Petzkau) 27 H. 143 P. 4) Branna mit einem Schloße und einer Pfarrkirche, 205 H. 1384 P. 5) Bratrochow 47 H. 380 P. 6) Gillem 61 H. 433 P. 7) Hackelsdorf 143 H. 1142 P. 8) Hennersdorf mit einer Kirche 159 H. 893 P. 9) Jaworek 1 H. 13 P. 10) Kaßna (der größte Theil gehört nach Czista) 5 H. 28 P. 11) Keſſelbauden 1 H. 7 P. 12) Krjiſchlitz mit einem Bethauſe für die Evangeliſchen, 73 H. 580 P. 13) Lhotta Stiepanitz 20 H. 152 P. 14) Lhotta Wichau 31 H. 226 P. 15) Martersdorf (Merklow (47 H. 426 P. 16) Münchsdorf (8 H. gehören nach Hohenelbe, und 1 H. nach Czista) 46 H. 285 P. 17) Neudörfel 14 H. 95 P. 18) Ponikla mit einer Pfarrkirche, 155 H. 1195 P. 19) Raudnitz 39 H. 309 P. 20) Richlow 25 H. 215 P. 21) Slemino (der größte Theil gehört nach Czista) 2 H. 9 P. 22) Stiepanitz, nieder, 67 H. 450 P. 23) Stiepanitz, ober, mit einer Pfarrkirche 30 H. 291 P. 24) Waltersdorf 116 H. 800 P. 25) Wichau 120 H. 797 P. 26) Wittkowitz mit einer Kirche und neuer Pfarre. 201 H. 1521 P. 27) Zakautj 9 H. 100 P. 28) Zlaly 8 H. 63 P.

Summe: 1714 Häuſer, 12456 Perſonen.

7) Herrſchaft Chlumetz;

nebſt den einverleibten Gütern, Großwiklek, Kratenau, Obiedowitz und Winar, dem Grafen Franz Ferdinand Kinsky gehörig.

1) Altwaſſer mit einer Kirche, 20 H. 153 P. 2) Augezd mit einer Kirche, 25 H. 174 P. 3) Babitz, groß,

M 4 mit

mit einer Kirche und einer neuen Lokalie, 22 H. 133 P. 4) Babiß, klein, 4 H. 31 P. 5) Sanie 1 H 10 P. 6) Bieroniß, klein 8 H. 74 P. 7) Blud 2 H. 28 P. 8) Bukowina 1 H. 11 P. 9) Ebegschst 24 H. 225 P. 10) Chlumeß, Stadt mit einem Schloße, 2 Kirchen, 2 Kapellen, und einer Dechantey, 245 H. 1895 P. 11) Chotiowitß 48 H. 310 P. 12) Chuberitß 11 H. 89 P. 13) Damm, langer, 9 H. 67 P. 14) Dlauhopolsko 24 H. 145 P. 15) Dobschitß 27 H. 205 P. 16) Hlawetschnik 31 H. 210 P. 17) Hlinow 1 H. 6 P. 18) Hradischko mit einem verfallenen Schloß, 34 H. 222 P. 19) Karaniß 18 H. 167 P. 20) Karlotron, Schloß, 4 H. 40 P. 21) Kladrub 11 H. 97 P. 22) Klamosch 24 H. 177 P. 23) Knieschitschek 22 H. 160 P. 24) Kokes 1 H. 7 P. 25) Komarow 18 H. 121 P. 26) Kontschitß mit einer Kirche, 36 H. 243 P. 27) Kopitschak 3 H. 22 P. 28) Koretß 1 H. 13 P. 29) Kositß, groß, 28 H. 217 P. 30) Kositß, klein, 39 H. 273 P. 31) Kratenau mit einem Schloße und einer Pfarrkirche 63 H. 501 P. 32) Kundratiß 16 H. 85 P. 33) Laukonos 20 H. 130 P. 34) Lautschitß mit einer Kirche, 62 H. 588 P. 35) Lhotka 1 H. 11 P. 36) Libniowes 1 H. 12 P. 37) Lischtß 23 H. 143 P. 38) Löwin 7 H. 68 P. 39) Lukowa 9 H. 50 P. 40) Luscheß mit einer Pfarrkirche, 59 H. 478 P. 41) Luschitß mit einer Kirche, 24 H. 142 P. 42) Michnowka 4 H. 20 P. 43) Mirkowitß 1 H. 6 P. 44) Mlikosrb mit einer Kirche und neuen Lokalie 37 H. 249 P. 45) Nepolls mit einer Kirche, 62 H. 445 P. 46) Neustädtel 35 H. 264 P. 47) Obietowitß 34 H. 259 P. 48) Pamietnik 12 H. 82 P. 49) Pisek 23 H. 189 P. 50) Przeplch 14 H. 116 P. 51) Przibegschow 27 H. 165 P. 52) Rakaus 1 H. 6 P. 53) Rasoch mit einer Kirche, 20 H. 118 P. 54) Rozehnal 9 H. 63 P. 55) Rtanow 1 H. 21 P. 56) Schlibowitß 12 H. 102 P. 57) Skochowitß 36 H. 250 P. 58) Stitt 12 H. 80 P. 59) Straschow 24 H. 183 P. 60) Trjesitß 1 H. 23 P. 61) Trjesitß 3 H. 13 P. 62) Tschibar 1 H. 13 P. 63) Wapno mit einer Pfarrkirche, 26 H. 144 P. 64) Wiklek, groß, 35 H. 270 P. 65) Wiklek, klein, 15 H. 113 P. 66) Winar 31 H. 182 P. 67) Wilkow mit einer Kirche, 5 H. 56 P. 68) Woleschnitß 16 H. 142 P. 69) Westrow 1 H. 6 P. 70) Zantow 9 H. 48 P. 71) Zbranin 9 H. 53 P. 72) Zehun mit einer Pfarrkirche, 53 H. 403 P. 73) Ziselitß, Markt mit einer Pfarrkirche, 173 H. 935 P.

Summe: 1736 Häuser, 12583 Personen.

8) Gut Chotesch;

dem Paulanerkloster zu Neupaka zuständig.

1) Chotesch mit einem Schloße, einer Kirche und neuen
Lokalie, 65 H. 344 P. 2) Rakonik, ober, 1 H. 7 P. 3) Rakonik
unter, 1 H. 5 P. 4) Waldau (2 H. gehören nach Bielobrad) 44 H. 240 P.

Summe: 112 Häuser, 596 Personen.

9) Gut Czerekwitz; -

dem Grafen Philipp Browne gehörig.

1) Czerekwitz mit einem Schloße, 47 H. 278 P. 2) Cjernu-
tek 29 H. 169 P. 3) Palewtschowitz mit einer Pfarrkirche, 35 H.
235 P. 4) Rzezicz (2 H. gehören nach Politschan)
4 H. 31 P. 5) Trzebowietz 49 H. 299 P. 6) Wrchow-
nitz 15 H. 85 P. 7) Zelkowitz 24 H. 149 P.

Summe: 203 Häuser, 1246 Personen.

10) Gut Czista;

dem Grafen Franz Xaver Morzin gehörig.

1) Borowitz, klein, (69 Häuser gehören nach Sta-
denetz und 5 Häuser nach Starkenbach) 10 H. 51 P. 2)
Bukowina 32 H. 168 P. 3) Czista mit einem Schloße 139 H. 760
P. 4) Kassua mit einer Pfarrkirche, (5 H. gehören nach Branna) 158 H. 807 P. 5) Karlow (Karlsdorf) 7 H. 19 P.
6) Münchsdorf (davon 46 H. nach Branna und 8 H.
nach Hohenelbe gehören) 1 H. 6 P. 7) Slemeno (2 H.
gehören nach Branna) 19 H. 98 P. 8) Zdirnitz, hinter,
32 H. 162 P. 9) Zdirnitz, vorder, 20 H. 108 P.

Summe: 418 Häuser, 2179 Personen.

M 5

11)

11) Gut Dobrjenitz;

dem Baron Johann Joſeph Dobrjenoky gehörig.

Dobrjenitz mit einer Pfarrkirche (2 H. gehören nach Pardubitz im Chrudimer Kreiſe) 71 Häuſer, 452 Perſonen.

12) Herrſchaft Dymokur;

dem Grafen Kamillus Kolloredo gehörig.

1) Bieronitz, groß, mit einer Kirche und neuen Lokalie, 52 H. 349 P. 2) Budſchowes (der größte Theil gehört nach Kopidlno) 17 H. 85 P. 3) Chotielitz 58 H 352 P. 4) Chotieſchitz mit einer Kirche und neuen Lokalie, 60 H. 352 P. 5) Chrouſtow mit einer Kirche und neuen Lokalie, 47 H. 277 P. 6) Czernahura 36 H. 196 P. 7) Dubetſchno mit einer Kirche, 37 H. 189 P. 8) Dworß zlſcht 18 H. 103 P. 9) Dymokur mit einem Schloße und einer Kirche auch Lokalie, 94 H. 576 P. 10) Kamillowes 21 H. 125 P. 11) Kleinſeite 15 H. 90 Perſonen. 12) Knieſchitz mit einer Pfarrkirche, 115 H. 610 P. 13) Königſtadtel, Stadt mit einer Pfarrkirche 255 H. 1512 P. 14) Kozogeb, groß, mit einem verfallenen Schloße und einer Kirche, 44 H. 280 P. 15) Kozogeb, klein, 20 H. 119 P. 16) Ledecjek 12 H. 74 P. 17) Lhotta winicjná 14 H. 62 P. 18) Mutinsko 5 H. 34 P. 19) Neudorf, 21 H. 123 P. 20) Neuſchloß 17 H. 88 P. 21) Nouzow. 21 H. 136 P. 22) Pouſcht 12 H. 62 P. 23) Sahornitz mit einer Kirche und einem wüſten Schloße, 88 H. 531 P. 24) Schlunitz mit einer Pfarrkirche 50 H. 304 P. 25) Sekerjitz 47 H. 286 P. 26) Slowetſch mit einer Kirche 62 H. 337 P. 27) Strjichow 47 H. 261 P. 28) Swidnitz 36 H. 196 P. 29) Winitz 31 H. 166 P. 30) Woſek 35 H. 195 P.

Summe: 1381 Häuſer, 8070 Perſonen.

13)

Eisenstädtel. s. Gitschin;

13) Gut Forst;

dem Grafen Ignatz Dominik Chorinsky gehörig.

1) Försterbad 2 H. 7 P. 2) Forst mit einem Schloß und einer Pfarrkirche (1 H. gehört nach Arnau) 32 H. 241 P. 3) Lauterwasser 113 H. 735 P. 4) Mastig 5 H. 30 P. 5) Rowniatschow 3 H. 15 P.

Summe: 255 Häuser, 1028 Personen.

14) Gut Gerschitz;

dem Fürsten Johann Wenzel Paar gehörig.

1) Brzezowitz 33 H. 135 P. 2) Chlomek 17 H. 85 P. 3) Gerschitz mit einer Pfarrkirche 62 H. 354 P. 4) Wottus 16 H. 105 P.

Summe: 128 Häuser, 680 Personen.

15) Stadt Gitschin;

dem Grafen Ferdinand Trautmannsdorf gehörig.

1) Eisenstädtel, Markt mit einer Pfarrkirche 168 H. 929 P. (1 Haus gehört unmittelbar nach Kumburg) 2) Gitschin, Schloß und Stadt mit 2 Kirchen, einer Kapelle und einer Dechantey 315 H. 2183 P.

Summe: 483 Häuser, 3112 Personen.

16) Herrschaft Hohenelbe;

dem Grafen Franz Xaver Morzin gehörig.

1) Fuchsberg 19 H. 79 P. 2) Haarta 22 H. 67 P. 3) Hohenelbe, Stadt mit einem Schloß, einer Kirche und Dechantey 356 H. 2260 P. 4) Hohenelbe, nieder, 119 H. 691 P. 5) Hohenelbe, ober, 152 H. 835 P. 6) Hohenelber Gebirg 214 H. 1590 P. 7) Langenau, klein, 25 H.

25 H. 157 P. 8) Langenau, mittel, 101 H. 640 P. 9)
Langenau, nieder, 200 H. 1106 P. 10) Langenau, ober,
mit einer Pfarrkirche 133 H. 743 P. 11) Langenauer
Gebirg 20 H. 127 P. 12) Münchsdorf (der größte Theil
gehört nach Branna und 1 H. nach Cjista) 8 H. 34 P.
13) Neudorf 86 H. 515 P. 14) Niederhof 140 H. 753 P.
15) Pelsdorf 63 H. 308 P. 16) Schmiddorf 5 H. 22 P.
17) Schreibendorf 11 H. 68 P. 18) Schwarzenthal, mit
einer Kirche und neuen Pfarre 65 H. 411 P.

Summe: 1739 Häuser, 10411 Personen.

17) Gut Hollowaus;

dem Freyherrn Franz Löwenehr zuständig.

1) Chlomka 10 H. 49 P. 2) Chobowitz mit einer
Kirche und neuen Lokalie, 22 H. 100 P. 3) Domosla-
witz 28 H. 152 P. 4) Hlasek (2 H. gehören nach Sob-
schiß) 3 H. 13 P. 5) Hollowaus mit einem Schloße
47 H. 299 P. 6) Meznborz (6 H. gehören nach
Horziß) 2 H. 13 P.

Summe: 112 Häuser, 626 Personen.

18) Herrschaft Horziß;

dem Invalideninstitute gehörig.

1) Augezd Ellwaru 28 H. 127 P. 2) Baschnitz
43 H. 252 P. 3) Blsko 16 H. 105 P. 4) Brzischtian
36 H. 183 P. 5) Chlum 52 H. 258 P. 6) Chwallina
12 H. 67 P. 7) Daubrawa 19 H. 92 P. 8) Dobesch
10 H. 53 P. 9) Gutwasser, ober, 41 H. 197 P. 10)
Gutwasser, unter, 33 H. 187 P. 11) Horziß, Markt
mit einer Pfarrkirche 346 H. 2404 P. 12) Kaniß 14 H.
75 P. 13) Kauty 6 H. 28 P. 14) Lhotta St. Gotthard 4 H. 24 P. 15) Lhotta Scharowes (1 H. gehört
nach Bielohrad) 34 H. 188 P. 16) Lybin 12 H. 62 P.
17) 'rbonitz 12 H. 80 P. 18) Meznborz (2 H. gehören nach
Hollowaus) 6 H. 31 P. 19) Millowitz mit einer Kirche 41 H.
208 P. 20) Mlasowitz mit einer Kirche und Lokalie 76 H.

13 P. 21) Petrowitz, klein, 22 H. 120 P. 22) Pscha-
wel 22 H. 121 P. 23) Raschin 23 H. 98 P. 24) Su-
chrab 33 H. 165 P. 25) Trjebnauschowes, groß, 44 H.
266 P. 26) Trjebnauschowes, klein, 9 H. 51 P. 27)
Tylew 8 H. 47 P. 28) Wostrow 21 H. 113 P.

Summe: 1023 Häuser, 6015 Personen.

19) Herrschaft Kopidlno;

dem Grafen Joseph Schlik gehörig.

1) Altenburg mit einem Schloße 40 H. 264 P. 2) Aubernitz
mit einer Kirche, 39 H. 224 P. 3) Aunletitz 26 H. 142 P. 4)
Biechar mit einer Kirche, 75 H. 444 P. 5) Brjlstew (25
H. gehören nach Krjinetz im Bunzlauer Kr.) 6 H. 27 P.
6) Budschowes (11 H. gehören nach Dymokur) 10 H.
87 P. 7) Bystritz (30 H. gehören nach Dietenitz im
Bunzlauer Kreise) 20 H. 129 P. 8) Chollenitz mit einer
Kirche 44 H. 276 P. 9) Hrdonlowitz (20 H. gehören
nach Großskal im Bunzlauer Kr. und 12 Häuser nach
Wokschitz) 1 H. 11 P. 10) Kamensky 1 H. 5 P. 11)
Kopidlno, Markt mit einem Schloße und einer Pfarrkirche, 130 H. 739 P. 12) Kozabirek (1 H. gehört nach
Dietenitz im Bunzlauer Kr.) 7 H. 51 P. 13) Krjcschitz
26 H. 134 P. 14) Liban, Markt mit einer Pfarrkirche,
148 H. 759 P. 15) Litschno 23 H. 144 P. 16) Milke-
witz 1 H. 6 P. 17) Mlegnitz 29 H. 173 P. 18) Ne-
gas 14 H. 77 P. 19) Neuhof 2 H. 20 P. 20) Pscho-
wes mit einer Kirche 35 H. 255 P. 21) Pschnitz mit einer Kirche 38 H. 211 P. 22) Rjmenin 34 H. 206 P.
23) Schidowitz 38 H. 193 P. 24) Sedlischt 30 H.
188 P. 25) Slawostitz 48 H. 272 P. 26) Slim 34 H.
196 P. 27) Waschitz 14 H. 72 P. 28) Wrsetz mit einer Kirche und neuen Pfarre 39 H. 272 P. 29) Zubub
16 H. 105 P.

Summe: 968 Häuser, 5682 Personen.

20)

20) Gut Kowaniß;

der Freyinn Maria Antonia Larisch gehörig.

Kowaniß Dorf mit einer Pfarrkirche 65 Häuser, 350 Personen.

21) Herrschaft Kumburg mit Aulibiß,

dem Grafen Ferdinand Trautmannsdorf gehörig.

1) Augezd 23 H. 139 P. 2) Augezdeze (14 H. gehören nach Ka im) 2 H. 15 P. 3) Aulibiß mit einer Kirche 39 H. 308 P. 4) Auslauf mit einer Kirche und neuen Lokalie 60 H. 351 P. 5) Austi 47 H. 261 P. 6) Blella 85 H. 509 P. 7) Brdo 36 H. 206 P. 8) Bystra 53 H. 354 P. 9) Chlum mit einer Kirche 38 H. 315 P. 10) Chomutiß, klein, (6 H. gehören nach Smrskowiß) 23 H. 174 P. 11) Ezerjow 1 H. 4 P. 12) Ezikwaßka 22 H. 132 P. 13) Dilleß 20 H. 179 P. 14) Dolanka 12 H. 81 P. 15) Drzeweniß 42 H. 374 P. 16) Eisenstadtel, (das eigentlich nach Gitschin gehört) 1 H. 8 P. 17) Gitschin, ist oben schon unter Nro. 15. abgesondert vorgekommen. 18) Hage 15 H. 101 P 19) Kameniß 28 H. 223 P. 20) Kbelniß 17 H. 155 P. 21) Kosstialow 79 H. 482 P. 22) Kowatsch 19 H. 178 P. 23) Kßmohl 10 H. 61 P. 24) Kruh (der größte Th. gehört eigentlich nach Starkenbach) 9 H. 59 P. 25) Kundratiß (der größte Theil gehört nach Starkenbach) 1. H. 14 P. 26) Lezwin mit einer Kirche und neuen Lokalie 82 H. 463 P. 27) Lhotta kariakowá (6 H. gehören nach Turz) 21 H. 163 P. 28) Liebstadtel, Markt mit einer Pfarrkirche, 109 H. 677 P. 29) Luschan mit einer Pfarrkiche 112 H. 829 P. 30) Lustgarten 1 H. 10 P. 31) Morawezicz 7 H. 76 P. 32) Machotsko 9 H. 70 P. 33) Newratiß (19 H. gehören nach Smrkowiß) 32 H. 237 P. 34) Paka, alt. 1 o H. 644 P. 35) Paka, neu, Markt mit einer Pfarrkirche 310 H. 1752 P. 36) Perzimow 88 H. 556 P 37) Podulsch 26 H. 163 P. 38) Proschwiß, böhmisch, 18 H. 132 P. 39) Proschwiß, wüste, 16 H. 117 P. 40) Robaus mit einer Kirche (10 H. gehören nach Radim, 3 H. nach Millitschomes und 3 H. nach Popowin) 20 H. 264 P. 41) Roschkopow 56 H. 319 P. 41) Rßbetsch

12 H. 103 P. 43) Sebin 4 H. 33 P. 44) Sirzenow
49 H. 255 P. 45) Staw 28 H. 195 P. 46) Stubinka
19 H. 98 P. 47) Swogel 36 H. 220 P. 48) Tanwle
40 H. 235 P. 49) Trjtienitz 45 H. 337. 50) Tuſchin
33 H. gehören nach Radim) 2 H. 16 P. 51) Walbitz
1 H. 53 P. 52) Wrchowina 70 H. 388 P. 53) Zameß,
RIT, 18 H. 145 P. 54) Zboſch (47 H. gehören nach
Raim) 2 H. 14 P.

Summe: 2041 Häuſer, 13247 Perſonen.

22) Gut Kuntſchitz;

dem Grafen Karl Ignatz Clary gehörig.

1) Hrabek 23 H. 124 P. 2) Kuntſchitz 30 H.
187 P. 3) Trnaw 26 H. 183 P.

Summe: 79 Häuſer, 494 Perſonen.

23) Herrſchaft Lomnitz;

dem Grafen Xaver Morzin gehörig.

1) Bezdietſchin 10 H. 48 P. 2) Blttochow 8 H.
19 P. 3) Blajlwek 1 H. 3 P. 4) Brobek 1 H. 6 P.
5) Chlum 20 H. 141 P. 6) Cjerna 12 H. 57 P. 7)
Herjenßko 23 H. 110 P. 8) Komarow 1 H. 5 P. 9)
Koichow 36 H. 197 P. 10) Kottelßko 28 H. 162 P. 11)
Lomnitz, Markt mit einem Schloſſe, einer Kirche und Dechantey 209 H. 1215 P. 12) Lomnitz, alt, 32 H. 174 P. 13) Lomnitz, unter, 47 H. 261 P. 14) Morzinlowes 13 H. 77 P.
15) Netwieſn 21 H. 103 P. 16) Neudorf mit einer Pfarrkirche 135 H. 709 P. 17) Pohorji 9 H. 47 P. 18) Ratſchin
11 H. 163 P. 19) Rudolphowitz 28 H. 138 P. 20)
Twatſchow 13 H. 75 P. 21) Skurow 14 H. 75 P. 22)
Strufchinetz 68 H. 358 P. 23) Sutitz 3 H. 14 P. 24)
Twietla 5 H. 20 P. 25) Tikow 4 H. 22 P. 26) Tu-
ßni 42 H. 217 P. 27) Winikle 1 H. 6 P. 28) Ta-
trowitz 12 H. 65 P. 29) Zellecha 1 H. 5 P. 30) Zi-
tero 1 H. 4 P. 31) Zlabek 2 H. 13 P.

Summe: 832 Häuſer, 4514 Perſonen.

24)

24) Herrſchaft Milletin;

den Baron Wlkanowiſchen Erben gehörig.

1) Bezuik 20 H. 102 P. 2) Borek 7 H. 46 P. 3) Chrouſtow 17 H. 125 P. 4) Dachow 1 H. 5 P. 5) Dollinetz 1 H. 10 P. 6) Jahodna 4 H. 22 P. 7) Jenitau 1 H. 10 P. 8) Kaczerow 1 H. 7 P. 9) Kall 33 H. 157 P. 10) Kall 1 H. 3 P. 11) Lukawerſchek 5 H. 33 P. 12) Maſilg (der größte Theil gehört nach Arnau und Forſt) 2 H. 15 P. 13) Milletin, Markt mit einem Schloſſe und einer Pfarrkirche 178 H. 949 P. 14) Milletinek 3 H. 37 P. 15) Milletinek 1 H. 4 P. 16) Pollatow 2 H. 13 P. 17) Rohoſnitz 37 H. 209 P. 18) Tettin 13 H. 102 P. 19) Trottin, klein, 7 H. 41 P. 20) Trottin 1 H. 5 P. 21) Trzemeſchna, roth, mit einer Kirche 30 H. 170 P. 22) Wiboln 18 H. 110 P. 23) Wlkanow 10 H. 19 P. 24) Wrzeſuik 31 H. 159 P. 25) Zellegow 14 H. 406 P.

Summe : 438 Häuſer, 2489 Perſonen.

25) Herrſchaft Millitſchowes;

dem Exjeſuitenfond, vorher dem Jeſuitenkollegium zu Gitſchin zuſtändig.

1) Brzeska (10 H. gehören nach Wokſchitz) 7 H. 51 P. 2) Buttowes 17 H. 74 P. 3) Czirlina mit einer Kapelle, 20 H. 126 P. 4) Daubrawitz (2 H. gehören nach Radim) 8 H. 48 P. 5) Hrobitſchan 41 H. 248 P. 6) Jaroſchow 8 H. 43 P. 7) Lhotta Brableß 42 H. 241 P. 8) Millitſchowes mit einem Schloße 54 H. 236 P. 9) Nemitſchowes mit einer Kirche und neuen Lokalie 80 H. 475 P. 9) Peklowes 10 H. 66 P. 11) Poppowitz mit einer Kirche und neuen Lokalie, (hier befindet ſich ein beſonderer Freyhof mit 8 dazu gehörigen Häuſern) 45 H. 283 P. 12) Robaus (der größte Th. gehört nach Kumsburg, 10 H. nach Radim und 3 Häuſer zu dem Freyhof Poppowitz) 3 H. 14 P. 13) Saubna 9 H. 43 P. 14) Tieſchin 11 H. 54 P. 15) Wittiniowes 53 H. 326 P. 16) Wrbitz (1 H. gehört nach Wokſchitz) 42 H. 252 P. 17) Zaines, ober, 10 H. 69 P.

Summe : 460 Häuſer, 2699 Perſonen.

26)

26) Gut Petzkau;

dem Religionsfond, vorher den Karthäusern zu Walditz gehörig.

1) Bilan 38 H. 208 P. 2) Borowitz, groß, mit einer Kirche und neuen Lokalie (27 H. gehören nach Branna) 117 H. 604 P. 3) Nedarsch 11 H. 37 P. 4) Petzkau, Markt mit 3 Kirchen und einer Dechantey, 161 H. 790 P. 5) Puschhäuser 3 H. 10 P. 6) Ratkin 26 H. 160 P. 7) Strenk 18 H. 108 P. 8) Stikau 41 H. 236 P. 9) Stupnan 72 H. 369 P. 10) Welbor 28 H. 136 P. 11) Widach 75 H. 394 P. 12) Züdnitz 26 H. 131 P.

Summe: 616 Häuser, 3183 Personen.

27) Herrschaft Podiebrad;

kammeralisch.

1) Aichelburg 20 H. 115 P. 2) Aumislowitz mit einer Kirche und neuen Lokalie, 17 H. 100 P. 3) Beierwek 25 H. 137 P. 4) Bobnitz 44 H. 282 P. 5) Borek 22 H. 105 P. 6) Budimierzitz 12 H. 98 P. 7) Chleb mit einer Kirche, Lokalie und reformirtem Bethause 37 H. 316 P. 8) Chotaun (2 H. gehören nach Schwarzkosteletz) 29 H. 225 P. 9) Chotianek 27 H. 212 P. 10) Chrtschitz 33 H. 189 P. 11) Chwalowitz 24 H. 146 P. 12) Cjiniowes mit einer Pfarrkirche, 91 H. 646 P. 13) Domanowitz 13 H. 84 P. 14) Draho 7 H. 63 P. 15) Freudenthal 22 H. 104 P. 16) Glückzu 27 H. 151 P. 17) Hawtansko 1 H. 10 P. 18) Hermannsdorf 22 H. 125 P. 19) Herjatetz mit einem reformirten Bethause 43 H. 323 P. 20) Hradischke mit einer Kirche 33 H. 212 P. 21) Kandla 1 H. 4 P. 22) Kaut 16 H. 107 P. 23) Kluk 26 H. 222 P. 24) Kopanik 1 H. 7 P. 25) Komansko 29 H. 125 P. 26) Kriecschkow 25 H. 163 P. 27) Laubenthal 8 H. 43 P. 28) Lhotta kostelni mit einer Kirche und neuen Lokalie 67 H. 446 P. 29) Lhotta pistowá 63 H. 439 P. 30) Lhotta prednj 35 H. 249 P. 31) Lhotta wrbowá mit einer Kirche und Kapelle 33 H. 244 P. 32) Libitz mit einer Pfarrkirche und reformirtem Bethause 58 H. 414 P. 33) Lippetz 30 H. 170 P. 34) Lustdorf 6 H. 30 P. 35) Miltschitz 21 H. 194 P. 36) Nausow 2 H. 16 P. 37) Netrjebitz 16 H. 135 P. 38) Neujahrsdorf 17 H. 109 P.

39) Rowohrad 48 H. 294 P.   40) Oberoppollan 16 H.
90 P.   41) Odrzeps 42 H. 286 P.   42) Oppotfchniß
74 H. 480 P.   43) Patek mit einer Kirche, 33 H. 215 P.
44) Petfchek (29 H. gehören nach Radim, desgleichen
29 H. nach Swogfchiß, Radim und Schwarzkofte-
letz im Kaurzimer Kreife) 26 H. 193 P.   45) Pift 21 H.
152 P.   46) Pitel 1 H. 3 P.   47) Pulow mit einer Kirche 33 H. 229 P.   48) Podiebrad kömmt hernach unter el-
ner abfonderlichen Numer vor.   49) Potmok mit einer Kirche 42 H. 316 P.   50) Pollabeß 17 H. 143 P.   51)
Przedbradn mit einer Kirche und Lokalie 20 H. 153 P.   52)
Rudowefniß 36 H. 255 P.   53) Rafchowiß 20 H. 135 P.   54)
Ratfchan 17 H. 93 P.   55) Rozenaler Mühle 1 H. 5 P.
56) Sadfka mit einer Pfarrkirche und Kapelle 213 H.
1322 P.   57) Schabata 1 H. 11 P.   58) Schlottawa (1
H. gehört nach Nimburg 8 H. 71 P.   59) Seniß 19 H.
134 P.＊ 60) Slegfeld 39 H. 253 P.   61) Sokoletfch 40
H. 277 P.   62) Srbetz 16 H. 135 P.   63) Welleniß mit
einem reformirten Bethaufe 27 H. 195 P.   64) Welllm mit
einer Kirche, und einem reformirten Bethaufe 49 H. 383 P.
95) Weftetz 24 H. 168 P.   66) Wokrzinek 4 H. 21 P.
67) Wolfsberg 21 H. 128 P.   68) Wofetfchek 33 H. 230 P.
69) Wrbiß mit 1 Kirche und neuen Pfarre 41 H. 267 P.
70) Zbofchn 44 H. 342 P.   71) Zwterzinek 20 H. 146 P.

Summe: 2148 Häufer, 13855 Perfonen.

28) Stadt Podiebrad;

kammeralifch, zur Herrfchaft Podiebrad gehörig.

Podiebrad mit einem Schloße, 3 Kirchen und einer
Dechantey, 225 Häufer, 2150 Perfonen.

29) Herrfchaft Politfchan;

dem Grafen Franz Jofeph Kottulinsky gehörig.

1) Auhlegow 14 H. 83 P.   2) Daubrawiß 28 H.
180 P.   3) Dechtow, nieder, 7 H. 59 P.   4) Dechtow,
ober, 14 H. 83 P.   4) Lanfchow mit einer Pfarrkirche,
37 H. 231 P.   6) Lhotka 13 H. 82 P.   7) Politfwan
mit

mit einem Schloße 50 H. 343 P. 8) Rohoßnitz 33 H. 227 P.
9) Rjecjicz (4 H. gehören nach Czerekwitz) 2 H. 14 P. 10)
Saborow 7 H. 47 P. 11) Sabrjeß 13 H. 78 P. 12) Salleß
10 H. 65 P. 13) Seblech 16 H. 115 P. 14) Swltschin
mit einer Kirche, 42 H. 277 P. 15) Trottin 22 H. 135 P.
16) Trjebihoscht 50 H. 281 P. 17) Wellebradek 6 H.
45 P. 18) Zrobin 6 H. 46 P.

Summe: 370 Häuser, 2391 Personen.

30) Freyhof Poppowitz;

dem Ignaz Lederer zugehörig.

1) Poppowitz (das eigentlich nach Millitschowes
gehört) 9 H. 42 P. 2) Robauß (davon 58 Häuser nach
Kumburg, 3 H. nach Millitschowes und 10 H. nach
Kadim gehören) 3 H. 18 P.

Summe: 12 Häuser, 60 Personen.

31) Gut Puchlowitz;

dem Baron Johann Wenzel Aßfeld gehörig.

Puchlowitz 30 Häuser, 141 Personen.

32) Herrschaft Kadim;

dem Religionsfond, vorher den Karthäusern zu
Walditz gehörig.]

1) Augezdeze (2 H. gehören nach Kumburg) 14 H.
79 P. 2) Chlomek 9 H. 57 P. 3) Daubrawitz (2 H.
gehören nach Millitschowes) 2 H. 11 P. 4) Dworetz
10 H. 57 P. 5) Kyge 37 H. 186 P. 6) Lhan 16 H.
80 P. 7) Petschek (26 H. gehören nach Podiebrad und
29. H. in den Kaurzimer Kreis) 29 H. 221 P. 8)
Plauschnitz 15 H. 66 P. 9) Podhay 17 H. 84
P. 10) Kadim mit einer Pfarrkirche, 54 H. 322 P.
11) Robauß (58 H. gehören nach Kumburg, 3 H. nach
Millitschowes und 3 H. zum Freyhof Poppowitz) 10 H.
64 P. 12) Sobietas 49 H. 259 P. 13) Stlepanitz
13 H. 66 P. 14) Stubian 45 H. 241 P. 15) Tuschin

(2 H.

(2 H. gehören nach Kumburg) 33 H. 167 P. 16) Walditz 24 H. 132 P. 17) Zbosch (2 H. gehören nach Kumburg) 47 H. 277 P. 18) Zbiar 30 H. 154 P.

Summe: 454 Häuser, 2523 Personen.

33) Herrschaft Sadowa;

dem Tobias und der Johanna Gräzel von
Gränzenstein gehörig.

1) Dohaleschka mit einer Pfarrkirche, 8 H. 48 P. 2)
Dohaliß, unter, mit einem Schloße, 24 H. 154 P. 3)
Dub 17 H. 97 P. 4) Hradek 5 H. 48 P. 5) Janatow
8 H. 14 P. 6) Kleniß 23 H. 145 P. 7) Komarow 6 H.
24 P. 8) Lodinn 41 H. 222 P. 9) Lubno 41 H. 191 P.
10) Motrowaus 28 H. 180 P. 11) Mjan 38 H. 222 P.
12) Nechaniß, Markt mit einer Pfarrkirche, 106 H. 535 P.
13) Nechaniß, alt, 64 H. 315 P. 14) Sadowa mit einem Schloße, 9 H. 118 P. 15) Sobietiß 30 H. 183 P.
16) Sobietusch 25 H. 131 P. 17) Sucha mit einer Kirche, 47 H. 259 P. 18) Trjesowiß 39 H. 204 P. 19)
Tunie 6 H. 23 P. 20) Wollarna 6 H. 29 P.

Summe: 566 Häuser, 3142 Personen.

34) Gut Skrziwann;

der Gräfinn Walburga Netolizky gehörig.

1) Blaschka 1 H. 7 P. 2) Messtiowes (15 H. gehören nach Smidar) 36 H. 229 P. 3) Podollb 27 H.
146 P. 4) Skrziwann mit einem Schloße, 56 H. 398 P.
5) Stinow 3 H. 22 P.

Summe: 123 Häuser, 802 Personen.

35) Gut Slaupno;

dem Benediktinerkloster zu Braunau gehörig.

1) Kobiliß nebst dem Mayerhof Opatow, 27 H. 137 P. 2) Kralik (1 H. gehört nach Bidschow) 20 H. 125 P. 3) Metlicjan mit einer Kirche und neuen Lokalie (3 H. gehören nach Bidschow) 2 H. 10 P. 4) Slaupno mit einem Schloße 47 H. 411 P.

Summe: 96 Häuser, 683 Personen.

36) Herrschaft Smidar und Hluschiß;

dem Grafen Camillus Bolloredo gehörig.

1) Altbidschow mit einer Kirche, 70 H. 473 P. 2) Czerwenowes 33 H. 212 P. 3) Hluschiß, groß, mit einer Kirche und Lokalie, 45 H. 324 P. 4) Hluschiß, klein, 67 H. 439 P. 5) Janowiß 19 H. 106 P. 6) Krjitschow 24 H. 166 P. 7) Laucjnabura mit einer Kirche, 37 H. 213 P. 8) Lhotta 35 H. 219 P. 9) Liskowiß mit einer Kirche und neuen Lokalie, 45 H. 217 P. 10) Mieschtiowes 36 H. gehören nach Skrjiwan) 15 H. 95 P. 11) Kerofchow 15 H. 81 P. 12) Petrowiß, groß, mit einer Pfarrkirche, 61 H. 380 P. 13) Schaplawa 23 H. 132 P. 14) Strjenierj 10 H. 75 P. 15) Smidar, Markt mit einem Schloße und einer Pfarrkirche 145 H. 883 P.

Summe: 644 Häuser, 4015 Personen.

37) Gut Smrkowiß;

kammeralisch.

1) Chomutiß, groß, mit einer Pfarrkirche, 53 H. 351 P. 2) Chomutiß, klein, (23 H. gehören nach Kumburg) 6 H. 33 P. 3) Newratiß (32 H. gehören nach Kumburg) 19 H. 99 P. 4) Obora mit einem Schloße, 21 H. 150 P. 5) Smrkowiß, groß, 62 H. 370 P. 6) Smrkowiß, klein, 23 H. 128 P. 7) Theresiengab 19 H.

106 P. 8) Wohniſchtian mit einer Kirche, 72 Häuſer, 429 Perſonen.

Summe: 275 Häuſer, 1666 Perſonen.

38) Gut Sobſchitz und Wogitz;

dem Religionsfond, vorher den Karthäuſern zu Walditz gehörig.

1) Augezd, unter, 49 H. 257 P. 2) Hláſek (3 H. gehören nach Hollowaus) 2 H. 11 P. 3) Sobſchitz, mit einem Schloße und einer Kirche, 68 H. 328 P. 4) Starahura 8 H. 35 P. 5) Wogitz 79 H. 376 P. 6) Woſtromierz 61 H. 320 P.

Summe: 267 Häuſer, 1327 Perſonen.

39) Herrſchaft Starkenbach;

dem Grafen Johann Harrach gehörig.

1) Bauden, groß und klein, 2 H. 25 P. 2) Borowitz, klein, (69 H. gehören nach Studenetz und 10 H. nach Cziſta) 5 H. 31 P. 3) Brno 7 H. 64 P. 4) Burſchau 25 H. 188 P. 5) Duſchnitz, nieder, 18 H. 142 P. 6) Duſchnitz, ober, 39 H. 383 P. 7) Ernſtthal 5 H. 70 P. 8) Franzenthal 60 H. 420 P. 9) Gllemnicze oder Starkenbach, Markt mit einem Schloße und einer Pfarrkirche, 217 H. 1557 P. 10) Gransdorf 24 H. 142 P. 11) Harrachsdorf mit einer Kirche und einer neuen Lokalie, 43 H. 332 P. 12) Hellow 14 H. 101 P. 13) Hrabatſchow 71 H. 470 P. 14) Huttendorf mit einer Kirche (116 H. gehören nach Studenetz) 4 H. 37 P. 15) Jablonetz mit einer Pfarrkirche 61 H. 415 P. 16) Jeruſalem 2 H. 12 P. 17) Jeſtrjaby 89 H. 708 P. 18) Kaltenberg 19 H. 141 P. 19) Karlow 29 H. 191 P. 20) Kontſchin 19 H. 148 P. 21) Kruh (9 H. gehören nach Kumburg) 71 H. 440 P. 22) Kundratitz (1 H. gehört nach Kumburg) 87 H. 530 P. 23) Martinitz 65 H. 461 P. 24) Neuwelt 38 H. 269 P. 25) Rochlitz, nieder, mit einer Pfarrkirche, 188 H. 1350 P. 26) Rochlitz, ober, 255 H. 1787 P. 27) Roſtok mit einer Kirche und Lokalie, 113 H. 745 P. 28) Rowniatſchow

schow (3 H. gehören nach Forst) 6 H. 34 P. 29) Rup,
persdorf (gehört mit 160 H. nach Semil im bunzlauer
Kreise) 5 H. 32 P. 30) Salenbach 78 H. 594 P.
31) Seifenbach 34 H. 249 P. 33) Sichdichür 11
H. 75 P. 32) Sittowa 34 H. 265 P. 34) We,
mierzitsch mit einer Kirche und neuen Pfarre, 135 H.
814 P. 35) Wogtleschitz 26 H. 193 P. 36) Zbint 28 H.
182 P. 37) Zbirek 8 H. 42 P.

Summe: 1935 Häuser, 13640 Personen.

40) Gut Stratschow;

der Gräfinn Apollonia Bredau zuständig.

1) Lhotta 17 Häuser, 90 Personen. 2) Stratschow
mit einem Schloß und einer Kirche, 49 Häuser, 393 Personen.
Summe: 66 Häuser, 483 Personen.

41) Gut Studenetz,

dem Grafen Ignatz Dominik Chorinsky gehörig.

1) Borowitz (10 H. gehören nach Czista, und 5
H. nach Starkenbach) 69 H. 382 P. 2) Huttendorf mit
einer Kirche und Lokalle (4 H. gehören nach) Starkenbach)
116 H. 655 P. 3) Studenetz mit einer Kirche und Loka,
lle, 111 H. 570 P.

Summe: 296 Häuser, 1607 Personen.

42) Gut Swykow;

dem Anton Joseph Richter gehörig.

1) Bubin 10 Häuser, 49 Personen. 2) Swykow
14 Häuser, 87 Personen.

Summe: 24 Häuser, 136 Personen.

N 4   34)

43) Gut Syrowat?s

dem Wenzel von Klanner gehörig.

Syrowatta 31 Häuſer, 151 Perſonen.

44) Gut Trzemeſchna;

das bey der Herrſchaft Sadowa mitgeführt wird, und dem
Tobias und der Johayna von Gränzenſtein gehört.

1) Daubrawitz 26 H. 143 P.   2) Dohalitz, ober,
11 H. 66 P.   3) Niederemaus 18 H. 96 P.   4) Trje-
meſchna mit einem Schloße und einer Pfarrkirche, 75 H. 339 P.

Summe: 130 Häuſer, 644 Perſonen.

45) Gut Tſchermna;

dem Ritter Franz Rudolph Sadlo von Wrazny gehörig.

Tſchermna mit einer Kirche, 121 Häuſer, 595 Perſonen.

46) Gut Turz und Zbierz;

dem Gitſchiner Stiftungsfond, vormals dem daſigen
Seminarium gehörig.

1) Hradiſchko 29 H. 148 P.   2) Hubalow 13 H.
77 P.   3) Labaun 29 H. 170 P.   4) Lhotta kaczakowa
(21 H. gehören nach Kumburg) 6 H. 42 P.   5) Strji-
nitz 19 H. 110 P.   6) Turz 43 H. 265 P.   7) Wel-
boſcht 21 H. 101 P.   8) Zbierz 80 H. 441 P.   9) Zere-
tilz 75 H. 418 P.

Summe; 315 Häuſer, 1772 Perſonen.

47)

47). Gut Wesseli, hoch;

dem Fürsten Johann Wenzel von Paar gehörig.

1) Lhotta 24 H. 158 P. 2) Welleschitz mit einer Kirche, 23 H. 140 P. 3) Wesseli, hoch, Markt mit einem Schloße und einer Pfarrkirche, 111 H. 680 P.

Summe: 158 Häuser, 978 Personen.

48) Herrschaft Wildschitz;

dem Religionsfond, vorher dem Fürsten Schwarzenberg gehörig.

1) Arnsdorf 54 H. 337 P. 2) Brunn St. Johann mit einer Kapelle, 31 H. 170 P. 3) Freyheit, Markt mit einer Kirche und Lokalie, 118 H. 610 P. 4) Glasendorf 41 H. 227 P. 5) Güntersdorf (102 H. gehören nach Arnau und 9 H. nach Schurz im Königgrätzer Kr.) 36 H. 148 P. 6) Hartmannsdorf 85 H. 445 P. 7) Hermannseifen mit einer Pfarrkirche und einem evangelischen Bethause (11 H. gehören nach Trautenau im Königgrätzer Kreise) 231 H. 1463 P. 8) Jungbuch mit einer Pfarrkirche, 115 H. 629 P. 9) Klinge 6 H. 26 P. 10) Leopold 21 H. 123 P. 11) Mastig 1 H. 8 P. 12) Mohrn mit einer Kirche und N. Pf. 107 H. 642 P. 13) Pilnikau, Markt mit einer Kirche und Lokalie, 155 H. 762 P. 14) Pilsdorf 133 H. 716 P. 15) Polkendorf 50 H. 344 P. 16) Silberstein 11 H. 68 P. 17) Thal 17 H. 84 P. 18) Weigelsdorf (9 H. gehören nach Trautenau im Königgrätzer Kr.) 58 H. 323 P. 19) Wildschitz mit einem Schloße und einer Pfarrkirche, 172 H. 1087 P.

Summe: 1442 Häuser, 8212 Personen.

49) Herrschaft Wokschitz mit Wellisch;

der Fürstinn Elisabeth Esterhazy gehörig.

1) Bartoschow 12 H. 82 P. 2) Battin 8 H. 40 P. 3) Bileto 30 H. 190 P. 4) Blatta 5 H. 39 P. 5) Bretta mit einer Kirche, 14 H. 100 P. 6) Brzeska (7 H. gehören nach Millitschowes) 10 H. 59 P. 7) Brzestina

Jlna 15 H. 99 P. 8) Bukwiß 26 H. 179 P. 9) Chlaiß 63 H. 386 P. 10) Czegkowiß 24 H. 175 P. 11) Czefchow 37 H. 253 P. 12) Dollan 24 H. 166 P. 13) Drahoras mit einer Kirche, 20 H. 151 P. 14) Drfchtekrey mit einer Kirche, 25 H. 161 P. 15) Ginolß 31 H. 175 P. 16) Gitfchinowes mit einem Schloße und einer Kapelle 13 H. 90 P 17) Hollin 33 H. 245. 18) Hrdonowiß (20 H. gehören nach Großßkal im Bunzlauer Kreife, und 1 H. nach Kopidlno) 12 H. 66 P. 19) Huboged 26 H. 136 P. 20) Ketten 21 H. 142 P. 21) Kofteleß mit einer Kirche, 14 H. 105 P. 22) Krfellna 15 H. 89 P. 23) Lhotta Auderulß 15 H. 93 P. 24) Lhotta blafná 26 H. 144 P. 25) Lhotta parjfftá 11 H. 60 P. 26) Llbifß 30 H. 207 P. 27) Libuneß 21 H. 128 P. 28) Lochow, ober, 12 H. 72 P. 29) Lochow, unter, 18 H. 118 P. 30) Nadßlaw 13 H. 98 P. 31) Olhow 28 H. 180 P. 32) Podhradj, Markt, 31 H. 165 P. 33) Prachow 15 H. 82 P. 34) Ribuitfchek 6 H. 43 P. 35) Samfchin mit einem alten Schloße und einer Pfarrkirche, 29 H. 187 P. 36) Schittletin 26 H. 168 P. 37) Slatin mit einer Pfarrkirche, 56 H. 428 P. 38) Starymjfto mit einer Kirche, 19 H. 109 P. 39) Stibla 15 H. 92 P. 40) Strjellefch 19 H. 100 P. 41) Strzewatfch 43 H. 249 P. 42) Wellifch mit einer Pfarrkirche, 27 H. 185 P. 43) Wefeß 13 H. 109 P. 44) Wobarjß, 29 H 168 P. 45) Wobawetfch 18 H. 125 P. 46) Wofchiß Schloß, 2 H. 79 P. 47) Woftrujno mit einer Pfarrkirche 34 H. 207 P. 48) Wrbiß (42 H. gehören nach Millitfchowes) 1 H. 7 P. 49) Zamoft 12 H. 78 P.

Summe: 1052 Häufer, 6809 Perfonen.

50) Gut Wollaniß;

dem Tobias und der Johanna Grázel v. Gränzenftein gehörig.

1) Patrjtm 2 Häufer, 4 Perfonen. 2) Wollaniß mit einen Schloße 80 Häufer, 460 Perfonen.

Summe: 82 Häufer, 464 Perfonen.

Summarisches
Verzeichniß
sämmtlicher Herrschaften und Güter
des
Bidschower Kreises.

Namen der Herrschaften und Güter.	Namen der Besitzer.	
Arnau, Herrschaft	Graf Joseph Bolza	
Barchow groß Gut	Invalideninstitut	
Barchow, klein G.	Baron Obieteczky	
Bidschow, neu H.	Kreisstadt	
Bielohrad, H.	Graf Schafgotsch	
Branna und Starkenbach H.	Graf Harrach	
Chlumetz H. sammt den inkorporirten Gütern Großwiklek, Aratenzu und Winar	Graf Kinsky	1
Chotesch, G.	Paulaner in Neupaka	
Czerekwitz, G.	Graf Browne	
Czista, G.	Graf Morzin	
Dobrzenitz, G.	Baron Dobrzensky	
Dymokur H.	Graf Kolloredo	1
Eisenstadtl, Markt	Gitschin Stadt	
Forst und Studenetz, G.	Graf Chorinsky	
Gerschitz, G.	Fürst Paar	
Gitschin s. Kamburg		
Hohenelbe, H.	Graf Morzin	17
Hollowaus, G.	Baron Löwenehr	1
Horzitz, H.	Invalideninstitut	1c
Kopidlno, H.	Graf Schlick	9
Kowanitz, G.	Freyinn Larisch	
Kratenau s. Chlumetz		
Kumburg, H.	Graf Trautmannsdorf	23
Kuntschitz, G.	Graf Klary	
Lomnitz, H.	Graf Morzin	8
Milletin, H.	Baron Wlkanowsche Erben	4
Millischowes, H.	Exjesuitenfond.	4
Petzkau, G.	Religionsfond	6
Podiebrad, H.	K. Kammer	23
Politschann, H.	Graf Kottulinsky	3
Poppowitz, Freyhof.	Ignaz Lederer	
Puchlowitz, G.	Baron Astfeld	
Radim, H.	Religionsfond	4

Bevölkerungsstand.			Viehstand.						
			Zugvieh.			Zucht- und Nutzvieh.			
						Schaafe.			
Männlich.	Weiblich.	Summe.	Pferde.	Ochsen.	Hornvieh.	inländische.	ausländ.	Schweine.	Ziegen.
3041	3371	6412	289	3	1397	698	267	.	355
227	231	458	41	32	367	118		85	15
90	74	164	5	22	65	158		21	3
2246	2354	4600	476	55	1613	1231		461	82
1431	1550	2981	182	128	1277	658		116	131
1553	13543	26096	426	413	2614	54		17	344
6167	6416	12583	1856	656	1164	4006	3749	120	21
289	307	596	40	32	221	118		52	38
628	618	1246	174	18	432		562	98	
1063	1116	2179	132	29	662	19		8	272
227	225	452	26	65	269	66	454	73	4
3985	4085	8070	518	695	1924	10748		793	74
430	499	929	44	3	151	142		19	15
1292	1343	2635	92	32	638	25			131
314	366	680	61	38	260	301		:66	14
5047	5364	10411	298	103	1826	48			1091
310	316	626	64	31	328	360		92	15
2847	3168	6015	671	202	2431	451		280	190
2782	2900	5682	510	395	1695	2897		717	40
174	176	350	36	21	125	270		6	2
								320	
7348	8082	15430	798	305	3058	1731			436
256	238	494	48	54	309	306		103	7
2131	2388	4519	87	159	756				374
1176	1313	2489	99	73	492	543	5	43	113
1285	1414	2699	555	48	902	557		239	48
1500	1683	3183	107	38	1029	26			345
828	8177	16005	2037	1992	4046	7390	12	2535	259
159	1232	2391	144	154	711	530	400	202	95
30	30	60	4	4	26			8	
71	70	141	2	21	130			11	
221	1302	2523	119	29	685	22	.	102	223

Namen der Herrschaften und Güter	Namen der Besitzer.
Sadowa, H. sammt dem inkorporirten Gute Trzemeschna.	Tobias und Johanna v. Gränzenstein.
Skrziwann, G.	Gräfinn Netoliczky
Slaupno, G.	Benediktiner zu Braunau
Smidar, H.	Graf Kolloredo
Smrkowitz, G.	K. Kammer
Sobschitz und Wogitz. G.	Religionsfond
Starkenbach, s. Branna,	
Stratschow, G.	Gräfinn Bredau
Studenetz, s. Forst.	
Swykow, G.	Anton Joseph Richter
Syrowatka, G.	von Klanner
Trzemeschna, s. Sadowa	
Tschermna, G.	Ritter Sablo v. Wrazny
Turz, und Zbietz, G.	Gitschiner Stiftungsfond
Wesseli, Hoch. G.	Fürst Paar
Wiklik, s. Chlumetz	
Wildschitz, H.	Religionsfond
Winar s. Chlumetz	
Wogitz s. Sobschitz	
Wokschitz, H.	Fürstinn Esterhazy
Wollanitz, G.	v. Gränzenstein.

Summe des ganzen Bidschower Kreises:

Bevölkerungsstand.

Häuserzahl.	Männl.	Weibl.	Summa
28276.	84648.	90325.	174973.

Bevölkerungsstand.			Viebstand.							
			Zugvieh.		Zucht- und Nutzvieh.					
						Schaafe.				
Männlich.	Weiblich.	Summe.	Pferde.	Ochsen.	Hornvieh.	inländische.	ausländ.	Schweine.	Ziegen.	
1884	1902	3786	389	180	1433	1388			143	3ᵒ
384	418	802	104	39	423	108	545		120	1ᵌ
342	341	683	122	44	258	754			136	1ᵌ
1943	2072	4015	441	301	1731	2831			1020	2⁻
795	871	1666	202	73	481	329			257	2ː
657	670	1327	116	6	334	20			40	1ᵒ
170	313	483	33	27	264	30	213		102	
63	73	136	12	23	120	124			22	
68	83	151	5	28	88	220			8	
308	287	595	21		78					2
885	887	1772	238	41	504	306			271	2
476	502	978	61	23	342	712			32	
3985	4227	8212	414	4	2943	1237			8	5S
3316	3493	6809	950	279	4025	3945	60		1430	3
227	237	464	65			175	580		120	

Zugvieh.			Schaafe.			
Pferde.	Ochsen.	Hornv.	inländ.	ausl.	Schw.	Ziegen
8114.	6913.	44802.	47063.	6267.	10341.	5538.

Alpha

Alphabetisches Verzeichniß

der Besitzer der im Bidschower Kreise gelegenen
Herrschaften und Güter.

A.

Astfeld, Baron Johann Wenzel, Gut Puchlowitz.

B.

Benediktinerkloster zu Brannau, Gut Slaupno.
Bidschow, k. Kreis = und Leibgedingstadt, Herrschaft
Bidschow.
Bolza, Graf Joseph, Herrschaft Arnau.
Bredau, Gräfinn Apollonia, Gut Stratschow.
Browne, Graf Philipp. Gut Czerekwitz.

C.

Chorinsky, Graf Ignaz Dominik, Freyherr von Ledske,
1) Gut Forst, 2) Gut Studenetz.
Clary, Graf Karl Ignaz, Gut Kuntschitz.

D,

Dobrzensky, Baron Johann Joseph, Gut Dobrzenitz.

E.

Esterhazy, Fürstinn Elisabeth, gebohr. Reichsgräfinn von
Weisenwolf, Herrschaft Wokschitz, mit Wellisch.
Erjesuitenfond, ehedem das Jesuitenkollegium zu Gitschin,
Herrschaft Millitschowes.

G.

G.

Eisschiner Stiftungsfond, Gut Turz mit Zbierz.
Eischin, zur Herrschaft Kumburg gehörige Schutzstadt,
   Markt Eisenstädtl.
Entzel von Gränzenstein, Tobias und Johanna, 1)
   Herrschaft Sadowa, 2) Gut Trzemeschna, 3) Gut
   Wollanitz.

H.

Harrach, Graf Johann, 1) Herrschaft Branna, 2) Herrschaft Starkenbach.

J.

J. Invalideninstitut, 1) Gut Großbarchow, 2) Herrschaft
   Horzitz.

K.

K. Kammer, 1) Herrschaft Podiebrad, 2) Gut Smrkowitz.
Kinsky von Wchinitz und Tettau, Graf Franz Ferdinand,
   1) Herrschaft Chlumetz, 2) Gut Großwiklek, 3) Gut
   Kratenau, 4) Gut Winar.
Klenner von, Wenzel, Gut Syrowatka.
Kolloredo, Graf Kamillus, 1) Herrschaft Dymokur, 2)
   Herrschaft Smidar mit Kluschitz.
Kottulinsky, Graf Franz Joseph, Herrschaft Politschan.

L.

Larisch, Freyinn Josepha, Gut Kowanitz.
Lederer, Ignaz, Freyhof Poppowitz.
Löwenehr, Freyherr Franz, Gut Hollowaus.

M.

Morzin, Graf Franz Xaver, 1) Gut Czista, 2) Herrschaft Hohenelbe, 3) Herrschaft Lomnitz.

N.

Netolitzky, Gräfinn Walburga, Gut Skrziwan.

IX. Heft.   D   O.

O.

Obietitzky, Freyherr Johann, Gut Kleinbarchew.

P.

Paar, Fürſt Johann Wenzel Joſeph, 1) Gut Cerſchitz, 2) Gut Hochweſſely.
Paulanerkloſter zu Neupaka, Gut Choteſch.

R.

Religionsfond, 1) Gut Petzkau, 2) Herrſchaft Radim, 3) Gut Sobſchitz mit Wogitz, welche alleſammt ehedem den Karthäuſern zu Waldiz gehört haben.
Richter, Anton Joſeph, Gut Swykow.

S.

Sadlo von Wrazny, Ritter Franz Rudolph, Gut Tſchermnz.
Schafgotſch, Graf Johann Berthold, Herrſchaft Bielohrad.
Schlick, Graf Joſeph, Herrſchaft Kopidlno.

T.

Trautmannsdorf, Graf Ferdinand, Herrſchaft Kumburg.

W.

Wlkanow Freyherrn Joſeph Johann, nachgelaſſene Erben, Herrſchaft Milletin.

Verschiedene
Verzeichnisse
der
Städte, Städtchen, Märkte, Schlösser u. s. w
im
Bidschower Kreise.

Verzeichniß

der Städte, Städtchen und Märkte im Bibſchower Kreiſe.

1. privilegirte Städte ſind in dieſem Kreiſe keine:

2. Städte unter dem Landesunterkammeramte gleichfalls keine:

3. unter dem Unterkammeramte ſtehende Leibgeding-ſtadt:

4. Kreisſtadt Neubidſchow.

Freye Schutzſtädte:

Stadt Arnau (Arnavia, Hoſtjn) zur Herrſchaft Arnau gehörig, von 223 Häuſern, mit einem uralten Schloſſe und einem Franziskanerkloſter.

Stadt Gitſchin zur Herrſchaft Kumburg gehörig, von 315 Häuſern, mit einem herrſchaftlichen Schloſſe, woſelbſt ſich das k. Kreisamt, und eine Hauptſchule befindet.

5. Kammeralſtadt Podiebrad, zur Kammeralherr-ſchaft Podiebrad gehörig, von 225 Häuſern, mit einem Schloſſe.

Kammeralſtädtchen Sadſka (Satjka, Sadczka) von 213 Häuſern, zur Kammeralherrſchaft Podiebrad gehörig.

Unter

Unterthänige Bergstädte:

Städtchen Freyheit zur Herrschaft Wildschitz, dem Religionsfond gehörig. (Hier war ehedem ein Goldbergwerk, das in den neuerlichen Zeiten wieder aufgesucht, aber auch wieder liegen gelassen worden).

Unterthänige Schutzstädte.

a.) Städte.

1) Chlumetz (Chlumecz nad Cziblinau) zur Herrschaft gleiches Namens gehörig, von 245 Häusern mit einem Schlosse.

2) Hohenelbe (Wrchlaby, Albipolis) eine ehemalige Bergstadt von 356 Häusern, mit einem herrschaftlichen Schlosse und einem Augustinerkloster, zur Herrschaft Hohenelbe gehörig.

3) Königstadtl (Miestecz kralowy, Regio Miestecium) von 255 Häusern, zur Herrschaft Dymokur gehörig

b) Städtchen.

1) Horzitz von 346 Häusern mit einem Schlosse, zur Herrschaft gleiches Namens gehörig.

2) Lomnitz nebst der Vorstadt Ratschin von 247 Häusern mit einem Schlosse, zur Herrschaft Lomnitz gehörig.

3) Milletin (Milatin, Milotin) von 173 Häusern mit einem Schlosse, zur Herrschaft Milletin gehörig,

4) Pilnikau (Pilingau, Pilnikow Sylwaru, Pilingi villa, Pilnicavia) von 155 Häusern, zur Herrschaft Wildschitz gehörig.

5)

5) Paka, neu (Nowa Paka) von 310 Häusern mit einem Paulanerkloster, welches im Monate Junius 1789 aufgehoben worden, zur Herrschaft Kumburg gehörig.

6) Smidar (Smidary) von 145 Häusern mit einem Schlosse, zur Herrschaft gleiches Namens gehörig.

7) Starkenbach (Gilemnicze) mit einem Schlosse von 2 7 Häusern, zur Herrschaft Starkenbach gehörig.

c) Marktflecken.

1) Bielohrad (Neudorf, Albea) von 77 Häusern mit einem Schlosse, zur Herrschaft Bielohrad gehörig.

2) Eisenstadt (Zeleznicze) von 169 Häusern, der freyen Schutzstadt Gitschin gehörig.

3) Kopidlno von 130 Häusern mit einem Schlosse, zur Herrschaft gleiches Namens gehörig.

4) Liban von 148 Häusern, zur Herrschaft Kopidlno gehörig.

5) Liebstadt von 109 Häusern, zur Herrschaft Kumburg gehörig.

6) Mlasowitz von 76 Häusern, zur Herrschaft Horzitz gehörig.

7) Nechanitz von 106 Häusern, zur Herrschaft Sadowa gehörig.

8) Peszkau von 162 Häusern, mit einem Schlosse, zum Gute Peszkau gehörig.

9) Podhradj von 31 Häusern, zur Herrschaft Wokschitz gehörig.

10)

10) Schwarzenthal (Schwarzthal) ehedem ein Berg-
städtchen von 65 Häusern, zur Herrschaft Hohenelbe gehörig.

11) Weßeli (Hoch oder Roth Weßeli, Wysoké oder
czerwené Weßell) von 111 Häusern mit einem Schlof-
s., zum Gute Weßell gehörig.

12 Fizelitz (Schischellß, Ssisselicze) von 173 Häusern,
zur Herrschaft Chlumetz gehörig.

————

Ver-

Namen	Herrschaften und Güter, wohin sie gehören.	Aeußerliches Ansehen.
Altenburg, Dorf	H. Kosmdno,	wird bewohnt.
Arnau, Stadt,	H. Arnau,	ist alt, doch wohnbar.
Barchow (groß) Dorf,	G. Großbarchow,	wird bewohnt.
Barchow (klein) Dorf,	G. Kleinbarchow,	gleichfalls bewohnt.
Bradleg, Bergschloß an dem Dorfe Thotta Bradleggeorgen	H. Millitschowes,	nun fast ganz verfallen.
Branna, Dorf,	H. Branna,	wird bewohnet.
Blamen, Stadt,	H. Chlumeg,	ist noch wohnbar.
Doballtg unter, Dorf,	H. Sadowa,	wird jetzt zum Schüttboden gebraucht.
erst, Dorf,	G. Forst,	bewohnt, der andere Theil ist neu.
Erschig, Dorf,	G. Gerschig,	ist wohnbar.
ermannseifen, Dorf,	H. Wildschig,	ist verfallen.
Itschig, Dorf,	H. Smidar,	wird bewohnt.
Grenelbe, Stadt,	H. Hohenelbe,	uralt, wird doch bewohnt
Komischko, Dorf,	H. Podiebrad,	ganz verfallen.
kmenig, Dorf,	H. Kumburg,	ist öde.
Klasoterg, Bergschloß für sich.	H. Lomnig,	davon nichts mehr übrig
Koßlos, Bergschloß im Walde,	H. Lomnig,	gänzlich verfallen.
Kowanig, Dorf,	G. Kowanig,	noch völlig wohnbar.
Kozobra, nahe bey dem Dorfe Kozogel	H. Dhmokur,	meistens verfallen.
Kratenau, Dorf,	H. Chlumeg,	ist noch zu bewohnen.
Kumburg, Bergschloß,	H. Kumburg,	ist sehr verfallen.
Pegkau, Rest,	G. Pegkau,	wird bewohnt.

Namen	Herrschaften und Güter, wohin sie gehören.	Aeußerliches Ansehen
Podiebrad, Stadt,	H. Podiebrad,	uralt, wird aber no bewohnt.
Sabornitz, nahe beym Dorfe,	H. Dymokur,	davon keine Spur me vorhanden.
Samschin, Dorf,	H. Wokschitz,	ist in eine Pfarrwo nung verwandelt.
Silberstein, Dorf,	H. Wildschitz,	ist verfallen.
Skriwann, Dorf,	G. Skriwann,	ganz wohnbar.
Smidar, Städt chen,	H. Smidar,	völlig wohnbar.
Stiepanitz (ober) Dorf,	H. Branna,	ist wüste.
Turz, Dorf,	G. Turz,	unbewohnt, wird abe noch erhalten.
Wellisch, ob dem Dorfe am Ber ge,	H. Wokschitz,	ist verfallen.
Wesseli (hoch roth, Markt,	G. Wesseli,	wird bewohnt.
Wildschitz, Dorf,	H. Wildschitz,	alt, wird doch bewohnt.

Verz

Namen	Herrschaften und Güter, wohin sie gehören.	Aeußerliches Ansehen.
...rad, Markt	H. Bielohrad,	ist in gutem Stande, wird von der Herrschaft bewohnt.
...fch, Dorf,	G. Chotesch,	von mittelmässiger Grösse
...cktwitz, Dorf,	G. Czeretwitz,	ansehnlich, wird noch immer verschönert und von der Herrschaft bewohnet.
...ista, Dorf,	G. Czista,	ist klein, hat aber ein gutes Ansehen.
...ymokur, Dorf,	H. Dymokur,	in gutem Stande.
...rschin, Stadt,	H. Rumburg,	der vordere Theil giebt ein schönes Ansehen, zwey grosse Vierecke sind noch seit dem grossen Feuer unausgebaut.
Gitschinowes, Dorf,	H. Wokschitz,	ein schönes Jagdschloß.
Hollowaus, Dorf,	G. Hollowaus,	nicht groß, doch in gutem Stande.
Horzitz, Städtchen,	H. Horzitz,	in gutem Stande.
Karlskorn, nahe bey der Stadt Chlumetz,	H. Chlumetz,	sehr gutes Schloß, noch mit einem besondern schönen Wohngebäude für die Herrschaft.
Kopidlno, Marktflecken,	H. Kopidlno,	schön und gut gebaut.
Lomnitz, Städtchen,	H. Lomnitz,	in gutem Stande.
Milletin, Städtchen,	H. Milletin,	ist durchaus regelmässig gebaut.
Millitschowes, Dorf,	H. Millitschowes,	mittelmässig, in gutem Stande.
Neuschloß, liegt im Dorfe Neustadtl,	H. Arnau,	gut gebaut, und wird immer verschönert.
Obora (Gestütt)	G. Smrkowitz,	hat gute Bauart.

Namen	Herrschaften und Güter, wohin sie gehören.	Aeußerliches Ansehen.
Politschann, Dorf,	H. Politschann,	befindet sich in sehr gu tem Stande.
Sadowá, Dörfel,	H. Sadowa,	ansehnlich gebauet.
Slaupno, Dorf,	G. Slaupno,	hat schönes Ansehen, nic groß
Sobschitz, Dorf,	G. Sobschitz,	mittelmässig.
Starkenbach, Städtchen,	H. Startenbach,	mittleren Alters, und dau erhaft gebauet.
Stratschow, Dorf,	G. Gratschow,	wird neuerdings verbc sert, nicht groß.
Swykow, Dorf,	G. Swnkow,	wird noch daran gebau
Trjemeschna, Dorf,	H. Trjemeschna,	nach heutigem Geschmac hergestellt.
Wokschitz, Schloß,		Hat noch gutes, Ansehc ist mittelmäss.g.
	H. Wokschitz,	
Wollanitz, Dorf	G. Wollanitz,	Sehr schön gebaut.

Herrschaftliche Wohngebäude:

Dobrzenitz, Dorf — Gut Dobrzenitz ⎫
Kuntschitz, Dorf — G. Kuntschitz ⎪ Ansehnliche herrschaft
Puchlowitz, Dorf — G. Puchlowitz ⎬ liche Wohngebäude.
Syrowatka, Dorf — G. Syrowatka ⎭

Tschermna Dorf — Gut Tschermna — ein gutes herrschaftlic
Wohngebäude.

Verzeichniſſe

der

Vikariate, Dechanteyen, Pfarreyen,
und Lokalien

im

Bidſchower Kreiſe.

Allgemeines

Verzeichniß

der Pfarreyen und Lokalien im Bidschower
Kreise.

A.

Arnau, D. Arnavia. Aumißlowitz, N. L. Aumislovicium,
Auslauf, N. L. Auslaufium.

B.

Babitz, N. L. Babicium. Bidschow, D. Bidzarium, Lyrziovia. Bielohrad, Pf. Bielohradium. Bieronitz, (Groß, N. L. Beronicium majus. *) Boharna, N. L.
(liegt im Königgrätzer Kreise) Borowitz, Groß, N. L.
Borovicium majus. Branna, Pf.

C.

Chleb, L. Chlebium. Chlumetz, D. Chlumecium.
Chodowitz, N. L Chodovicium. Chomutitz, Pf. Chomaticium. Chotesch, Chotetsch. N. L. Choretschium. Chotieschitz
N. L. Chotieschicium. Chroustow, N. L. Chraustovium.
Cziniowes, Pf. Cziniovesium.

D.

D.

Dobrsenitz, Pf. Dobronicium. Dohalitschka, Pf. Dohalitschecium. Dymokur, L. Dymocurium.

E.

Eisenstadtl, Zeleznitz, Pf. Ferrostadtium, Zeleznicium. Els, N. Pf. Elsa, Oelsium.

F.

Forst. Pf. Forstium, Forsta. Freyheit, L. Libertina.

G.

Gerschitz, Pf. Gerzicium. Gitschin, D. Giczinium.

H.

Harrachsdorf, N. L. Harrachsdorfium. Hermannseifen, N. P. Hermannseifium. Hluschitz, N. L. Hluschicium. Hniewtschowes, Pf. Hnievtschovesium. Hohenelbe D. Albipolis. Horzitz, Pf. Horzicium.

J.

Jablonetz, Pf. Iablonecium. Jungbuch, Pf. Neo-Bucha.

K.

Kallna, Pf. Callna. Kniescitz, Pf. Cniezicium. Königstadtl, Pf. Regio-Niestecium. Kopidlno, Pf. Copidolna. Kottwitz, N. L. Cotvicium. Kowanitz, Pf. Covanicium. Kratenau, P. Cratenavia.

L.

Langenau, Pf. Langenavia, Lanovia. Lanschow, Pf. Lanschovium. Lewin, N. L. Levinum, Lhotta kostelnj, N. L. Costelnilhotta. Liban, Pf. Libania. Lititz, N. Pf. Liticium. Liebstadtel, Pf. Libstadium. Listowitz, N. L. Liscovicium. Lomnitz, D. Lomnicium. Luschau, Pf. Luzana. Luschetz, Pf. Luzecium, Luzicza.

M.

Metlician, N. L. Medlitschana, Metliczanium. Milletin, Pf. Milletinium. Mlasowitz, L. Mlasovicium. Mlikosrb, N. L. Mlicosirba. Mohren, N. Pf. Mohrna.

N.

N.

Nechaniß, Pf. Nechanicium. Remitschowes, N. L. Nemitschovesfium. Neudorf, P. Neodorfium, Neovilla.

P.

Paka, neu, Pf. Neo - Paca. Petrowiß, Pf. Petrovicium. Peßlau, D. Petzcavia, Petzca. Pilnikau, L. Pilnicavia, Pilingi villa. Podiebrad, D. Podiebradium. Ponikla, Pf. Ponicla. Poppowiß, N. L. Popovicium. Praußniß, böhmisch, Pf, Bohemo - Prusnicium. Priedhradi, L. Przedhradium.

R.

Radim, Pf. Radimium. Rochliß, Pf. Rochlicium. Roßtok, L. Rostoccium, Rustoca.

S.

Sadßka, Pf. Sadsca. Samschin, Pf. Samschinium. Schluniß, Pf. Schlunicium. Schwarzenthal, N. Pf. Nigrothalium, Nigravallis. Slatin, Pf. Slatina. Smidar, Pf. Smidarium. Starkenbach, Pf. Gilemnicium, Stiepaniß, Pf. Stiepanicium. Studeneß, L. Studenecium,

T.

Trjemeschna, Pf.

W.

Wapno, Pf. Wapna. Wellisch, Pf. Wellisium. Wemierßiß, N. Pf Wemerzicium, Mrziczna. Wesseli, hoch, Pf. Alto - Wesseli. Wildschütz, Pf. Wildschicium, Wittkowiß, N. Pf. Witcovicium. Wostrujno. Pf. Wostruzna. Wrbiß, N. Pf. Wrbicium. Wseß, N. Pf. Wesecium.

Z.

Zehun, Pf. Sebehunium, Zehuna. Zißeliß, Pf. Zizelicium.

Verzeichniß.

Der außer dem Bidschower Kreise gelegenen Pfar
reyen oder Lokalien, zu welchen einige Dörfer
dieses Kreises entweder ganz oder zum
Theile gehören.

Pfarreyen.	Patronat.	Herrschaft und Kreis.	Dahin gehören.
Altstadt Pf.	Trautenauer Magistra:.	Schurz, Herr-schaft, König-grätzer Kreis.	Glasendorf, Dorf, Herrsch. Wildschl:
Boharna, *)	Graf Harrach	Stösser, Gut, Königgrätzer Kreis.	Puchlowitz Dorf G. Puchlowitz. Swykow, Dorf zum G. Swykow.
Dobrzichow, Pf.	K. Kammer	Serenitz, Staatsgut, Kaurzimer Kreis.	Kandia, einzelnes Haus. Perschek, Dorf zur H. Podiebrad.
Elbeteinitz, Pf.	K. Kammer	Pardubitz Kam-meralherr-schaft Chru-dimer Kreis.	Boschetz, Lippetz, Dörfer zur H. Podiebrad.
Horzenio-wes Pf.	Graf Spork	Horzeniowes Herrschaft Königgrätzer Kreis.	Wrchownitz, und Jelkowitz, Dörfer zum G. Ezerekwitz. Bukowina, Dorf Arnauer Herrsch.

*) Boharna gehört zwar zu der Königgrätzer Diözes, aber nicht
in den Bidschower Kreis, daher man solches unter die aus-
wärtigen Pfarreyen mitrechnen müssen.

Pfarreyen.	Patronat.	Herrschaft und Kreis.	Dahin gehören.
...elsdorf ...	K. Kammer.	Schurtz Herrschaft Königgrätzer Kreis.	Güntersdorf, D. zur Arnau = und Wildschitzer H. und Kommar, Dorf Arnauer Herrschaft
...rzinetz Pf.	Graf Morzin	Krzinetz Herrsch. Bunzlauer Kreis.	Mutinsko, Neuschloß, Dörfer Dymoturer H.
Laukow L.	Graf Millesimo.	Semil Herrs.h. Bunzlauer Kreis.	Hage, Dorf Kumburger Herrschaft
Liban Pf.	Graf Waldstein.	Grosskal Hr. Bunzlauer Kreis.	Brzeska, Ginolitz, Srdonowitz, Libunetz, Lhotta parzelka, Dörfer zur Herrschaft Wolschitz peklowes, Dor H. Millitsch,ewes
...diegow ...	Edler v. Hawle	G. Mladiegow Bunzlauer Kreis.	Huboged, Dlhow. Strzellitz, Jamolt, Dörfer zur Herrschaft Wolschitz

Pfarreyen.	Patronat.	Herrschaft und Kreis.	Dahin gehören.
Marquartiß Pf.	Graf Wratislaw.	Kost Herrschaft Bunzlauer Kreis.	Rzmenin, Dorf zur Herrschaft Kopidlno
NimburgD.	Stadt Nimburg,	Nimburg Stadt Bunzlauer Kreis.	Budimierzig, Drabo, Schlottawa, Dörfer zur Herrsch. Podiebrad
Kowensko Pf.	Graf Waldstein.	Grosskal Hr. Bunzlauer Kreis.	Bittochow, Kottelsko, Dörfer Lomniß H.
Rozdialowiß Pf.	Graf Klam Kallasch.	Rozdialowiß Hr. Bunzlauer Kreis	Ledeczek, Lhotta, Dörfer Dymokur H.
Ruppersdorf Pf.	Graf Millesimo.	Semil Herrsch. Bunzlauer Kreis.	Ruppersdorf, D. H. Starkenbach.
Semil Pf.	Graf Millesimo.	Semil Herrsch. Bunzlauer Kreis.	Blaziwek, Nedwießy, Hotzensko, Sutiß, Swietla, Dörfer zur Herrschaft Lomniß gehörig.

Pfarreyen.	Patronat.	Herrschaft. und Kreis	Dahin gehören.
Skramnik Pf.	Fürstlichtenstein.	Schwarzkosteller Herrsch. Kaurzimer Kreis.	Miltschiz, Chotaun, Dörfer Podiebrad H.
Catobit R. L.	Religionsfond.	Grosskal Hr. Bunzlauer Kreis.	Zlabek, Dorf Lomnitz H.
Wobarz R. L.	Religionsfond.	Kollin Herrsch. Kaurzimer Kreis.	Chrtschiz, Dorf Podlebrad H.

Die Zahl der Seelen, welche in vorbenannte außer dem Kreise gelegene Pfarreyen gehören, Boharna ausgenommen, als welches gleichswohl zu dem Bidschower Vikariat mit gerechnet wird, ob der Ort selbst schon nicht zum Kreise gehört, beträgt

5018.

Verzeichniß

der Vikariate, oder Kreisdechanteyen, Dechanteyen
Pfarreyen und Lokalkaplaneyen des Bidschower Kreises.

Königgräßer Bisthums.

Vikariat	Namen		Herr-schende Sprache	In dem Pfarr-bezirke befinden sich			Zu welcher Herrschaft die Seelsorge namentlich gehört
	der Dechan-teyen, Pfarrey-en und Lokalien.	des Patronats.		Seelen	Kirchen	Kapellen	
Bidschow	**I.** Dechanteyen						
	Bidschow neu	Stadtrath allda	böhmisch	3327	1	4	Stadt Bidschow
	Chlumetz	Graf Kinsky	böhmisch	3499	4	2	H. Chlu-metz.
	II. Pfarreyen						
	Dobrženitz	Baron Do-brženk:	böhmisch	749	1		Gut Do-brženitz.
	Kratenau	Graf Kinsky	—	1049	1		H. Chlu-metz.
	Luschetz	Graf Kinsky	—	1523	2	1	H. Chlu-metz.
	Mžchanitz	von Grän-zenstein	—	2259	3		H. Sa-dowa.
	Wapno	Graf Kinsky	—	1372	2		H. Chlu-metz.

Vikariat	Namen der Dechanteyen, Pfarreyen und Lokalien.	des Patronats.	Herrschende Sprache	Seelen	Kirchen	Kapellen	Zu welcher Herrschaft die Seelsorge namentlich gehört.
	Žehun, Žehun	Graf Kinsky	böhmisch	1029	2	1	H. Chlumetz.
	Žiželiz oder Schischeliz	Graf Kinsky	—	2724	2		H. Chlumetz.
	III. Lokalkaplaneyen.						
	Babiz N. L.	K. Kammer	böhmisch	912	1	1	H. Chlumetz.
	*) Bobarna N. L.	K. Kammer	—	228	1		Gut Größer im Königgrätzer Kreise.
	Merliczan N. L.	Kloster Braunau	—	1485	1	1	G. Slaupno.
	Mikošrb N. L.	K. Kammer	—	709	1	1	H. Chlumetz.
			Summe	21365	22	11	
	I. Dechanteyen						
	Gieschin	Gr. Trautmannsdorf	böhmisch	3213	2	1	H. Kumburg.
	Lomniz	G. Merzin	—	3363	3	1	H. Lomniz.
	Peßkau	Religionsfond	—	2687	3		G. Peßkau.

*) Hier find nur diejenigen Seelen angemerket, die zum Bidschower Kreise gehören; die übrigen werden bey dem Königgrätzer Kreise vorkommen, als wohin das Dorf selbst gehört.

P 4

| Vikariat | Ramen | | Herrschende Sprache | In dem Pfarrbezirke befinden sich | | | Zu welcher Herrschaft die Seelsorge namentlich gehört |
	der Dechanteyen, Pfarreyen und Lokalien.	des Patronats.		Seelen	Kirchen	Kapellen	
Gitschin	**II.** Pfarreyen						
	Bielohrad	Gr. Schafgotsch	böhmisch	2364	1	3	H. Bielohrad.
	Chomutiß	K. Kammer	—	3414	3		G. Smrkowiß.
	Eisenstadel	Gitschiner Magistrat	—	2125	1	1	Stadt Gitschin
	Kopidlno	Gr. Schlick	—	2153	2	2	H. Kopidlno.
	Liebstadel	Gr. Trautmannsdorf	—	1971	2		H. Kumburg.
	Luschan	Gr. Trautmannsdorf	—	2389	3	1	H. Kumburg.
	Milletin	B. Wlkanowsche Erben	—	2889	2	1	H. Milletin.
	Nendorf N. P.	K. Kammer	—	2894	1		H. Lomniß.
	Paka neu	Gr. Trautmannsdorf	—	3721	3		H. Kumburg.
	Radim	Religionsfond	—	1756	1	2	H. Radim.
	Samschin	Fürstinn Esterhazy	—	555	1	1	H. Wokschiß.
	Slatin	Fürstinn Esterhazy	—	849	1		H. Wokschiß.
	Wellisch	Fürstinn Esterhazy	—	2176	5	2	H. Wokschiß.
	Wesseli, hoch	Fürst Paar	—	2812	3		G. Hochwesseli.

Alkarlat	Namen		Herrschende Sprache	In dem Pfarrbezirke befinden sich			Zu welche Herrschaf die Seelsorge namentlich gehört
	der Dechanteyen, Pfarreyen und Lokalien	des Patronats		Seelen	Kirchen	Kapellen	
	Woskrujno	Fürstinn Esterhazy	böhmisch	41375	3	4	H. Wosschitz.
	Wrsetz N. P.	K. Kammer	—	1158	2		H. Kopdino.
	III.						
	Lokalkaplaneyen						
Bieschin	Auslauf N. L.	K. Kammer	teutsch u. böhmisch	1298	1		H. Kumburg.
	Borowitz, groß. N. L.	K. Kammer	böhmisch	1129	1		Gut Peß kau.
	Chotesch N. L.	K. Kammer	—	760	1	1	Gut Chotesch
	Lewin N. L.	K. Kammer	—	687	1		H. Kumburg.
	Niemitschos wes N. L.	K. Kammer	—	1087	1	2	H. Mil litschowe
	Poppowitz N. L.	K. Kammer	—	946	1		H Millit schowes.
			Summe	48771	48	21	
	I,						
	Dechanteyen						
	Arnau	Gr. Bolza	teutsch	2800	3		H. Arnau
	Hohenelbe	Graf Morzin	teutsch	7064	2	1	H. Hohenelbe.

Vikariat	Namen der Dechanteyen, Pfarreyen und Lokalien	Namen des Patronats	Herrschende Sprache	In dem Pfarrbezirke befinden sich			Zu welcher Herrschaft die Seelsorge namentlich gehört.
				Seelen	Kirchen	Kapellen	
	II. Pfarreyen						
Hohenelbe	Branna	Graf Harrach	böhmisch	3090	2		H. Branna.
	Els N. P.	Graf Bolza	teutsch	1219	1		H. Arnau
	Forst	Gr. Choringen	teutsch	985	1	1	Gut Forst
	Herrmannseifen	Religionsfond	teutsch	1807	1		H. Wildschütz
	Jablonetz	Gr. Harrach	böhmisch	1631	1		H. Starkenbach
	Jungbuch	Religionsfond	teutsch	1184	1	1	H. Wildschütz
	Kallna	Graf Morzin	böhmisch	2831	1	1	G. Czista
	Langenau	Gr. Morzin	teutsch	3426	1		H. Hohenelbe
	Mohren N.P.	K. Kammer	teutsch	755	1		H. Wildschütz
	Ponikla	Gr. Harrach	böhmisch	2224	1		H. Branna
	Prausnitz	Gr. Bolza	teutsch	1746	1	1	H. Arnau
	Rochlitz	Gr. Harrach	teutsch	4930	1		H. Starkenbach
	Schwarzenthal	K. Kammer	teutsch	1053	1		H. Hohenelbe
	Stiepanitz	Gr. Harrach	böhmisch	2192	1		H. Branna
	Wildschütz	Religionsfond	teutsch	1478	1		H. Wildschütz

Namen der Dechanteyen, Pfarreyen und Lokalien	des Patronats	Herrschende Sprache	In dem Pfarrbezirke befinden sich			Zu welcher Herrschaft die Seelsorge namentlich gehört.
			Seelen	Kirchen	Kapellen	
Wemierschitz R.P.	K. Kammer	böhmisch	2179	1		H. Starkenbach.
Wittkowitz R.P.	K. Kammer	teutsch	2417	2		H. Branna.
Starkenbach P.	G. Harrach	böhmisch	3327	1		H. Starkenbach.
III. Lokalkaplaneyen.						
Freyheit	Religionsfond	teutsch	780	1		H. Wildschitz.
Harrachsdorf N. L.	K. Kammer	teutsch	850		1	H. Starkenbach.
Rottwitz, N. L.	Gr. Bolza	teutsch	761	1	1	H. Arnau
Pilnikau	Religionsfond	teutsch	1478	1		H. Wildschitz.
Rostok	Gr. Harrach	böhmisch	2180	1		H. Starkenbach.
Studenetz	Gr. Chorinsky	böhmisch	1262	1	1	(G. Studenetz.
		Summe	55660	31	8	
I. Dechanteyen						
Podiebrad	K. Kammer	böhmisch	3484	3		H. Podiebrad.

| Namen | | Herr- | In dem Pfarr-bezirke befin-den sich | | | Zu welcher |
der Dechan-teyen, Pfarrey-und Lokalien	des Patronats	schende Sprache	Seelen	Kirchen	Kapellen	Herrschaft die Seel-forge na-mentlich gehört.
II. Pfarreyen						
Cziniowes	K. Kammer	böhmisch	1105	1		H. Podle brad.
Kowaniz,	Freyinnka-risch	——	935	1		G. Kowa-niz.
Libiz, N. P.	K. Kammer	——	1035	1		H. Podie-brad.
Sadska	K. Kammer	——	1947	1		H. Podie-brad.
Wrbiz, N.P.	K. Kammer	——	1742	2		H. Podie-brad.
III. Lrkalkapla-neyen						
Aumislowiz N. P.	K. Kammer	böhmisch	353	1		H. Podie-brad.
Chleb,	K. Kammer	——	1036	1		H. Podie-brab.
Lhotta Lo-stelnj, N.L.	K. Kammer	——	1129	'		H. Podie-brad.
Przedhradi	K. Kammer	——	1829	2		H. Podie-brad.
		Summe	14595	14	0	
I. Dechanteyen keine						

Namen der Dechanteyen, Pfarreyen und Lokalien	des Patronats	Herrſchende Sprache	In dem Pfarrbezirke befinden ſich			Zu welcher Herrſchaft die Seelſorge namentlich gehört.
			Seelen	Kirchen	Kapellen	
II.						
Pfarreyen						
Dobalitſchka	von Gränzenſtein	böhmiſch	1021	1	1	H. Sabowa.
Gerſchitz	Fürſt Paar	—	778	1		G. Gerſchitz.
Hniewtſchowes	G. Browne	—	1107	1	1	G. Cherelwitz.
Herzitz	Erzbiſchof b. Prag	—	4124	2	1	H. Horzitz.
Knieſchitz	G. Kolloredo	—	1584	2		H. Dymokur.
Königſtadt	G. Kolloredo	—	2502	2		H. Dymokur.
Lanſchow	G. Kottulinſky	—	1808	1		H. Politſchann.
Petrowitz	G. Kolloredo	—	1591	2		H. Smidar.
Schlunitz	G. Kolloredo	—	1733	2		H. Dymokur.
Smidar	G. Kolloredo	—	2938	3	1	H. Smidar
Trzemeſchna	Edler v. Gränzenſtein	böhmiſch und teutſch	951	1		G. Trzemeſchna
III.						
Lokalkaplaneyen						
Bieronitz, R. L.	K. Kammer	böhmiſch	1020	1		H. Dymokur

Vikariat	Namen		Herr- schende Sprache	In dem Pfarr- bezirke befin- den sich			Zu welcher Herrschaft die Seel- sorge nas mentlich gehöret.
	der Dechan- teyen, Pfarrey, und Lokalien	des Patronats		Seelen	Kirchen	Kapellen	
Chlumetz	Chodowitz N. L.	Baron Lö- weneck	böhmisch	855	1		G. Hollo- maus.
	Choticschitz	K. Kammer	—	800	1		G. Dy- mokur.
	Chrousiow	K. Kammer	—	768	1		H. Dy- mokur.
	Dymokur	Gr. Kollo- redo	—	576	1		H. Dy- mokur.
	Sluschitz	Gr. Kollo- redo	—	944		1	H. Smi- dar.
	Liskowitz N. L.	K. Kammer	—	821	1		H. Smi- dar.
	Mlasowitz	Invaliden- instituts- kommission	—	769	1		H. Hor- zitz.
			Summe :	26690	25	5	

Leutmeritzer Bisthums.

Liban	Pfarrey						
	Liban	Gr. Schlick	böhmisch	2874	3	3	H. Ko- pidsno.
	Summe von den Vikariaten			169955	143	48	
	Wenn man ferner dazu schlägt diejenigen Seelen, welche in die Pfarreyen anderer Kreise zur Seelsorge gehören . .			5018			
	ist die ganze Summe.			174973			

Namen der Herrschaft	Akatholische			Jüdische		
	Männlich	Weiblich	Summe	Männlich	Weiblich	Summe
Barchow, klein, Gut				17	14	31
Biدschow H.				297	298	595
Branna, und Starkenbach H.	797	750	1547			
Dielobrad, H.				3	3	6
Chlumetz, H.	20	29	49	17	14	31
Cyrekwiz, G.	3		3	6	6	12
Dymokur, H.	96	36	132	20	26	46
Gerschiz, G.				3	2	5
Hollowaus, G.				3	2	5
Horziz, H.	18	19	37	192	214	406
Kopidlno, H.				48	46	94
Komaniz, G.	11	5	16	19	15	34
Kumburg, G.	169	157	326	59	64	123
Lomniz, H.	7	2	9			
Milletin, H.	5	6	11	2	6	8
Podiebrad, H.	1276	1311	2587	94	72	166
Politschann, H.				2	3	5
Puchlowiz, G.		•	•	6	5	11
Sadowa, H.	30	25	55	5	6	11
Straischow, G.				6	4	10
Wesseli, hoch G.	2	3	5	5	7	12
Wildschiz, H.	197	189	386			
Wokschiz, H.				9	13	22
Wollaniz, G.				2	2	4
Summe	2631	2532	5163	815	822	1637

gehören zur Diözes.	Zahl und Namen der Vikariate nach gegenwärtiger Benennung.	Im Bezirke befinden sich					
		Dechaneye	Pfarreyen	Lokalien	Seelen	Kirchen	Kapellen
Königgrätzer Bisthum	Bidschow,	2	7	11	21365	22	11
	Gitschin,	3	16	6	48771	48	21
	Hohenelbe,	2	18	6	55660	31	8
	Podiebrad,	1	5	4	14565	14	
	Schluniz,	4	11	8	26690	25	5
Leutmeritzer Bisthum	Liban,		1	4	2874	3	3
	Auswärtige Pfarreyen.	8	58	35	169955 / 5018	143	48
	Summe	8	58	35	174973	143	48

Verzeichniß

der Pastoren der tolerirten Religionen.

Augspurgischer Konfession.

Herrmannseifen Dorf —— Herrschaft Wildschiz.
Krjischliz Dorf —— —— Branna.
Stehen unter dem Superintendenten in dem Dorfe Krabschiz, Herrschaft Raudniz Rakoniker Kreises.

Helvetischer Konfession.

Chleb, Horjatew, Libiz, Dörfer der Herrschaft Podiebrad, Liebstadtl. Markt zur Herrschaft Kumburg, Wellenitz und Wellim zur Herrschaft Podiebrad.
Stehen unter dem Superintendenten in nurbesagtem Dorfe Wellim auf der Herrschaft Podiebrad.

Ver-

Verzeichniß

der aufgehobenen, zur Aufhebung bestimmten, und noch beybehaltenen Klöster und Residenzen im Bidschower Kreise.

Beybehaltene Klöster:

Name des Orts, wo ein Kloster vorhanden.	Name des Ordens	Bestimmte Anzahl der Personen	Stifter
Hohenelbe, Stadt	beschuhete Augustiner	12	

Zur Aufhebung bestimmte:

Arnau, Stadt	Franziskaner	17	
Neupaka, Städtchen	Paulaner *)	17	

Aufgehobene Klöster

Gitschin, Stadt	Jesuiten	45	
Waldiz, Dorf	Karthäuser	19	

*) Sind nunmehr aufgehoben worden. s. S. 215.

Verzeichniß

der Fabrikengebäude, Glashütten, Bleichen,
Flußhütten, Bergwerke, Eisenhämmer,
Bäder, Papiermühlen, Färbereyen
und Poststazionen im Bidschower
Kreise.

Fabriken.

Branna, Dorf auf der Herrschaft Branna, eine Battist-
Schleyer - und Leinwandfabrike.
Gitschin, Stadt auf der Herrschaft Kumburg, eine Baum-
wollspinnerey.

Glashütten.

Neuwelt, Dorf auf der Herrschaft Starkenbach.

Bleichen.

Arnau, Stadt auf der Herrschaft Arnau, Kommerzial-bleichen —			1
Arnsdorf, Dorf — Herrschaft Wildschiß, —		—	1
Forst, Dorf auf dem Gut Forst,		—	1
Freyheit, Markt auf der Herrschaft Wildschiß, —		—	1
Haarta, Dorf — — Hohenelbe	—	—	2
Hrabatschow, Dorf — — Starkenbach —		—	2
Johannesbrun, Dorf — — Wildschiß	—	—	1
Neuschloß, Dorf — — Arnau	—	—	1
Neupaka, Dorf — — Kumburg	—	—	1
Rochliß, Dorf — — Starkenbach —		—	5

Doro-

Borowitz groß, Dorf auf dem Gute Petzkau, Hausbleichen — 10
Hrabatschow, Dorf auf der Herrschaft Starkenbach — 2
Rochlitz, Dorf — — Starkenbach — 2
Salenbach, Dorf — — Starkenbach — 1

Flußhütten oder Potaschsiedereyen.

Bielobrad, Markt auf der Herrschaft Bielobrad.
Chlumetz, Stadt — Chlumetz.
Chodowitz, Dorf auf dem Gute Hollowaus.
Chotelsch, Dorf — Gut Chotelsch.
Cziniowes, Dorf auf der Herrschaft Podiebrad.
Dymokur, Dorf — — Dymokur.
Kopidlno, Markt — — Kopidlno.
Liban, Markt — — Kopidlno.
Lbottascharowes, Dorf — — Horzitz.
Milletinek, Mayerhof — — Milletin.
Strziwann, Dorf — — Strziwann.

Bergwerke.

Nedwießy, Dorf auf der Herrschaft Lomnitz, Steinkohlenbruch
Ponikla, Dorf — — Branna, Eisenbergwerk.

Eisenhämmer.

Ernstthal, Dorf auf der Herrschaft Starkenbach.
Stiepanitz, Nieder, Dorf auf der — Branna.

Bäder.

Chodowitz, Dorf — — Gut Hollowaus.
Forst, Dorf — — — — Forst.
Horzitz, Stadt — — Herrschaft Horzitz.
Johannesbrunn, Dorf — — — Wildschitz.
Mastigerbaad, Dörfel — — — Arnau.
Sadska, Stadt — — — Podiebrad.
Trottin, klein, Dorf — — — Milletin.
Wostrußno, im Walde — — — Wotschitz.

Papier-

Papiermühlen.

Hohenelbe, Markt auf der Herrschaft Hohenelbe.
Jungbuch, Dorf — — — Wildschitz.
Langenau, mittel, Dorf — — Hohenelbe.
Lauterwasser, Dorf — Gut Forst.
Pelsdorf, Dorf — Herrschaft Hohenelbe.

Färbereyen.

Arnau, Stadt auf der Herrschaft Arnau — —	2
Arnsdorf, Dorf — — — Wildschitz. —	1
Bidschow, neu, Kreisstadt — —	2
Hohenelbe, Markt auf der Herrschaft Hohenelbe —	2
Horzitz, Stadt — — — Horzitz. — —	4
Lomniz, Markt — — — Lomniz. — —	1
Sadska, Stadt — — — Podiebrad —	1
Starkenbach, Markt — — Starkenbach —	1

Poststazionen.

Arnau, Stadt — Herrschaft Arnau.
Chlumetz, Stadt — — Chlumetz.
Gitschin, Stadt — — Kumburg.
Horzitz, Stadt — — Horzitz.
Königstadtl, Markt — — Dymokur.
Neupaka, Stadt — — Kumburg.

Briefkollekturen.

Hohenelbe, Markt — Herrschaft Hohenelbe.

Mißzellen.

I.

An Getraide wird im Königreiche Böhmen im Durchschnitte, ein Jahr in das andere gerechnet, von

3,609,360 Joch	776 Klaftern	ordentlicher ackerbarer Felder (f. S. 198 des VIII. H.)
67115 —	1373 —	Teichen, die mit den Aeckern verglichen worden.
220136 —	1393 —	Trischfeldern
3,896,613 Joch	342 Klaftern.	

erbauet:

1,874,241	Metzen	Waitzen,
10,067,145	—	Korn,
4,149,429	—	Gerste,
8,378,546	—	Haber,

II.

Berichtigungen und Zusätze

des im VI. Hefte S. 1 u. f. f. eingerückten Verzeichnisses der in Böhmen vorkommenden mineralischen natürlichen Salze.

Nachstehender Aufsatz ward uns von einem sehr geschickten Naturforscher zugeschickt. Da nun dadurch das Verzeichniß der mineralischen natürlichen Salze,

Q 4   welches

welches zu Anfange des VI. Hefts gegenwärtiger Materialien vorkömmt, berichtiget wird, machen wir uns
ein Vergnügen daraus, solches ohne alle Abänderung
dem Leser mitzutheilen.

Zu Nro. 1. Das Sedlitzer Wasser kann nicht zu
den ganhaltigen Mineralwassern gezählet werden. Nur
jene, die eine so beträchtliche Menge der Luftsäure enthalten, daß ihr Umfang dem Umfange des Wassers fast gleich
kömmt, verdienen diesen Namen. Das Saidschlitzer Wasser aber, welches das Sedlitzer am Mineralgehalte übertrifft,
enthält nach des verewigten Bergmanns Analyse (s. opusc.
phys. elem. T. I.) in 100 Kubikzollen oder einer schwe-
dischen Kanne nur 2 Kubikzolle fixer Luft.

Zu Nro. 3. Der vorzüglichste fixe Bestandtheil des
Billner Sauerbrunns ist gleichfalls luftsaures Mineralalkali: denn er enthält in einer schwed. Kanne, oder 5 1/2 P.
österr. Zollgewicht 107, 9 Gran desselben (s. Reuß Naturgeschichte der Billner Sauerbrunnen S. 204.)

Zu Nro. 4. Das Sedlitzer Wasser enthält kein vi-
triolsaures Mineralalkali, obschon es in Crells Annalen
und in Grens Handbuch der Chemie gleichfalls behauptet
wird.

Zu Nro. 8. Es ist übertrieben, wenn hier gesagt wird,
daß das Bittersalz aus dem Sedlitzer Wasser häufig gesotten wird. Sedlitz hat nur 3 Brunnen, und siedet jährlich
kaum 12—15 Zentner Salz; da aus dem Saidschlitzer Wasser gleichfalls jährlich über 120 Zentner gesotten werden,
und bey zunehmendem Verschleiße noch mehr gesotten werden kann. Das Saidschlitzer Wasser kann kein Sauerbrunn
genannt werden da ihm die Luftsäure fast gänzlich fehlt.
(s. oben 1.) Das Salz, welches die Einwohner des Dor-
fes Wploetz, so wie jene von Pilln, Hochpetsch, Stra-
nitz u. s. w. sieden, wird größtentheils aus dem Serpinas
sumpfe, und nicht aus Bitterwasserquellen gesotten. Die
Manipulazion ist derjenigen ähnlich, deren man sich bey Berei-
tung des Meersalzes bedienet. Man gräbt im Herbste
Gruben in die Erde, welche bey Austretung des Serpinas
morastes im Winter und Frühlinge angefüllt werden; dieses läßt man an freyer Luft bis zu einer gehörigen Exi-
stenz

stenz abdünsten, und versiedet dann die Lauge in eisernen Kesseln. Und nur das auf diese Art bereitete Bittersalz, welches unter dem Namen des Saidschitzer und Sedlitzer Salzes gewöhnlich verkauft wird, hält in seiner Mischung eine beträchtliche Menge Glaubersalzes, und zerfließt wegen der enthaltenen salzsauren Bittersalzerde an der Luft. Uiberhaupt scheint das thonigte Flötzlager in dem von Widelen gegen SW. bis gegen Stankowitz und Schiselitz fortlaufenden, und durch einige Queerthäler durchschnittenen Bergrücken durchaus Bittersalz zu enthalten, das aber durch zufließendes süßes Wasser aufgelöst, nur zu Saidschitz und Sedlitz als ächtes Bitterwasser erscheint. Dieser Bergrücken, der aus abwechselnden Sand-Thon-und Mergellagen und Steinkohlenflötzen zu bestehen scheint, und durch zwey parallel laufende Thäler von dem Erzgebirge und Mittelgebirge abgeschnitten, deren letzteres den Serpinasmorast aufnimmt, der sich von Sedlitz bis Wischbowa erstreckt, im Winter die ganze Gegend überschwemmt, im Sommer aber austrocknet. Mit diesem Thale verliert sich auch alle Spur des Bittersalzes.

Zu Nro. 9. Auch bei Czerwitz und Schönberg waren vor wenigen Jahren noch Alaunwerke, die aber aus Mangel an Unterstützung eingegangen sind, mit leichter Mühe aber wieder in Aufnahme gebracht werden könnten, da das Erz nach dem Zeugniße der Bergwerkskundigen ergiebig ist. Selbst auf den Halden liegt eine große Menge ausgeförderten Erzes, das von der Luft auswittert, dessen salziger Theil aber durch das Regenwasser weggeschwemmt wird. Uiberhaupt läßt sich aus der Asche aller Steinkohlen in dieser Gegend Alaun in verschiedenen Verhältnissen auslaugen.

Zu Nro. 12. und 13. Salzsaure Bittersalzerde enthält auch das Saidschitzer und Sedlitzer Bitterwasser.

———————

III.

Haupttabelle

über Trauung, Geburt und Sterblichkeit vom 1ſten
Jäner bis den letzten Oktober 1788.

Königreich Böhmen.	Trauungen.	Geboren.		Geſtorben.	
Hauptſtadt Prag	505	männl.	1402	männl.	1645
		weibl.	1348	weibl.	1461
		Zuſ.	2750	Zuſ.	3107
In dem übrigen Lande	17,277	männl.	52,485	männl.	34,726
		weibl.	49,832	weibl.	33,484
		Zuſ.	102,317	Zuſ.	68,210
Zuſammen in dem ganzen Königreiche	17,782		105,067		71,317

Mehr geboren, als geſtorben,
33750 Perſonen.

———

IV.

IV.

**Vorlesungen auf der Universität zu Prag vom
2. Sept. 1788 bis zu Ende Junius 1789.**

Vorm Jahre haben wir im VI. Hefte S. 171
u. f. f. ein Verzeichniß dieser Vorlesungen geliefert;
jetzt wollen wir solches, in sofern Veränderungen vorgefallen sind, hiermit ergänzen.

Facultas Theologica.

Annus I.

Historiam religionis & ecclesiæ Christianæ, insertis suo
loco *institutionibus Patrologicis & Historiæ litterariæ Theologiæ*, secundum D. MATHIAE DANNEMAYER *institutio-
nes Historiæ ecclesiasticæ* N. T. hora IX. & III. præleget
A. R. ac Eximius D. CASPAR. ROYKO. *Prima* vero
linguæ hebraicæ & græcæ elementa, cum Hermeneutica
utriusque Testamenti hora VIII. & II. præleget A. R. D.
CHRISTOPHORVS FISCHER. Cujus pariter officii est
omnes Alumnos Seminarii Generalis præscripta methodo
in exegesi sacræ scripturæ instruere, atque Theologos secundi anni diebus Scholarum, elementa linguæ græcæ cum
Hermeneutica N. T. horis extraordinariis docere. In he-
bræa: præscripta est *Grammatica Reineccii*, in græca,
Grammatica Patavina.

Annus II.

Theologiam de moribus secundum SCHANZA horis VIII. & II. explanabit A. R. ac Exim. D. AMBRO-
SIVS SCHMID. Integram vero Dogmaticam, a quæstionibus pure Scholasticis secundum datam instructionem ex-
purgatam, insertis quæstionibus Polemicis, secundum GAZ-
ZANIGA & BERTIERI hora IX. & III. exponet A. R.
ac Exim. D. CAIETANVS HAFFENEKER.

Illi, qui secundum Theologiæ annum absolverunt,
Theologiam de moribus cum præsentibus secundi anni
Theologis audient, alteram vero Dogmaticæ partem in Se-
mi-

minario Generali docente Exim. P. HAFFENEKER horæ
extraordinaria excipient.

Annus III.

Ius ecclefiafticum fecundum inftitutiones D. PEHEM
horis VIII. & III. exponet Clariffimus ac Magnificus D.
FERDINANDVS WOLDRZICH. Paftoralem bohemi-
cam E. D. AEGIDIVS CHLADEK, Germanicam A. R.
D. MARIANVS MIKA, uterque *fecundum* Giftfchüß horis IX. et II. Qui prope finem anni Scholaftici, confpec-
tum encyclopedicum totius curfus Theologici fuis Audi-
toribus proponent , ad quod ipfum reliqni DD. Profeffo-
res, in fuis propriis materiis præftandum obftringuntur.

Juriſtiſche Vorleſungen.

Sind die nämlichen, wie vorm Jahre, nur mit der Bemer-
kung, daß der Hr. Prof. Woldrzich an des vorm Jahre verſtor-
benen Prof. Crottmanns Stelle die Provinzialgeſetze und ge-
richtsübliche Rechtsgelehrheit nach ſeinen eigenen Aufſätzen
lehrt. Desgleichen hören die Juriſten im erſten Jahre die Kir-
chengeſchichte beym Hrn. Prof. Royko nach dem nunmehr
feſtgeſetzten Plane.

Medizinische Vorlesungen.

Bey dieſen iſt gar keine Veränderung vorgefallen.

Philosophische Vorlesungen.

Hierbey iſt nur anzumerken, daß der Hr. Profeſſor Schönbauer ſeit dem 1. Jänner l. J. die neue Lehrkanzel der Landwirth-
ſchaft zu verſehen hat, wogegen ſonſt keine Veränderung bey der
philophiſchen Fakultät vorgefallen iſt. Die Lehrkanzel der bö-
hern Geometrie und Algebra iſt nach Abſterben des Prof.
Teſſaneks noch unbeſetzt, wird aber inzwiſchen vom Hrn.
Aſtronomabjunkten Gerſtner verſehen: ſo wie die durch
Beförderung des Prof. Chladeks zur Dechantey Jebrak
erledigte Lehrkanzel der Phyſik von dem k. Aſtronom
Sternad ſupplirt wird.

V.

V.

Inſtrukzion für die neu errichtete ökonomiſche=
patriotiſche Geſellſchaft in Böhmen vom
1. Oktober 1788.

Joſeph der Zweyte von Gottes

Gnaden erwählter Röm. Kaiſer, zu allen Zei=
ten Mehrer des Reichs, König in Germanien, Hun=
garn und Böheim ꝛc. Erzherzog zu Oeſterreich, Her=
zog zu Burgund und Lothringen ꝛc.

Um der in Prag beſtehenden Agrikultursgeſellſchaft, in
ihren Arbeiten eine beſtimmte Richtung zu geben, und den
Umfang ihres Wirkungskreiſes zu erweitern, haben Wir
dieſelbe, nach den angehängten Grundſätzen, zu einer öko=
nomiſch = patriotiſchen Geſellſchaft erhoben, und ihr das
Recht ertheilt, in allen ihren ſowohl öffentlichen, als Pri=
vatverhandlungen ſich eines eigenen Siegills mit der Um=
ſchrift : K. K. ökonomiſch = patriotiſche Geſellſchaft im
Königreiche Böhmen, zu gebrauchen.

Gebieten demnach jedermann, dieſe Geſellſchaft von
nun an in dieſer Eigenſchaft zu betrachten und zu behan=
deln, und halten Uns überzeugt, daß jeder, dem es Stand,
Geſchäfte und andere Umſtände möglich machen, zu des
Vaterlandes Wohl, die nützbaren Bemühungen dieſer Ge=
ſellſchaft zu unterſtützen bereit ſeyn wird.

Um aber zu den Vortheilen, welche dieſe Geſellſchaft
zu verſchaffen fähig iſt, vorzubereiten, und dieſelben in
der Anwendung deſto weiter zu erſtrecken, haben Wir für
zuträglich gefunden, an der Univerſität ein ökonomiſches
Lehramt zu errichten, und ſolches mit der Geſellſchaft und
der Univerſität in Verbindung zu bringen. Die Verleſun=
gen dieſes neuen Lehramtes, wozu der Eintritt unentgeltlich
offen ſteht, werden mit dem 1. Jänner 1789 den Anfang
nehmen.

Nach

Nach dieser jedermann angebotenen Gelegenheit, sich in ökonomischen Kenntnissen die nothwendige Vorbereitung zu verschaffen, verordnen Wir:

§. 1. Daß nach Verlauf des ersten Lehrkurses der ökonomischen Vorlesungen, im Königreiche Böhmen bei der Landwirthschaft kein Beamter neu angestellet werde, der nicht durch Zeugnisse darthun kann, daß er über die zu seinem Amte erforderlichen Kenntnisse geprüfet worden ist. Die Prüfung soll von dem Lehrer der ökonomischen Wissenschaften, in Gegenwart zwey wirklicher Mitglieder der ökonomisch = patriotischen Gesellschaft geschehen.

§. 2. Sowohl diejenigen, welche mit einem Zeugnisse von dem Lehrer der ökonomischen Wissenschaften versehen sind, und erst in Wirthschaftsämter eintreten, als alle in Böhmen bereits angestellte Wirthschaftsbeamten, wenn letzte noch nicht bei der bisher zu Prag bestandenen Ackerbaugesellschaft die Immatrikulation erhalten haben, sind verpflichtet, von nun an sich bei der ökonomisch = patriotischen Gesellschaft einschreiben (immatrikuliren) zu lassen.

§. 3. Vom 1. May des Jahrs 1789 angefangen, soll demnach ohne einen solchen Matrikulazionsschein kein Beamter in Wirthschaftsdiensten behalten oder aufgenommen werden.

§. 4. Um den Matrikulazionsschein von der ökonomisch = patriotischen Gesellschaft zu erhalten, haben die wirklich in Diensten stehenden Wirthschaftsbeamten längstens bis den ersten Februar 1789 an die Kreisämter, zu welchen sie gehören, mit einer Meldung sich zu wenden, und darinn Namen, Geburtsort, Wohnort, Amt, und die Obrigkeit, der sie dienen, anzugeben.

§. 5. Zugleich mit dieser Meldung hat der Wirthschaftsbeamte eine nach dem Amte, so er bekleidet, verschiedene, mässige und gegen die vorigen auf die Hälfte herabgesetzte Taxe für den Matrikulazionsschein nach folgenden Klassen zu entrichten:

Erste Klasse: Beeidete Landesbuchhalter, Wirthschaftsräthe, bevollmächtigte Inspektoren, Wirthschaftsadministratoren oder Pächter, bezahlen mit Einschluß der Stempelgebühr, welche auch

bei

bei der Taxe aller folgenden Klassen bereits mitbe-
griffen ist . . . . . . 4 Gul. 15 Kr.

Zweyte Klasse : Direktoren , Oberbeamte,
Wirthschaftsselretäre, Forstmeister und Hausbuch-
halter . . . . 3 Gul. 15 Kr.

Dritte Klasse : Die ersten Beamten auf kleinen Herrschaften und die Residenten . 2 Gul. 45 Kr.

Vierte Klasse : Amtleute, Burggrafe und Rent-
meister . . . . . 2 Gul. 15 Kr.

Fünfte Klasse : Verwalter und Rentschreiber
 . . . . . 1 Gul. 45 Kr.

Sechste Klasse : Kastner , Waisenschreiber
und Steuereinnehmer . . 1 Gul. 9 Kr.

Siebente Klasse : Fischmeister, Gewölbschrei-
ber , Wald- und Wirthschaftbereiter . — 45 Kr.

Achte Klasse : Bier- Holz- und Lederschreiber,
die sogenannten Amanuenses und Schreiber bei Beamten der ersten , zweyten und dritten Klasse — 39 Kr.

Neunte Klasse : Schreiber bei Beamten der
vierten Klasse . . . — 30 Kr.

Zehnte Klasse : Schreiber bei Beamten der
sechsten Klasse wie auch alle Praktikanten — 24 Kr.

§. 6. Uiber die mit der Taxe begleitete Meldung
wird das Kreisamt einen Interimsschein ausstellen, alle
bei ihm eingegangene Meldungen und Taxen in einen Haupt-
ausweis zusammenfassen, und solche mit Ende Februars
1789 durch den Fillalkreiskassirer an den Präses der k. k.
ökonomisch- patriotischen Gesellschaft zu Prag, zugleich mit
der Anmerkung senden , in wie weit dem Kreisamte bekannt ist , daß alle Beamten des Kreises sich nach der
Vorschrift genau gemeldet haben. Die Gesellschaft ferti-
get alsdann für die in dem Ausweise angezeigten Beamten
die Matrikulazionsscheine nach dem beigefügten Formulare
A aus , und sendet dieselben längstens bis letzten März
1789 an die Kreisämter, damit sie noch vor Ausgang des
Aprils den Beamten zugestellet werden können.

§. 7.

§. 7. Wenn ein bereits immatrikulirter Beamter in eine höhere Klasse befördert wird, hat er davon der ökonomisch - patriotischen Gesellschaft, binnen 4 Wochen, auf die nämliche Art durch das Kreisamt die Anzeige zu machen, und zugleich die Taxe des erhaltenen Amtes, mit Abschlag des in der vorigen Klasse schon entrichteten Betrags, zu erlegen, wofür er einen Schein nach dem beigefügten Formulare B erhält.

§. 8. Schreiber oder was sonst für Personen, welche noch nie ein wirkliches Wirthschaftsamt versehen haben, sind, bevor sie ein solches antreten, verpflichtet, bei der ökonomisch - patriotischen Gesellschaft sich zu melden, und das Zeugniß über die Prüfung aus den ökonomischen Wissenschaften beizubringen. Dann erst wird diese den Matrikulazionsschein nach dem Formulare C ausstellen.

§. 9. Da Leute von übelm Betragen unwürdig sind, einer unter öffentlichem Schuße stehenden Gesellschaft einverleibt zu seyn; so ist ein Wirthschaftsbeamter, der auf einer Untreue betreten, und nach ordentlich erhobenen Umständen, dieserwegen seines Dienstes entsezet wird, auch zugleich bei der Gesellschaft ausgeschlossen. Daher die Obrigkeit ihm bei der Entlassung den Matrikulazionsschein abzunehmen, und denselben zugleich mit der Anzeige der gegen den Beamten verhängten Strafe an das Kreisamt zu senden hat. Dieses ist angewiesen, darüber die weitere Anzeige an das Gubernium zu machen, welches den Matrikulazionsschein an die Gesellschaft zur Tilgung und Vormerkung zu befördern hat.

Eine Obrigkeit, welche die Anzeige in einem solchem Falle unterläßt, oder einem der Untreue wegen seines Dienstes entsezten Beamten sogar ein Zeugniß des Wohlverhaltens ertheilt, soll, wenn es entdecket wird, zu dem Erlage von 50 Gulden an die Kasse der Gesellschaft und nach Umständen auch zu einer höheren Geldstrafe verhalten werden.

Gegeben in unserer Haupt = und Residenzstadt Wien, den 2ten Oktober im siebenzehnhundert acht und achtzigsten, unserer Regierung, der römischen im fünf und zwanzigsten, und der erbländischen, im achten Jahre.

Joseph.

Leopoldus Comes a Kollowrat,
Reg. Boh. Sup. & A. A. pr. Canc.

Joh. Rudolph Gr. Chotek.

Johann Wenzel Graf
von Ugarte.

Ad Mandatum Sacræ Cæf. Regiæ Majeftatis proprium.

Anton Friedrich v. Mayern.

Grundsätze

nach welchen die ökonomisch‑patriotische Gesellschaft
bestehen und geleitet werden soll:

1) Zum Protektor bestellen Se. Majestät den ober‑
sten Burggrafen, als Landeschef.

2) Zum Präses hat das Gubernium jedesmal einen
ansehnlichen Staatsbeamten, der Kenntnisse von der Land‑
wirthschaft besitzet, zu wählen. In Abwesenheit desselben,
oder in Verhinderungsfällen hätte der älteste Beisitzer das
Präsidium zu führen.

3) Nebst diesem soll die Gesellschaft aus zwanzig
wirklichen und zwey und dreyssig korrespondirenden Mit‑
gliedern bestehen.

Der Protomedikus und die auf der hohen Schule
zu Prag angestellten öffentlichen Lehrer der Naturkunde,
der Vieharzney, der Kräuterkunde, der Mechanik, der
Technologie, der politischen Wissenschaften, wie auch der
Kammeraladministrator und der neu anzustellende Lehrer
der Landwirthschaft gehören immer als wirkliche Mit‑
glieder zu dieser Gesellschaft, und sind zu derselben Auf‑
nahme mitzuwirken und zu arbeiten von Amts wegen ver‑
bunden.

Die übrigen wirklichen Mitglieder sind aus Güter‑
besitzern, wie auch aus Landesinspektoren oder Wirthschafts‑
beamten, welche gute theoretische und praktische Kenntnisse
von der Landwirthschaft besitzen, und wenigstens 12 Jahre
bey derselben angestellet waren, von der Gesellschaft selbst
zu wählen, und von dem Gubernium zu bestätigen.

Bey dieser Wahl muß stets darauf gesehen werden,
daß unter den wirklichen Mitgliedern wenigstens zwey des
Forstwesens wohl kundig seyn.

4) Zu korrespondirenden Mitgliedern sind in jedem
Kreise in der Landwirthschaft erfahrne Männer von der Ge‑
sellschaft selbst zu wählen, ohne die Bestätigung des Gu‑
bernium einzuholen. Auch können Ausländer zu korre‑
spondirenden Mitgliedern angenommen werden.

Uibrigens wird allen geschickten Wirthschaftsbeamten
gestattet, mit der ökonomisch‑patriotischen Gesellschaft über
Gegenstände der Landwirthschaft in Briefwechsel zu treten.

5)

5) Die Gesellschaft hat des Jahrs wenigstens zwölf ordentliche Sitzungen, das ist: am ersten Montage jeden Monats eine, wenn aber Umstände es fordern, auch noch außerordentliche Sitzungen zu halten.

Wenn die korrespondirenden Mitglieder gelegenheitlich sich zu Prag befinden, sollen dieselben zu diesen Sitzungen den Zutritt haben, und geladen werden.

6) Die Beschäftigung dieser Gesellschaft soll zwar allein auf die Verbesserung und Aufnahme der böhmischen Landwirthschaft in allen ihren Zweigen und Abtheilungen abzielen, doch bleibt derselben unbenommen, auch mit andern in- und ausländischen Gesellschaften sich in Briefwechsel zu setzen.

7) Die wirklichen sowohl als die korrespondirenden Mitglieder haben von Zeit zu Zeit über Gegenstände des Acker- und Weinbaus, über Kultur der Wälder, über die Vieh- Pferd- und Bienenzucht ꝛc. über Mechanik, Hydraulik u. d. gl. Vorschläge, welche auf wahrgenommene Gebrechen, auf Thatsachen und Erfahrungen sich beziehen, und der eigentliche Zweck der Gesellschaft sind, zu liefern, und ihre gemachten Bemerkungen mitzutheilen.

Die nach gehöriger Prüfung wichtig, zweckmässig und gemeinnützig erkannten Abhandlungen und Belehrungen sollen auf Kosten der Gesellschaft in Druck gelegt, in öffentlichen Blättern angekündiget, und der nach Abschlag der Auslagen ausfallende reine Gewinn zur Hälfte der Gesellschaft, zur Hälfte dem Verfasser zugetheilt werden. Nebst dem ist zu trachten, daß eine ökonomische Monatschrift, oder wenigstens ein ökonomischer Almanach, von wesentlichem nutzbaren Inhalte, wozu jedermann Beyträge postfrey einsenden kann, von der Gesellschaft geliefert werde.

8) Von allen Abhandlungen, Monatschriften, Almanachen, oder was immer für wichtigeren Schriften, welche von der Gesellschaft in Druck erscheinen, hat sie jedesmal ein Exemplar an die prager Universitätsbibliothek abzugeben, und die gewöhnlichen 3 Exemplarien durch das Gubernium nach Hof einzusenden.

Bestätigung des Herrn Professor Schönbauers zum Lehrer der ökonomischen Wissenschaften.

Seiner Majestät höchsten Entschließung zu folge hat Gubernium dem Doktor Schönbauer, nebst der Professur der allgemeinen Naturgeschichte und Technologie auch das Lehramt der ökonomischen Wissenschaften, welches er jedoch nach Vorschrift des Patents vom 1ten Oktob. d. J. gleich mit Eintritt des 1789 Jahres anzufangen, künftig aber seine Vorlesungen nach dem gewöhnlichen Schuljahr einzurichten hat, mit dem Auftrag zu verleihen, daß er die Vorlesung nach seinem hier zurückfolgenden genehmigten Plan einrichten soll, für welches Lehramt demselben die ausgemessenen vierhundert Gulden jährlich bey dem Fond der ökonomisch-patriotischen Gesellschaft anzuweisen sind, und es so mit von dem Konkurse zu diesem Lehramt abkömmt.

Um aber auch ein vollständiges systematisches Lehrbuch zu erhalten, hat Gubernium bekannt zu machen, daß demjenigen, der nach gehöriger Prüfung die beste Ausarbeitung eines zweckmässigen Vorlesebuchs der ökonomischen Wissenschaften liefern wird, nicht nur ein Preis von 24 Dukaten aus dem Fond der ökonomisch-patriotischen Gesellschaft abgereicht, sondern auch demselben die eigene Auflage, und der Gewinn des Verlags ganz zu seinem Nutzen überlassen werden wird. Die Einbringungszeit hat Gubernium bis Ende Sept. 1789 zu bestimmen, und die eingelangten Ausarbeitungen, nachdem solche, so wie es mit den Vorlesungsplänen geschehen, von der Universität geprüft seyn werden, mit seinem Gutachten sofort zur Auswahl und Bestätigung anher einzusenden.

Uibrigens ist zum Präses dieser Gesellschaft nach den Grundsätzen des Patents ein ansehnlicher Staatsbeamter, oder Güterbesitzer, der Kenntnisse von der Landwirthschaft besitzet, zu wählen, und zur Bestätigung anher anzuzeigen.

Wien den 24ten November 1788.

Joh. St. Chotek.

Franz Binz. von Scharf.

Beſtätigung Sr. Erzellenz, des Herrn Grafen von Lazanzky zum Präſidenten.

Die unterm 21ten dieſes anher angezeigten von den Mitgliedern der ökonomiſch-patriotiſchen Geſellſchaft vermög der Auflagen einhellig getroffene Wahl eines Präſes in der Perſon des Herrn Gubernial-Vizepräſidenten Grafen von Lazanzky, wird mit Vergnügen beſtätiget, da von deſſen ökonomiſchen Kenntniſſen ſowohl, als von ſeinem bekannten patriotiſchen Dienſteifer, die vollkommene Beförderung der bey Errichtung dieſer Geſellſchaft bezielten Abſichten ſich mit Grund erwarten läßt.

Wien den 30 Jänner 1789.

Joh. Gr. Chotek.

Joh. W. Gr. Ugarte.

Bernh. Freyherr v. Degelmann.

Namen

ſämmtlicher Mitglieder

der neu errichteten ökonomiſch-patriotiſchen Geſellſchaft.

Protektor: Se. Erzellenz, Herr Ludwig Graf von Capriani, oberſter Burggraf und Präſident des k. Landesguberniums in Böhmen.

Präſident: Se. Erzellenz, Herr Prokop Graf von Lazanzky, oberſter Landrichter und Präſident der k. Landrechte.

Vermöge der Instruktion bestellte wirkliche Mitglieder.

Herr Protomedikus Thaddäus Bayer, k. Sanitätsrath; Herr Ignaz Butschek, beyder Rechte Doktor, k. Rath und öffentlicher Lehrer der politischen Wissenschaften; Herr Joseph Johann von Erben, k. Gubernialrath und Kammeraladministrator; Herr Franz Leonhart Hergett, k. Lehrer der Ingenieur- und mechanischen Wissenschaften, wie auch der praktischen Mathematik; Herr Johann Nepomuk Knobloch, Doktor der Arzneywissenschaften, k. Lehrer der Vieharzneykunde; Herr Joseph Gottfried Mikan, Doktor der Arzneykunde, k. Sanitätsrath und Lehrer der Chemie und Botanik; Herr Joseph Anton Schönbauer, Doktor der Arzneywissenschaften, k. Lehrer der allgemeinen Naturgeschichte, physischer Erdbeschreibung und Technologie, welchem auch unterm 24 November 1788 das Lehramt der ökonomischen Wissenschaften verliehen worden; Herr Johann Baptist Zauschner, Doktor der Arzneykunde, k. Lehrer der speziellen Naturgeschichte.

Durch die Wahl bestellte ordentliche Mitglieder.

Herr Graf Bouqvoi, Herr Oekonom Bulla, Herr Buchhalter Donnhammer, Hr. Graf Kanal, Hr. Graf Franz Anton Kolowrat, Herr Mayer, Prälat vom Strahof, Hr. Buchhalter Müller, Hr. Buchhalter Redelhammer, Hr. Graf Salm, Hr. Graf Spork, Oberstlandjägermeister, Hr. Professor Strnad, Hr. Buchhalter Wolf.

VI.

VI.

Nachricht von einer neuen Industrialanstalt zur Bildung der Jugend im Berauner Kreise.

Wir liefern hier gegenwärtige vor kurzem im Druck erschienene Nachricht für Freunde der Nationalbildung aus dem Berauner Kreise, und wünschten, daß solche auch in andern Kreisen Nachfolger hervorbringen möchte, um der ganzen Nation nach und nach diejenige Industrie einzuflößen, welche sich schon in manchen Kreisen rühmlich auszeichnet.

Es ist bekannt, daß der gemeine Mann in den um die Hauptstadt liegenden Kreisen ausser den Beschäftigungen des Feldes meistentheils müßig lebe, und jene Industrie, welche in den Kreisen an der Gränze blühet, hier nicht zu treffen sey. Doch diese Industrie wird hier nicht ewig schlummern. Auch hier wird sie einst aufleben. Später zwar durch sich selbst, früher aber durch thätige Mitwirkung. Wenn schon die gegenwärtige Jugend zur Arbeitsamkeit und Industrie angeführet würde; so könnten die künftigen Enkel dahin kommen, wohin erst mehrere Jahrhunderte von selbst führen dürften.
Der vollendete Mensch bleibt, wie er ist. Gar nicht, oder doch nur selten läßt er sich ändern. Soll Industrialbildung nicht fruchtlos seyn, so gebe man die Erwachsenen auf, und fange bey der Jugend an. Nur diese ist der Gegenstand für die Bildung zur Industrie.

Zu diesem Endzwecke ist die Verbindung des Handarbeitunterrichts mit dem Lehrunterrichte in der Schule unstreitig das wirksamste Mittel. Nur die Schule ist die allgemeine Stätte, unsere Kinder von den Vorurtheilen und der Trägheit ihrer Väter zu retten.

Durch thätige Mitwirkungen ist zwar der Handarbeitunterricht bereits in mancher Schule eingeführet worden. Und wie die Erfahrung zeigt, nimmt hierdurch selbst der Unterricht bessern Fortgang. Denn viele Lehrer der Reli-

gion

gion und Moral werden hierbey auf der Stelle angewendet, und die Abwechslung vom Lehr- zum Arbeitunterrichte enthält Mannigfaltigkeit. Und Mannigfaltigkeit unterhält die Kinder.

Nun aber wie ist es möglich, den Handarbeitunterricht in den Schulen allgemein einzuführen?

Menschenfreunde müssen sich des Werks annehmen, wenn es von statten gehn soll. Menschenfreunde müssen sich zu dem Ende vereinigen. Vereinigte Kraft wird es erwirken. Die vereinigte Kraft einer patriotischen Gesellschaft zur Beförderung der Industrie durch den Unterricht der Jugend.

Hier ist der Plan zur Errichtung einer solchen Gesellschaft:

1) Diese Gesellschaft soll sich auf den ganzen berauner Kreis erstrecken.

2) Die Direkzion derselben übernimmt der k. k. Gubernialrath und Kreishauptmann, Freyherr von Ehrenburg, als Chef des Kreises.

3) Die Vizedirektion wird führen der k. k. Kreisschulkommissar, Hr. F. Scholz.

4) Bey dem Vizedirektor soll das Komptoir der Gesellschaft bestehen, in welchem die Verhandlungen derselben vorgehen.

5) Jeder Geistliche, Beamte, und wer immer zu dem Zwecke der Gesellschaft mitwirken will, wird auf bloßes Verlangen, und ohne Leggeld, Mitglied.

6) Wer nun immer Mitglied werden will, hat sich an den Vizedirektor der Gesellschaft zu verwenden, worauf er dann das Dekret der Aufnahme empfängt.

7) Die Pflichten der Gesellschaft gründen sich auf den Endzweck: durch thätige Mitwirkung die auflebende Jugend des Kreises durch den Unterricht der Schule zur Arbeitsamkeit und Industrie anzuführen und anzugewöhnen.

8)

8) Der Vizedirektor hat demnach jedem Mitgliede die Mittel an die Hand zu geben, wie die Pflichten, welche der Endzweck der Gesellschaft auflegt, erfüllt werden können.

Daher

9) jedes thätige Mitglied insbesondere mit dem Vizedirektor Briefe wechseln muß, um gemeinschaftlich mit demselben zu verhandeln, welche Gattung der Handarbeiten den Ortsumständen am angemessensten und leichtesten zu betreiben sey? Woher die Werkzeuge und Materialien, und aus welcher Quelle sie herbeygeschafft werden können? Wie die Produkte abzusetzen, und die Kinder auf der Stelle dafür verhältnißmäßig zu belohnen seyen? Wie die Frau des Lehrers, welche den Handarbeitunterricht geben soll, die nöthige Geschicklichkeit, wenn sie dieselbe noch nicht besitzt, erhalten, und wie sie für ihre Mühe einigermaßen belohnt werden könne? Ferner wie die Arbeitstunden mit den Lernstunden abwechseln, und die Kinder zu dem Ende abgetheilet werden sollen ꝛc. ꝛc.

10) Ueber diesen Briefwechsel, der nichts anders als dem Zwecke entsprechende Gegenstände enthalten darf, führet der Vizedirektor ein Protokoll, in welches alles, was die Mitglieder mit demselben verhandeln, auszugsweise eingetragen wird.

11) Dieses Protokoll wird von halben zu halben Monaten der Direkzion vorgelegt, woraus dieselbe die Verhandlungen der Gesellschaft ersehen, beurtheilen, und mit ihren Erinnerungen begleiten kann.

12) Bedarf die Unternehmung eines Mitgliedes Unterstützung durch Ansehn und Nachdruck: so wird der Vizedirektor dieselbe vom k. Kreisamte reichlich bewirken.

13) Bedarf hingegen die Unternehmung Unterstützung am Gelde, und läßt sich dazu durchaus keine Quelle ausfindig machen; so wird die Direkzion es dem k. k. Landesgubernium mit ihren Gründen und Wünschen vortragen, um dieselbe allenfalls aus dem Schulfonde zu erhalten.

14) Von dieser Gesellschaft soll, wie es sonst von andern geschieht, keine Kasse geführet werden, da ihre Mitwirkung vielmehr in moralischer Thätigkeit bestehen muß. Daher

R 5

15) die

15) die Mitglieder auch nicht gehalten sind, bestimmte Geldbeyträge zu leisten. Doch dürften

16) Nothfälle dann, wann andere Abhilfe durchaus unmöglich ist, es fordern, eine geringe Geldsammlung bey der Gesellschaft zu veranlassen. Diese Nothfälle werden jedoch selten dafür angenommen werden, weil die Gesellschaft ausser ihrer moralischen Mitwirkung keine beschwerende Pflichten zu erfüllen haben soll. Geschieht es nun doch: so soll

17) der Gesellschaft hiervon die Absicht, der unumgängliche Aufwand, und die verhältnißmässige genaue Vertheilung der Beyträge auf die Mitglieder angezeigt, verrechnet, und die Beweise der Verwendung in der Folge beygebracht werden.

Da nun die Bildung der Jugend zur Industrie erwähntermassen der Endzweck der Gesellschaft ist: so ist es ausser allem Zweifel, daß dieselbe sich durch genaue Erfüllung ihrer Pflichten den Beyfall des Staats zuziehen werde. Zu dem Ende sollen

18) die Mitglieder, wie die vorzüglichern Handlungen derselben von Zeit zu Zeit dem k. k. Gubernium angezeiget werden. Ist jedoch

19) die Handlung eines Mitgliedes von der Art, daß sie nebst einem besondern Aufwande des Wohlthäters auch die besten Folgen für das Wohl der Unterthanen hat, so soll dieselbe dem k. k. Gubernium zur weitern Begleitung an des Kaisers Majestät angezeiget werden. Ueberhaupt wird

20) jede edle Handlung, welche von den Mitgliedern ausgeübet werden wird, vom k. Kreisamte anerkannt, und nach Würden geschätzet werden.

Damit aber auch jedes Mitglied der Gesellschaft wisse, aus wie viel und was für Mitgliedern dieselbe bestehe und was sie gutes übe; so soll auch

21) die Nachricht darüber von Zeit zu Zeit im Kreise ergehen.

Auf erwähnte Bedingnisse soll nun diese patriotische Gesellschaft zur Beförderung der Industrie durch den Unterricht der Jugend gegründet werden.

Es läßt sich erwarten, daß viele Freunde der Nationalbildung die Einverleibung dieser Gesellschaft suchen werden.

Beraun am 25ten Juni 1789.

VII.

Veränderungen des teutschen Schulwesens in Böhmen. 1788.

Wir haben im VIIten Hefte gegenwärtiger Materialien S. 8. und f. f. den Zustand der Normal-Bürger-und Landschulen in Böhmen am Ende des Winterkurses 1787 geliefert und S. 52 noch die Veränderungen, die sich im Sommerkurse gedachten Jahres zugetragen haben, hinzugesetzt. Gegenwärtig wollen wir die Veränderungen, welche sich in dem unmittelbar darauffolgenden Winter-und Sommerkurse 1788 ereignet haben, nachtragen.

Winterkurs 1788.

1. In Ansehung der Schullehrer.

a) Bey der Normalschule zu Prag wurden Wenzel Senft und Franz Anton Schindler an die Stelle der beyden, nach S. 5. gedachten VII. Hefts, als Kreisschulkommissäre beförderten vormaligen Lehrer, Kaspar Metternichs und Ignaz Wilflings;

b) bey der Piaristenhauptschule auf der Neustadt in Prag statt P. Julian Hiller, P. Adolph Stingel als Katechet und Lehrer;

c) bey der Hauptschule in Brandeis statt des vorigen Direktors und Katecheten Mathias Rößler, der Weltpriester Joseph Maschke, statt des abgegangenen Lehrers Anton Schiffners, der P. Piarist Kanut Weber, angestellet.

d) Bey der Hauptschule in Reichenau, ist der eine Lehrer und Katechet P. Piarist Ulrich Klitschka, welcher vom Piaristenprovinzial, des zum Theil eingezogenen Vermögens wegen, nach Bunzlau übersetzt ward, weggekommen; auch sind in erwähnter Schule bloß die 3 Klassen einer Stadtschule abgehalten worden.

e) Bey der Hauptschule in Schlackenwerth ist statt des Katecheten und Lehrers P. Felizian Fritsche, der P. Christoph Koller als solcher bestimmt worden.

f) Bey der Hauptschule in Teutschbrod lehren statt der ehemaligen 4 geistlichen Personen die in dem Sommerkurs 1787 angestellten beyden Lehrer, P. Bas-

Baſilius a St. Benedikto als Direktor und Lehrer, und der P. Wenzel a St. Joſepho als Katechet und Lehrer. Uibrigens iſt bey dieſer Schule nebſt den bereits beſtandenen weltlichen Lehrern noch der Gehilfe Joſeph Hruby angeſtellet worden.

g) Bey der Hauptſchule Böhmiſchkrummau blieb die Stelle des Direktors, welche der gegenwärtig im Klattauer Kreiſe angeſtellte Kreisſchulkommiſſär Scheuba vor dem begleitete, den Winterkurs unbeſetzt; ſtatt des vorigen Gehilfen Vinzenz Czekal, wurde der Gehilf Lorenz Neder, und obererwähnter Vinzenz Czekal ſammt Wenzel Wolf bey der neuerrichteten mit der Hauptſchule verbundenen Mädchenſchule angeſtellt, und der Weltprieſter P. Ortner als Katechet, wie Anna Neukaninn als Induſtriallehrerinn derſelben beſtimmt.

h) Bey der Hauptſchule zu Kuttenberg wurde an die Stelle des Lehrers Franz Wawra der Lehrer Anton Kantſky ſubſtituiret, und Ignaz Jezitſchek ſtatt des vorigen Gehilfen Franz Kommenda als ſolcher angeſtellt.

i) Bey der Hauptſchule in Pilſen wurde der Lehrer Joſeph Gerlach für die Mädchenſchule, an welcher die vorigen zwey Lehrerinnen noch unterrichten, beſtimmt.

k) Bey der Hauptſchule in Klattau iſt ſtatt des Katecheten Andreas Hutter, der Katechet P. Edmund Zinek prämonſtratenſer Ordens angeſtellt worden; die Stelle des vorigen Lehrers Franz Stark, der gegenwärtig die Stelle des Kreisſchulkommiſſärs im Prachiner Kreiſe vertritt, iſt noch unbeſetzt. Die Lehrerſtelle bey der Mädchenſchule vertrat durch den Winterkurs der vierte Lehrer Philipp Hula.

l) Bey der Hauptſchule zu Mariaſchein iſt ſtatt des 1ten Lehrers Joſeph Böhm der Lehrer Michael Kühnelt angeſtellt worden.

m) In der Stadt Gitſchin Bidſchower Kreiſes wurde eine ordentliche Hauptſchule errichtet, bey welcher ſich durch dieſen Winterkurs folgendes Perſonal befand. Der Weltprieſter Michal Wanke als Direktor, der P. Piariſt Vinzenz Radnizky als Katechet; als erſter Lehrer Franz Hennlich, als zweyter Joſeph Tworſky, als dritter Joſeph Jary und als Gehilfe Johann Sellatſch.

Bey

n) Bey der Hauptschule in Taus ist für die besonders
errichtete Mädchenschule der Lehrer Joseph Schlechta, und die Lehrerinn Katharina Flaschkinn bestim-
met worden.

o) Noch fernere Veränderungen der Lehrer bey den übrigen Stadt - und Landschulen zu beschreiben, würde
zu sehr ins weitläuftige führen.

2. In Ansehung der Schüler.

Die Zahl der schulfähigen Kinder erstreckte sich diesen
Kurs auf 223879, wovon die Schule 174909,
besuchet haben. Vergleichet man nun die Zahl der
Schulbesuchenden dieses Kurses mit den Schulgehen-
den des Winterkurses von 1787 so sieht man, daß
die Schulbesuchenden sich um 16142 vermehret haben.

3. In Ansehung der Schulen.

Die Anzahl der Schulen im ganzen Lande belief sich in
diesem Winterkurse auf 2336; folglich sind, da in
dem Winterkurse des 1787ten Jahrs 2253 Schulen waren, 83 zugewachsen.

4. In Ansehung der Schulgebäude.

In diesem Kurse sind 22 neue Schulgebäude erbauet
worden, und zwar insbesondere zu Chleb, Aumißlo-
wiz, Wrbiz, Altkolin, Luschez, Worasiz, Harrachsdorf, Swojanow, Robozna, Riegersdorf,
Heinzendorf, Liebenthal, Hossin, Luschteniz, Gutwasser, Libnitsch, Elerniz, Desseniz, Staneziz,
Millowiz, Hartlikow, und Pobnanj.
Zu Bistrau im Chrudimer Kreise ist das Schulgebäu-
erweitert worden.
Schullehrer wurden während dieses Kurses 98 abgerichtet, und zwar 83 an der Musterschule zu Prag,
die übrigen aber an den auf dem Lande errichteten
Hauptschulen.

Som-

Sommerkurs 1788.

1. In Ansehung der Schullehrer und Lehrerinnen.

a) Bey der neu errichteten Hauptschule am Thein in
Prag ist folgendes neue Schulpersonal angestellt
worden, als:
Joseph Stegmeyer, als Direktor,
P. Bonaventura Minoritenordens, als Katechet,
Franz Karl Wolf, Thomas Wening und Florian
Klein, als Lehrer,
Anton Möser, als Gehilfe, desgleichen
Franz Aloys Krabath, Weltpriester, als Mäd-
chenschulkatechet,
Adalbert Turinsky, als Gehilfe,
Mariana und Josepha Seilenbergerinn, als Leh-
rerinnen.

b) Bey der Hauptschule in Brandeis ist Barbara Bo-
haczek als Industrialllehrerinn,

c) bey der Hauptschule in Pardubitz an des verstorbenen Anton Petrżicžek Stelle Joseph Kruch, zum
2ten Lehrer,

d) bey der Hauptschule zu Teutschbrod statt des nach
Pardubitz versetzten Joseph Kruchs Stelle Vinzenz
Daubrawa, als dritter Lehrer,

e) bey der Hauptschule zu Königgrätz, an des abgegangenen Johann Beers Stelle Jakob Zeplichal,
als 3ter Lehrer,

f) bey der Hauptschule in Kuttenberg an des abgegangenen Anton Kaußkys Stelle Michael Schaar,
zum 3ten Lehrer,

g) bey der Hauptschule in Pilsen, an des in Ruhestand
versetzten Thaddäus Fenzels Stelle Balthasar
Ender, als 2ter Lehrer angestellt worden.

h) bey der Hauptschule Böhmisch Krummau, wurde die bis-
her vakantgewesene Direktorsstelle dem Weltpriester
Michael Wanken, die Katechetenstelle aber dem
P. Gotthard Kraft Minoritenördens anvertrauet.

i)

i) Beyder Hauptschule in Gitschin ist an des nach böhmisch
Krummau versetzten Michael Wankens Stelle Jakob Luzinger als Direktor, und Barbara Czer-
manninn, als Industriallehrerinn,

k) bey der neuerrichteten Hauptschule in Strakoniz
Prachiner Kreises aber folgendes neue Schulpersonal
angestellt worden, als:

Anton Pollak, Maltheserordens Priester, als Direktor,

Joseph Flaschka, Maltheserordens Priester, als Katechet,

Joseph Petrziczky, und Christoph Boschann, beyde
als Lehrer,

Wenzel Müller, als Gehilfe, desgleichen

Wenzel Kutschera als Mädchenlehrer, und Antonia
Chudobin als Industriallehrerinn.

2. In Ansehung der Schüler.

Die Zahl derselben war, wie wir S. 269 gesehen haben, im Winterkurse 1788. 174,909. in dem gegenwärtigen aber nur 146,006. so daß sich solche
um 28903. vermindert zu haben scheint, wenn man
nicht auf die S. 52. des VIIten Hefts bereits an-
geführte Ursache des Abfalls Rücksicht nimmt.
Hält man aber die Zahl des Sommerkurses 1787,
welche sich nicht höher als auf 127,521 belief, mit
der von dem 1788ten Sommerkurse zusammen, so
hat sich solche um 18,485. vermehret.

3. In Ansehung der Schulen und Schulgebäude.

A. Zu Prag am Thein, ist die dasige Stadtschule zu
einer Hauptschule erhoben, und dazu eingerichtet,
auch zu Strakoniz im Prachiner Kreise ist eine
neue Hauptschule errichtet worden.

B. Neue Schulgebäude sind aufgeführt worden: 1) im
Kaurzimer Kreise a) zu Kochanek, und b) Gutenthal
auf der Kammeralherrschaft Brandeis, desgleichen c) zu Loschan, d) Anwal, e) Janowiz,
f) Strzebeschiz und g) Weltrub; 2) im Chrudimer Kreise zu Przelautsch auf der Kammeralherrschaft Pardubiz; 3) im Pilsner Kreise a) zu Go-
solaup, b) Leskau, c) Domaschlag, d) Hradisch,
e) Girsch, f) Scheibenradisch, g) Neuhäusel, und
Neudorf; 4) im Elbogner Kreise a) zu Liebeny,
b)

b) Trinkseifen c) Habersspürg, d) Neuroblan, e) Frauenreuth, und f) die Mädchenschule zu Tuppau; 5) im Rakonitzer Kreise zu Bohnitz, 6) im Leutmeritzer Kreise zu Schönbrunn; 7) im Bunzlauer Kreise a) zu Engelsberg, b) Krazau und c) Heindorf; 8) im Saatzer Kreise a) zu Hawran, b) Mohr, c) Wesdek und d) Schaboglück; 9) im Königgrätzer Kreise a) zu Daudleb, b) Bilay, c) Schatzlar, d) Gnatnitz, e) Bürglitz, f) Ruppersdorf, g) Boharna und h) Liebschan; 10) im Czaslauer Kreise a) zu Lukawetz, b) Swietla, c) Heilbersdorf, und d) Dobrenz; 11) im Budweiser Kreise a) zu Steinkirchen, b) Pitschin und c) Forbes; 12) im Klattauer Kreise a) zu Stokau b) Wostraschin, c) Chodenschloß, d) Röttenbaum, e) Neugedim, f) Eisendorf, g) Aubotsch, h) Rollautschen, i) Eisenstrasser, k) Aidlin und l) Permartitz; 13) im Prachiner Kreise a) zu Schlüsselburg, b) Radomischl, c) Paratschow, d) Stralhostitz, e) Podsrb, f) Großbor und g) Reheberg; 14) im Taborer Kreise a) zu Jungwoschitz, b) Kleinbischka, c) Miskowitz, d) Mühlhausen, e) Sezekau, f) Bernartitz, g) Oberczerekwe und h) Lipkowawoda.

Summe 73 neue Schulgebäude.

C. Verbessert worden 1) im Elbogner Kreise a) zu Jettitz, und b) Karlsbad; 2) im Kaurzimer Kreise a) zu Lieben, b) Wodolka, c) Meischowitz und d) Skaliz; 3) im Saatzer Kreise a) zu Presnitz und b) Flöhau; 4) im Königgrätzer Kreise a) zu Sobr, b) Lochenitz, und c) Hronow; 5) im Chrudimer Kreise zu Laubendorf; 6) im Czaslauer Kreise zu Tupadel; 7) im Klattauer Kreise a) zu Neumark, b) Stanetitz, c) Woyer, d) Metzling, e) Teinitz, und f) Rosenberg.

Summe 19 erweiterte und verbesserte Schulgebäude.

Sonst ist noch anzumerken, daß während dieses Kurses 125 Schullehrer, und zwar 98 bey der Musterschule in Prag, und 27 bey den Hauptschulen im Lande abgerichtet worden.

VIII.

VIII.

Etwas

vom Unterrichtsgelde,

welches die Studierenden, insofern sie nicht entweder vorschriftmässig überhaupt, oder durch besondere Erlaubniß davon freygesprochen worden, jährlich entrichten.

Wir haben schon im 3ten Hefte dieser Materialien S. 427 u. f. f. in Ansehen des seit dem Jahre 1784 eingeführten Unterrichtsgeldes die ergangene Verordnungen mitgetheilet. Es ist solches, wie es ohnedieß bekannt ist, anstatt der bloß bey der Juristenfakultät sonst üblich gewesenen Honrarien, welche die Professoren bekamen, zur Unterstützung derjenigen Schüler und Studenten, welche von Vermögen entblößt und mit Talenten versehen sind, eingeführt worden, wovon 28 Hörer der Berufswissenschaften, jeder jährlich 120 fl. zusammen 3360fl. 44 Hörer der Philosophie, jeder 80 fl. jährlich, zusammen 3520 fl. 88 Gymnasialschüler, jeder 50 fl. jährlich, zusammen 4400 und 28 teutsche Schüler, jeder 30 fl. jährlich, zusammen 840 fl. zu genießen haben. Wir fügen daher auch den jährlichen Betrag dieser von den Nichtbefreyten seit Einführung derselben jährlich entrichteten Unterrichtsgelder bey.

Betrag

der eingekommenen Unterrichtsgelder.

Für das Jahr 1785.

vom 1. November 1784 bis letzten August 1785.

	fl.	kr.
a) Von der Prager Universität und den dasigen Gymnasien zusammen	10708.	30.
b) von den 12 Gymnasien auf dem Lande:		
Braunau	353 fl.	50 kr.
Brüx	519.	36.
Budweis	924.	—

IX. Heft.　　　　　　S　　　　　　Bun-

	fl.	kr.	fl.	kr.
Bunzlau	613	12		
Eger	928	48		
Königgräß	828	—		
Kommotau	415	50		
Leutmeriß	589	12		
Leutomischel	675	36		
Pilsen	558	—		
Pisek	468	—		
Tuppau	469	12		
	7343 fl.	16 kr.	7343 fl.	16 kr.

Zusammen: 18051 fl. 46 kr.

Für das Jahr 1786.

a) Von der Prager Universität und den dasigen 3 Gymnasien — 10192 fl. 48 kr.

b) von den 12 Gymnasien auf dem Lande — 6235 fl. 24 kr.

Zusammen: 26428 fl. 12 kr.

wie S. 452 des 3ten Hefts ausführlicher zu sehen ist.

Für das Jahr 1787.

vom 1. September 1786. bis den letzten Juni 1787.

a) von der Prager Universität und den dasigen 3 Gymnasien zusammen — 11673 fl. 21 kr.

b) von den 12 Gymnasien auf dem Lande

	fl.	kr.
Braunau	451	12
Brür	346	48
Budweis	817	12
Bunzlau	572	40
Eger	686	51
Königgräß	828	—
Kommotau	186	—
Leutmeriß	372	—
Leutomischel	855	24
Pilsen	440	24
Pisek	240	—
Tuppau	200	24
	5996 fl. 55 kr.	5996 fl. 55 kr.

Zusammen: 17070 fl. 16 kr.

Für

Für das Jahr 1788.

a) Von der Prager Universität und den
   dasigen 3 Gymnasien . 9063 fl. 29 kr.
b) von den 12 Gymnasien auf dem Lande

Braunau	312	—
Brüx	357	36
Budweis	628	48
Bunzlau	411	36
Eger	392	24
Königgratz	650	24
Kommotau	68	24
Leutmeritz	315	36
Leutomischel	717	24
Pilsen	379	12
Pisek	278	59 1/4
Tuppau	68	24

4581 fl. 47 1/4 kr. 4581 fl. 47 1/4 kr.

13645 fl. 16 1/4 kr.

IX.

Kurze Nachricht

Von zwey bisher unbekannten Münzen, welche
wahrscheinlich den böhmischen Herzogen, Borziwoy
dem Ersten und Boleslaw dem zweyten, zuzueignen
sind; als ein Nachtrag zu der Beschreibung der böhmischen Münzen des Piaristen Adaukt Voigt.

I.

Der berühmte Piarist Voigt, der den 18. Oktober
1787 starb, hat sich, nebst seinen übrigen gelehrten Bey-
trägen, durch die Beschreibung der böhmischen Münzen
und die Nazionalgeschichte vorzüglich verdient gemacht;
sie besteht aus 4 Quartbänden, und enthält alle Münzen
von den ältesten Zeiten, so weit er sie entdecken konnte, bis
auf die Regierung Marien Theresiens. Er war der erste,
der dieses Fach ausführlich bearbeitet hat; denn das, was

S 2   uns

uns hierüber Stransky in seiner Republica Bohemiæ und
Balbin in der Handschrift de Magistratibus hinterließ,
sind nur Bruchstücke.

Da man aber bey Voigten die hier in Kupfer ge=
stochenen zwey Münzen vermisset, die unstreitig unter die
ältesten gehören, so lohnet es der Mühe, sie näher zu
kennen. Die Nachricht davon hat uns deren Besitzer, der
Herr Ritter von Wokaunius mitgetheilet.

Die Münze (N. 1.) ist eine Hohlmünze oder
Brakteate, auf der man deutlich eine sitzende Person wahr=
nimmt, die in der rechten Hand ein Kreuz, in der linken
einen Szepter hält. Sie ist vom feinsten Silber, wiegt
1/16 Loth, a) und ist hier mit allen Zügen und Biegungen
nach dem Urstücke genau und richtig abgestochen. Sie
wurde im J. 1780 auf der Graf Christian Clam Gallasi=
schen Herrschaft Klezan unweit Prag bey einem Körper
gefunden, den man fand, als der Grund zu einem Ge=
bäude gegraben wurde b).

a) Im Werthe nach heutiger Währung 5 kr.
b) Der Gräflich Clam = Gallasische Amtsvorsteher der Herr=
   schaft Brodetz, Herr Ignaz Knobloch, der damals Ver=
   walter zu Klezan war, hat gedachte Münze dem itzigen
   Herrn Besitzer verehret.

2.

Schon die rohe Gestalt des Gepräges dieser Brak=
teate verräth das höchste Alterthum, und läßt uns mit
Grunde vermuthen, daß sie eine der ersten nach eingeführtem
Christenthume in Böhmen sey; doch getrauen wir uns
nicht genau zu bestimmen, von welchem christlichen Herzo=
ge sie eigentlich sey gepräget worden. Der gelehrte schle=
sische Freyherr Joseph Theophil von Röbel, der eine
gleiche Münze, wie unsere ist, besaß, eignet sie dem ersten
christlichen Herzoge Borziwoy zu, der nach der Zeitrech=
nung Dobners c) im J. 890 den christlichen Glauben annahm.
Hier sind seine eigene Worte: " Bracteatus primæ magnitu-
dinis, mit einer sitzenden Bildniß, ein Kreuz in der Rech=
ten, in der Linken einen Szepter führend, zum Zeichen,
daß er der erste christliche Herzog, die Gnade des ange=
nommenen christlichen Glaubens der Ehre seiner Würde
vorziehe, weswegen er auch das Exilium erwählet, und
nach wieder erlangtem Herzogthume solches bald wieder
ablegte. „

c.

I

II

c) Dobner Annal. Hagec. Part. III. ad annum 910. pag. 431. Item Voigt im 1. Band der böhmischen Münzen.

3.

Dobner behauptet zwar, daß eine solche Münze, wie Röbel sie beschreibt, in der kostbaren Münzsammlung der Strahöfer Kanonie zu Prag aufbehalten werde d); wenn man aber den Kupferstich, den er von dieser Strahöfer Brakteate liefert, mit der Röbelischen Beschreibung zusammenhält, so sieht man den Unterschied deutlich ein, hingegen kömmt sie mit dem Abdrucke gegenwärtiger Brakteate haarklein überein. Uiberdieß sieht jeder Kenner gleich beym ersten Anblicke, daß die Strahöfer Hohlmünze aus den spätern Zeiten sey, da der Landesfürst Wenzel schon als heilig verehret wurde e); denn obschon die Umschrift fehlet, so ist es doch ganz wahrscheinlich, daß das mit einem Scheine gezierte Bildnüß den heiligen Wenzel bedeute, mit dessen Bildnisse, wie die Inschrift bezeiget, Boleslaw II, Udalrich, Brjetislaw, dann auch Wratislaw der erste König ihre Münzen bezeichnen liessen f).

d) Dobner Annal. Hag. Parte III. ad annum 910. p. 430.
e) Unserer Meynung nach gehört diese Strahöfer Münze in das XII Jahrhundert, weil die Denarien Udalrichs, Brjetislaws und Wratislaws aus dem XI. Jahrhunderte viel roher und ungestalteter sind, als diese Brakteate.
f) Dobner Annal. Hag. P. III. ad annum 866. p. 73.

4.

Ob aber die Hohlmünze Borziwoy habe prägen lassen, kann man aus Abgang der Inschrift nicht zuverlässig bestimmen g). Allein wahrscheinlich ist immer, daß Borziwoy der erste gewesen, der auf seine Münzen das Kreuz nach angenommenem christlichen Glauben hat stechen lassen, welche hernach seine Nachfolger Udalrich, Brjetislaw, u. s. w. beybehalten haben.

g) Dobner Annal. Hag. Parte III. p. 431. Voigt Beschreibung böhm. Münzen, 1. Band an verschiedenen Stellen.

5.

Auch die Ursache, die Voigten h) bewog, die-se Münze für verdächtig anzugeben, weil in dem Geprä-ge ein Szepter vorkömmt, fällt weg, weil der Gebrauch des Szepters oder Regentenstabes zu jener Zeit nicht nur bey den Königen, sondern auch bey den Herzogen im Ge-brauche war i). Uiberdieß verräth das rohe Gepräge die-ser Hohlmünzen ganz jenen unschicklichen Stempel, welcher an den Brakteaten k) der heydnischen Herzoge vorkömmt, und an die Borziwoyische Regierung am nächsten gränzet.

h) Voigt Beschreib. böhm. Münzen I. Band.
i) Dobner Annal. Hag Part. II. ad annum 670. n. 62.
k) Eine solche Hohlmünze sieh bey Dobner Annal. Hag. Part. II. ad annum 716. p. 127. Tafel II.

6.

Die zweyte Münze (N. 2.) ist ein auf beyden Seiten geprägter Denar; die Hauptseite stellet vor: eine sitzende Person im bischöflichen Ornate, welche mit der rechten Hand, und zwar nach dem Gebrauche der Kirchen-prälaten, mit zwey in die Höhe gehobenen Fingern den Segen giebt, und in der Linken den Bischofsstab hält. Auf der Gegenseite ist der heilige Georg zu Pferde, wie er den Lindwurm mit einer Lanze durchbort; sie ist ebenfalls vom feinsten Silber, und wiegt 1/16 Loth. l) Hr Moritz Max, Pfarrer in Libun, fand sie unter den übrigen Opfer-münzen, die in dem Klingelbeutel, der nach alter Sitte, die aber itzt, wie viele andere, abgeschafft worden, unter der Predigt in der Kirche herumgieng, gefunden wurden.

l) Hält ebenfalls 5 kr.

7.

Diese Münze ist aller Wahrscheinlichkeit nach eine Denkmünze, welche Herzog Boleslaw II, der seiner beson-dern Güte wegen der Fromme genennt wird, zum ewigen Andenken prägen und unter das Volk auswerfen ließ, da im Jahre 967 das Prager Bisthum, um welches schon
Bo-

Boleslaw I. anhielt, vom Pabste Johann XIII. geneh-
miget wurde, und darauf im Jahr 973 das Nonnenkloster
St. Georg zu Stande kam m).

m) Dobner Annal. Hag. Parte IV. ad hunc annum. Dieses Kloster wurde mit mehrern andern Frauenklöstern im
Jahre 1782 von Joseph II. aufgehoben, dessen Einkünfte
dem Religionsfond zufielen, das Klostergebäude aber wurde in ein Priesterhaus umgeschaffen, in welchem die unge-
weiheten Priester, die als Zöglinge in dem Generalsemi-
nar durch 5 Jahre zum Seelsorgerstande gebildet wurden,
unter der Leitung des Generalvikars des Fürsterzbischofes
so lange aufbehalten werden, bis sie in der praager Erzdiö-
zes (denn jeder Diözesanbischof hat für seinen Kirchsprengel
sein eigenes Priesterhaus: als zu Königgrätz, Leutmeritz
und Budweis) als Kapläne bey Pfarrern untergebracht werden. Die Aebtissinn dieses Klosters, in welchem die Non-
nen nach der Regel Benedikts lebten, welche nach einem
Gnadenbriefe den Reichsfürstlichen Titel führte, erhielt
zugleich vom Kaiser Karl IV. das Recht, bey der Krönung
einer böhmischen Königinn Ihr die königliche Krone auf-
zusetzen, welche itzt Joseph II. an die künftig gefürstete
Aebtissinn des Prager Damenstiftes übertrug.

8.

Unsere Muthmaßung gründet sich darauf, weil die
böhmischen Regenten merkwürdige Handlungen und nahm-
hafte Stiftungen durch eigene darauf passende Denkmünzen
auf die Nachwelt zu bringen suchten; sollte wohl Boleslaw bey diesen zweyen so wichtigen Stiftungen dergleichen
unterlassen haben?

S 4

X.

X.

Veränderungen

in Ansehung der Klöster.

Im IVten Hefte S. 719. und f. f. haben wir ein Verzeichniß der aufgehobenen und noch bestehenden Klöster in Böhmen geliefert; jetzt wollen wir die Veränderungen, die seit der Zeit vorgegangen sind, nachtragen.

Aufgehoben

sind worden:

1. die barfüsser Karmeliten in Patzau Taborer Kreises, welche nach S. 732 gedachten 4ten Hefts zur Reduktion bestimmt waren;
2. die Paulaner zu Neupaka im Bidschower Kreise, welche nach S. 733 gleichfalls zur Reduktion bestimmt waren.

Reduzirt:

1. die beschuheten Augustiner zu Schopka im Bunzlauer Kreise s. S. 724 besagten Hefts;
2. die zu Stokau im Klattauer Kreise S. 725.
3. die Minoriten zu Leutmeritz S. 728.
4. die Minoriten zu Kuklena im Königgrätzer Kreise ebendaselbst;
5. die Dominikaner in Nimburg Bunzlauer Kreises S. 727.

Zur Reduktion bestimmt:

die Dominikaner in Eger Elbogner Kreises, welche nach Seite 726 eigentlich zur Beybehaltung bestimmt waren; dagegen sind

Beybehalten worden:

die Franziskaner zu Eger, welche nach S. 729 gedachten 4ten Hefts zur Reduktion bestimmt waren.

XI.

XI.

Zahl der Studenten im Jahre 1788.

Im VIIten Hefte S. 199 hat man die Anzahl der sowohl auf der Universität, als auf den 15 Gymnasien Böhmens in den Jahren 1784 — 1787
sich befundenen Studenten geliefert, gegenwärtig liefert man das Jahr 1788.

Auf der Universität.					In Gymnasien	Summe von beyden	Vermindert um
Theologen	Juristen	Mediziner	Philosophen	Zusammen			
165	153	42	392	752	1159	1911	159

Hierbey ist noch zu merken, daß die Verminderung
der Studenten größtentheils daher rührt, daß im Jahre
1785 nur 45 und im J. 1787 nur 61 Theologen, dahingegen im Jahre 1787 105, im J. 1788 aber 176 Theologen ausge-
treten sind, wogegen die Schüler der Gymnasien sich von
Zeit zu Zeit vermehren, wie aus den nachstehenden Tabelle zu ersehen ist.

Besonderes Verzeichniß

der Studenten auf sämmtlichen Gymnasien
1788.

	Poetit	Theorit	Sontar	Grammatif	Prinzipen	Zusammen	Vermehrt um	Vermindert um
Altstadt Prag	27	34	37	31	45	174	9	
Neustadt	25	27	31	54	43	180		2
Kleinseite	19	22	26	33	52	152	28	
Braunau	6	7	8	8	12	41	1	
Brüx	6	6	5	7	15	39		
Budweis	20	10	20	11	20	81		8
Bunzlau	3	6	13	12	13	47		8
Eger	11	11	10	15	14	61		4
Kommotau	9	5	6	10	13	43	11	
Königgraß	5	18	19	22	20	84		8
Leutmeriß	3	4	9	7	17	40		
Leutomischel	10	11	14	7	38	80	4	
Pilsen	5	5	12	14	16	52	3	
Pisek	10	1	8	7	13	39	7	
Tappau	6	11	10	8	11	46		1
Hauptsumme:	165	178	228	246	342	1159	63	31

Vermehrt um 32 Studenten gegen das Jahr 1787.

XII.

XII.

Rezensionen.

1.

Hamburger politisches Journal für das Jahr 1788 Monat August S. 865.

Zu Prag erscheint seit dem vorigen Jahre unter dem Titel: Materialien zur Statistik von Böhmen, ein periodisches Werk, das durch Fleiß und Gelehrsamkeit der Herausgeber, durch den reichhaltigen Inhalt, und durch Zuverläßigkeit alle ähnlichen Sammlungen übertrifft. Der Herausgeber ist der verdienstvolle Herr Regierungsrath (Gubernialrath) von Riegger, und nur wann solche Personen, die selbst an den Regierungsgeschäften Theil nehmen, und die Archive und Registraturen benutzen können und dürfen, für die Statistik arbeiten, darf sich die den Bürgern so nützliche und jedermann so interessante Staatenkunde einige Vollkommenheit versprechen.

2.

Münchener Intelligenzblatt 1tes Stück Jänner 1789 Statistik.

a) Vom Königreich Böheim.

Im Jahre 1786 zählte man in ganz Böhmen 2,757,910 Einwohner und darunter 42721 Juden.

Bey Gewerken und Fabriken arbeiteten 395967 Menschen.

Fabriken waren 172 und 44914 Weberstühle.

In Prag lebten 72874 Einwohner. Es waren im ganzen Reiche 244 Städte, 306 Märkte, 11435 Dörfer.

Im Jahr 1787 waren Akatholiken 44212, nämlich von der Helvetischen Konfession 33975, von der Augspurgischen 10237; dabey ist der Ascherbezirk des Elbogner Kreises nicht gezählet, der durchaus von Lutheranern bewohnt ist.

Die

Die Grösse von Böhmen beträgt nach der richtigsten Bestimmung 1000 1/4 Quadratmeilen. Man zählte 53367 Ansässigkeiten, davon jede 60 fl. jährlich Steuer entrichtet. Ferner 71 Landesfürstliche, und über 30 sogenannte Karlsteiner Lehen.

Neu errichtete Pfarren 81, und 331 Lokalkaplaneyen. Im Jahr 1786 waren 7,649,489 Obstbäume vorhanden.

Im Jahr 1787 zählte man in ganz Böhmen 2219 Schulen und 158760 Schüler; nebst diesen studirten 2070 an Gymnasien und an der Universität; Unter den Schulen waren 35 protestantische, 27 jüdische und 33 Mädchenschulen. Die Anzahl der Schüler hat sich in diesem Jahre um 16961 vermehrt. Es sind 41 Schulhäuser neu erbaut und 3 alte erneuert worden.

*) Wir haben diese Data von dem verdienstvollen Herrn Regierungsrath von Riegger, welcher in Prag die Materialien zur Statistik von Böhmen herausgiebt; ein periodisches Werk, welches durch Fleiß und Gelehrsamkeit, durch den reichhaltigen Inhalt und durch Zuverlässigkeit alle ähnliche Sammlungen übertrifft. Wenn solche Personen, die selbst an denen Regierungsgeschäften Theil nehmen, und die Archive und Registraturen benützen können und dürfen, für Statistik arbeiten, darf sich die so nützliche und interessante Staatenkunde einige Vollkommenheit versprechen.

3.

Allgemeine Litteraturzeitung, Nro. 296a den 10ten Dezember 1788. S. 716. *)

Leipzig und Prag bey Widtmann: Materialien zur alten und neuen Statistik von Böhmen. IV. Heft 1787. V. Heft 1788. S. 204. VI. Heft S. 206. 8. Der Herr Gubernialrath von Riegger, dessen Fleiß und Einsichten einen entschiedenen Werth haben, fährt fort, die Quellen, an denen er sitzet, zu benützen. Das IV. Heft enthält u.s.w. 4) Formular zu einer ökonomisch-kameralistischen Beschreibung einer Herrschaft oder Gutes in Böhmen.

*) Schon im 4ten Hefte S. 836. und im 7ten S. 201. haben wir die Rezensionen dieser Jenaischen Litteraturzeitung eingerückt, und fahren damit sonach fort.

men. Es ist zu weitläuftig angelegt, und diese Materialien müssen zu einem ungeheuern Volumen werden.
Man verlangt Lage und Gränzen, Beschaffenheit und
Fruchtbarkeit des Erdbodens, Wasser und Flüsse, Vieh-
zucht, und zwar: Rindvieh, Schafe, Ziegen, Pferdezucht,
Schweinvieh, vierfüssiges Wildpret, zahmes Federvieh, wil-
des Federvieh, Bienenzucht, Seidenbau, Feldbau, Aecker,
Wiesen, Obstgärten, Weingärten, Waldkultur, und Sprache, Bergwerke und Mineralien, Künste, Manufakturen
und ökonomische Industrialanstalten, Abgaben, Schuldig-
keiten, Wirthschaftsamt, Eintheilung der Herrschaften.
Wenn nun 1161 Herrschaften und Güter in Böhmen sind
und, wie Rezensent aus Privatnachrichten weiß, eine Herrschaft Frauenberg 72 kleine und große Dörfer zählt, 6
Meilen Breite in sich enthält, 528 $\frac{3}{64}$ ganze Bauern
oder Angesessene ernährt, so sehen wir der kürzern Beschreibung vom Hr. Gubernialrath von Herrmann, dem
Verfasser der Biographie des Fürsten zu Fürstenberg, mit
mehr Sehnsucht entgegen.

Anmerkung.

Der Titel bewährt es schon, daß man dem Leser durch
gegenwärtige Hefte nicht eine neue Statistik, sondern Materialien zur alten sowohl, als neuen Statistik zu liefern Vorhabens
ist. Ohne von seinem Versprechen abzugehen, kann man mit jedem Hefte schliessen; weil man nie versprochen hat, die Sache
ganz zu erschöpfen und andern die Gelegenheit benehmen zu wollen, noch mehrere Materialien zu sammeln und zu liefern, oder
aus selbigen eine konzentrirte und zugleich vollkommene Statistik
von Böhmen auszuarbeiten. Und man wird auch gewiß abbrechen
und ein Ende machen, sobald man entweder überzeugt ist, daß
die Leser, durch den Gedanken eines ungeheuren Volumens ab-
geschreckt, dergleichen Materialien zu lesen nicht mehr Lust hätten,
oder aber sobald der Herr Gubernialrath von Herrmann oder ein anderer geschickter Mann eine abgekürzte und doch vollständige Statistik
von Böhmen herausgegeben und dadurch die Sehnsucht des Herrn
Rezensenten und anderer Leser befriediget haben wird. Denn wenn
das Gebäude schon aufgeführt ist, wozu wäre die Sammlung der
Materialien nöthig? —

9) Versuch einiger Beobachtungen über die ver-
schiedene Beschaffenheit der Gebirgslagen in Böhmen.
Hier werden aufgeführt Granit, Gneuß, Porphyrit,
Gestellstein, Glimmer, Hornblende und Thonschiefer,
Wackstein, Hornschiefer, Basalt, der uranfängliche Kalk-
stein,

stein, Serpentin, Breccien und Sandsteinlagen, porphyr-
artiger Hornfels, Grünstein, pseudovulkanische Produkte.
Der Verfasser hätte hier die Mineralogen Schlesiens
nachschlagen sollen, wo er viele Vorarbeit gefunden hätte, und dann sollte auf dem sogenannten rothen Berge
kein vulkanischer Ausfluß gewesen seyn? Steinkohlen haben gewiß da nicht gebrannt, die vom dortigen Crater
ausgeworfenen Steine sind zusammengeschmolzene Stücke,
und manche so schwer, daß Rezensent mit einem Manne
sie nicht aufheben konnte. „ u. s. w.

Anmerkung des Verfassers.

Die Absicht des Verfassers war nicht, in dem S. 787.
und f. s. des 4ten Hefts eingerückten Versuche einiger Beobachtungen eine Kompilation fremder Bemerkungen zu liefern, sondern seine eigenen Beobachtungen darzustellen. Alles, was daselbst angeführt ist, hat er selbst mit unbefangenem Auge beobach-
tet, besitzet alle Exemplare von den angeführten Gebirgsarten
und ihre Abänderungen in seiner Sammlung, und ist erböthig,
sie jedem Zweifler oder Wißbegierigen vorzuzeigen. Der Herr
Rezensent verweiset ihn daher unrichtig an die schlesischen Mineralogen. Hätte selbiger die Schriften eines Werner, Haidinger,
Rößler, Wiedemann und anderer nachgeschlagen, so würde er
nicht gezweifelt haben, daß natürliche Steinkohlenbrände eben
diejenigen Produkte hervorbringen, welche die Vulkane liefern,
und daß sie solche an den vom Verfasser angeführten Orten in
Böhmen wirklich hervorgebracht haben. Ja er würde gefunden
haben, daß nicht schlechterdings an allen denjenigen Orten Vulkane haben existiren müssen, wo man einige Produkte des Feuers
und einige Vertiefungen antrift. Seit dem die Mineralogen sich
angewöhnt haben, ihre Beobachtungen mit unbefangenem Auge
und ohne Vorliebe zu einer oder der andern Meynung anzustellen,
seit dem haben sich viele Vulkane verlohren, die jetzt nur noch
in der Einbildung einiger Vulkanisten existiren. — Ob der sogenannte rothe Berg bey Laun ein Vulkan sey, oder ob nicht vielmehr daselbst Steinkohlen gebrannt haben, ist noch nicht ausge-
macht: daß aber der Herr Rezensent daselbst große Stücke zusam-
mengeschmolzener Steine, die kaum 2 Menschen heben konnten,
angetroffen hat, ist noch kein Beweis für seine Vulkanität, sonst
müßte die ganze Gegend bey Lissa und Hohendorf unweit Karlsbad und mehrere solche Gegenden ein Vulkan gewesen seyn, in
dem man daselbst Schlacken und geschmolzene Steine antrift, die
auch 4 Mann zu heben nicht im Stande sind, und doch war hier
kein Vulkan. — Warum wollte man also zu den außerordentlichen und seltenen Ursachen, als die Vulkane sind, die Zuflucht
nehmen, da man nähere und sehr oft vorkommende bey der Hand
hat, die eben das bewirken? Nur die übertriebene Liebe zum

Neu-

Neuen und Außerordentlichen, die bey jetzigem Modezeitalter so allgemein geworden ist, scheint die so vielen Vulkane ausgebrütet zu haben, die aber jetzt, der Vernunft zu Ehren, allmählig wieder verschwinden.

10) Miszellen, wo die Nachricht von der Kochsalzquelle bey Schlan das Merkwürdigste ist. Rezensent hat im Archiv der Grafen von Martinitz vergebens das Authentich einer ehemaligen Salzsiederey erwartet.

Anmerkung.

Herr D. Johann Mayer schreibt in seiner den Abhandlungen der böhmischen Gesellschaft der Wissenschaften auf das Jahr 1788 eingerückten Abhandlung über das Kochsalz in Böhmen S. 258. daß die Stadt Schlan keine Urkunde oder authentische Nachricht von einem betriebenen Salzwerke aufzuweisen habe, und daß der von uns gleichfalls S. 835 des 4ten Hefts aufgeführte Zacharias Theobaldus in seinen Arcanis naturæ S. 59. schon behauptet habe, daß die alten Dokumente in den vielfältigen Kriegen verlohren gegangen wären; womit sich also der Herr Rezensent, für diesmal begnügen muß.

Das Vte Heft ist sehr reichhaltig. u. s. w. 6) Oerterverzeichniß des Bunzlauer Kreises 1787. Dieses ist ein Meisterstück des Fleißes. Besonderes Verzeichniß der Herrschaften und Güter nebst den dazu gehörigen Ortschaften des Bunzlauer Kreises. u. s. w. Rezensent muß hier anmerken, daß die Summen der Personen nie zusammentreffen. Im Oerterverzeichniße steht die Summe der Einwohner aller Gattungen und Alter z. B. bey Altaicha 172, im summarischen Verzeichniße 7201, im besondern Verzeichniße 1642. Kein Wunder daher, daß die Hauptsummen differiren, bald 278857, bald 245374. u. s. w. Herr Wander von Grünwald zu Jungbunzlau, der schon aus seiner Preißschrift bekannt ist, die die böhmische Gesellschaft der Wissenschaften mit den 2 andern hat besonders abdrucken lassen, und die in der A. L. Z. schon rezensirt sind, ist der unermüdete Compilator.

Anmerkung.

Das Lob, das der Herr Rezensent diesem Oerter= und den übrigen Verzeichnissen mittheilt, eignen wir ganz gerne dem
fleis

fleißigen Kompilator zu. Der Tadel aber, den derselbe beyfügt,
würde, wenn er Grund hätte, uns zugleich mittreffen, da wir
zwar den Fleiß unserer Mitarbeiter benutzen, jedoch die etwanigen
Fehler zu berichtigen eben so schuldig, als bemühet gewesen sind.
Es würde aber gewiß kein Meisterstück des Fleißes genannt
werden können, wenn es wahr wäre, daß die Summen der Personen in den verschiedenen Verzeichnissen nicht zusammen träfen.
Sie treffen aber gewiß zu, wenn man nur nicht, wie der Herr
Rezensent, bloß bey den Namen und Zahlen stehen bleibt. Die-
ser verwechselt die Dorfschaften und Oerter mit den Gütern und
Herrschaften gleiches Namens. So hat das Dorf Altaicha,
das er zum Muster seines Tadels erwählt, als Dorf betrachtet,
nur 28 Häuser und 172 Personen, davon wiederum, wie S.
79 richtig bemerkt worden, 22 Häuser und 134 Personen zu der dem
Niederösterreichischen Religionsfond gehörigen Herrschaft Böhmisch
Aicha, dahingegen 6 Häuser und 38 Personen zu dem dem Graf
Hartig gehörigen Gute Altaicha gehören; dahingegen zum Gute
Altaicha, als ein besonderes Gut betrachtet, alle die S. 165 be-
nannten Ortschaften, und mit selbigen 270 Häuser und 1642
Personen gehören. Diese Anzahl trifft denn auch wieder mit dem
summarischen Herrschaften - und Güterverzeichnisse überein, so daß
jedermann, wer nur lesen kann, bey dem Gute Altaicha S. 206
die schon S. 165 bemerkte Häuserzahl an 270 und S. 207
die nämlichen 1642 Personen finden wird. Die Zahl 7201 kömmt
in dem summarischen Verzeichnisse nicht, wie der Herr Rezensent
vorgiebt, bey dem Gute Altaicha, sondern 4 Seiten weiter hin-
ten S. 211. bey der Herrschaft Rost vor, und sind dabey 4 ganze Blätter überschlagen worden.

Diese Flüchtigkeit ist aber auch zugleich daran schuld, daß
der Hr. Rezensent die S. 248 von uns schon angegebene Ursache des Unter-
schieds der Volksmenge, die sich nach der Eintheilung in Pfarreyen und
wiederum nach den Gütern ergiebt, nicht bemerkt hat. Er darf
nur die Zahl der in auswärtige oder außer dem Kreise gelegenen
S. 235 verzeichneten Pfarreyen eingepfarrten und die unkatholischen
Personen, welche manche Pfarren in ihren eingereichten Verzeichnissen
ausgelassen hatten, dazu rechnen, so wird er auch bey den Pfarreyen die
nämliche Populazion herausbringen, die nach dem Oerter- und dem summarischen Herrschaften- und Güterverzeichnisse wirklich bestehet. Den
wahren Druckfehler, der S. 216 eingeschlichen ist, da 278857 Personen anstatt 268857, als die Hauptsumme der gesammten Populazion irrig gesetzt, vom Herrn Rezensenten aber nicht bemerket
worden, wird jeder unbefangene Leser, wenn er die ebendaselbst
angegebene männliche Populazion an 128856 und 140001 weib-
liche zusammen rechnet, selbst leicht verbessern können. Beym
Bidschower Kreise haben wir, um uns eine ähnliche Ausstellung,
als ob die Summen der Personen nicht zuträfen, zu ersparen,
die Zahl der in auswärtige Pfarreyen eingepfarrten Personen S.
238 des gegenwärtigen Hefts dazugerechnet, die Unkatholischen
nicht weggelassen und sonach dadurch die nämliche Summe, die
beym summarischen Herrschaften - und Güterverzeichnisse ausfällt,
herausgebracht.

IV. Heft als minder fruchtbar. u. s. w. 5) Vermögensstand der sämmtlichen Seminarien in Böhmen, wie solche
bey

bey Aufhebung des Jesuiterordens befunden worden ist. Ganz natürlich unzuverläßig.

Anmerkung.

Für so unzuverläßig auch der Herr Rezensent diese Arbeit ansieht; so gewiß ist es doch, daß die darüber verfaßte Tabelle S. 60 und f. f. des 6ten Hefts aus den von den damaligen Kommissarien aufgenommenen und im Archio aufbewahrten Originaldokumentarien und authentischen Urkunden selbst verfertiget worden ist. Wenn daher bey irgend einem einzelnen Seminarium ein Fehler vorgefallen seyn sollte, wie wir denn diesfalls S. 64 unsere Besorgniß selbst geäußert haben, so kann es doch nicht uns zur Last gelegt werden, zumal wir zugleich versprochen haben, nach vollbrachter Untersuchung den Vermögensstand eines jeden einzelnen Seminariums vorzulegen. Was verlangt man weiter? —

7) **Allgemeine Nachricht vom Bergbau in Böhmen.** Wieder etwas Intressantes, wenn gleich unvollständig. Das Steinkohlenwerk bey Lahna ist schon seit 60 Jahren getrieben worden, von dem doch, so wie vom Luschner keine Meldung geschehen. Ferner gehen die Steinkohlen bey Korabaus und Neudorf bey Lauscherin zu Tage aus. u. s. w.

Anmerkung.

Der Herr Rezensent hätte gleich aus dem VIten Hefte vorgesetzten Inhalte und den Nro. VII. beygesetzten Worten: Wird fortgesetzt! abnehmen können, daß man die allgemeine Nachricht vom Bergbau in Böhmen noch nicht abgeschlossen hat. Darum nur Geduld! —

Von der Ansäßigkeit. Man hat vergessen zu sagen, wer eigentlich ein Angesessener oder ganzer Bauer sey? der 64 und mehrere Striche Feldbau besitzt, ist ein Angesessener, und zahlt jährlich 60 fl. Steuer. Die Ansäßigkeit in Böhmen erstreckt sich auf 53118 30/64.

Anmerkung.

Die S. 131. im VI. Hefte beschriebene Ansäßigkeit in Böhmen ist nicht unsere Arbeit, sondern, wie es die Vorerinnerung daselbst erklärt, aus des Herrn Gubernialraths von Mayern Einleitung

tung zu den kreisämtlichen Wissenschaften wörtlich genommen
werden. Es ist also nicht unsere Sache, wenn darinn zu sagen
vergessen worden, wer eigentlich ein Angesessener oder wer ein ganzer Baus
er sey? Der Herr Rezensent scheint zwar uns diese Mühe erspart
zu haben, wenn er gedachte Frage also beantwortet: Der 64 und
mehrere Striche Feldbau besitzt, ist ein Angesessener, und zahlt
jährlich 60 fl. Steuer. Allein er hat die Sache nicht getroffen.

So schwer die deutliche Beantwortung dieser Frage selbst
demjenigen fällt, der mit der Sache tagtäglich zu thun hat;
so wenig ist es der Wahrheit angemessen, als ob derjenige Lands
mann nur für einen Angesessenen gehalten würde, der gerade 64 und
mehrere Striche Feldbau besitze. Wenn das wahr wäre, wie hätte sich die Ansäßigkeit, wie man S. 187 besagten Hefts siehet,
im Jahre 1757 gegen das Jahr 1748 von 53,005 34/64 bis auf
53,769 34/64 vermehren und im Jahre 1788 gleichwohl wiederum
auf 53,118 30/64 vermindern können? Hieraus siehet man schon,
daß die Ansäßigkeit nie nach dem Feldbau allein geschätzt worden,
daß vielmehr, weil sie steigend und fallend ist, ein ganz anderer
Grundsatz angenommen werden müsse.

Ein ganzer Angesessener ist derjenige Gutsbesitzer, welcher
vermöge der im Jahre 1748 ausgeschriebenen Rolle von seinen
rektifizirten ackerbaren Feldern, Wiesen, Gesträppe nebst dem
Wohngebäude u. s. w. nach dem damals angenommenen Divisor und in
Rücksicht des gangbaren Lokalpreises, einen Nutzungswerth von wenigstens 142 fl. jährlich geniesset, wovon er wiederum jährlich
60 fl. zu steuern gehalten ist, so daß ihm noch ein Gewinn von
82 fl. übrig bleibt.

Für einen ganzen Bauer, der daher mit einem ganzen Angesessenen nicht zu vermengen ist, wird derjenige geachtet, der mit 4
Pferden wöchentlich 3 Tage Robot, d. i. Frohndienste verrichtet
und nach dem Verhältniße des aus seinem Bauergute ziehen-
den, nach der Lage des Orts gerechneten Nutzens jährlich 30 —
40 — auch 45 fl. steuert. Einem ganzen Bauer muß, nach
den damals angenommenen und bis itzt noch bestehenden Grundsätzen von
den Einkünften seines Gutes, nach Abzug aller und jeder Lasten,
noch ein klarer Gewinn von 74 fl. jährlich übrig bleiben. Kann
er darthun, daß er diesen nicht hat, so muß ihm etwas entweder
an der Ansäßigkeit, an der Robot, am Zinsgetraide oder Grund-
zins abgeschlagen werden. —

Bey der Schätzung der Grundstücke wird hauptsächlich auf
die Güte, Lage und übrige Beschaffenheit der Felder Bedacht genommen, und erstlich das Grundstück selbst mit allen seinen Zube-
hörungen an ackerbaren und sogenannten Trischfeldern, Teichen
Gehölze u. s. w. verhältnißmäßig abgeschätzt, sodann aber werden
die Geld- und Getraidabgaben nebst den Frohndiensten oder Roboten
abgeschlagen, und wenn solchemnach dem Grundbesitzer noch ein rei-
ner Nutzen von 82 fl. übrig bleibt, selbiger für einen ganzen Anges
sessenen, wenn ihm aber nur 74 fl. übrig bleiben, für einen ganzen Bauer gerechnet. Es kann daher ein Bauergutsbesitzer immer-
hin ein ganzer Bauer seyn, und dennoch ist er deswegen noch
kein ganzer Angesessener.

Denn es giebt auch noch, wie man aus der im VIten Hefte S.
187 befindlichen Tabelle ersehen kann, Theile und Theilchen der Ansäs-
sigkeit. Um solche herauszubringen, wird der Häusler oder Chalupner,
wenn er auch gar kein Feld besitzt, zu selbiger mit gerechnet, so daß derselbe

Bunzlauer Kreis.

ke von sothanem Hause ohne Felder jährlich 3 fl. 37 kr. 3 d. der Inns
mann ohne Haus aber von seinem Gewerbe 2 fl. 19 kr. 1½ d. zur Ansäs
sigkeit kontribuiren muß. Hieraus aber ist sichtbar, daß die Anfässigkeit
in Böhmen schlechterdings nicht nach der Größe des Feldbaues allein
bestimmt werden kann, weil nicht nur Wiesen und Waldung u. s. w. son
dern auch die Häuser, ja sogar das Gewerbe der Hausgenossen, die man
hier Innleute nennt, dazu gezogen werden. Es wird auch jedem Angeses
senen, er mag nun auch nur ein halber oder ganzer Bauer, oder aber ein
viertler Angesessener seyn, sein besitzendes Haus zur Aufässigkeit geschla
gen, so daß er ohne das Feld von selbigem, nach dem Verhältnisse
1 fl. 30 bis 36 kr. steuern muß. — Doch hiervon gelegentlich ein
Mehreres.

XIII.

Gränzen und Flächeninhalt des bunzlauer Kreises:

Gränzen.

So viel Landkarten Böhmens man in die Hände
nimmt, so viele Unterschiede bemerkt man in der Angabe
der Gränzen des bunzlauer Kreises. In einigen, beson
ders den ältern, findet man Böhmischleipa mit der Herr
schaft Neuschloß und Bürgstein innerhalb der Gränzen
des bunzlauer Kreises eingeschlossen, dagegen aber die
Herrschaft und Stadt Melnik, das Städtchen Wegstädtl
und Gut Schopka wieder dem leutmeritzer Kreise ein
verleibet. In einigen, besonders den allerneuesten, wer
den noch immer die Dörfer Altenburg und Drzitie
krey aus dem bidschower Kreise, wie nicht minder ein
sehr ansehnlicher über 2 böhmische □ Meilen sich erstre
kender Theil der Herrschaft Brandeis, und endlich ein
Theil der Herrschaft Wobrziistwi aus dem kaurzimer
Kreise zum bunzlauer ausgezeichnet; Zwey beträchtliche
Theile der Herrschaft Melnik, auch Horzin genannt, sind
auf einer Seite von dem rakoniter, von der andern dem
kaurzimer Kreise eingeschnitten; so gehöret auch noch ein
Theil vor der Elbe zum Gute Altbunzlau, den die nach
dem Laufe der Elbe angenommene Gränzscheidung von dem
bunzlauer in den kaurzimer Kreis abgerechnet hat. In
keiner von allen diesen Karten findet man das zur Krone
Böhmen und zu dem bunzlauer Kreise gehörige Gut
Güntersdorf, von welchem das Nonnenstift zu Lauban in
der Lausitz Besitzer ist, aufgeführt, und so ist auch das
zur Herrschaft Reichstadt gehörige Dorf Schaslowitz,
welches vom bunzlauer Kreise abgeschnitten ist, und innerhalb
der Gränzen des leutmeritzer Kreises lieget, unausgezeich
net, dagegen wiederum der gegenseitige Fall mit dem Gute

Binay

Binay, das in den leutmeritzer Kreis gehört, und von den Gränzen des bunzlauer Kreises eingeschlossen ist, ganz unbemerkt blieb. Kurz die wahren Gränzen des bunzlauer Kreises findet man noch auf gar keiner, auch noch so speziellen Karte.

Die vielen Klagen unserer Patrioten über diesen Gegenstand, ohne welchen man auf keine wahre geometrische Länge und Breite, folglich auch auf den eigentlichen Flächeninhalt dieses Kreises nicht schlüssen kann, haben mich also bewogen, die Gränzen des bunzlauer Kreises nach den dazu gehörigen Herrschaften und Gütern als Unterabtheilungen zu unternehmen.

So viel das Summigutti in der hier beygefügten Karte einschlüsset, gehöret solches wirklich zum bunzlauer Kreise; das mit Karmin bemerkte sind die Gränzen, so wie sie noch in neuern Karten ausgezeichnet sind. Die punktirten Linien im Kreise sind Gränzscheidungen der Herrschaften und Güter. *) Zum Maaßstabe nahm ich den 4ten Theil einer böhmischen Meile aus den Karten der Notitia Regni Bohemiæ Erberi an. Ich würde gerne den Maaßstab der erberischen Karten ganz beybehalten, und einige topographische sowohl, als typographische Mängel gleich jetzo zugleich mit berichtiget haben, wenn ich solches nach meinem Wunsche, nämlich auch mit petrographischen Zeichen vor der Hand vollständig hätte thun können. Ich muß also inzwischen nur diejenigen Oerter hier anmerken, welche die rothen Linien einschliessen, mithin vom bunzlauer Kreise wegfallen; damit ein jeder, der Erbers Werk besitzet, sich darnach die Gränzen ziehen könne.

Es kömmt also vom bunzlauer Kreise abzurechnen, und zwar:

1. die rothbezeichnete Stelle bey Mladiegow, enthaltend die Oerter: Hubogeda, Plbow, Drjtiekrey, Samschin.

2. die rothbezeichnete Stelle zwischen Dietenitz und Rozdialowitz:
Crzebihost, Rjmenin, Waschitz, Sedlischt, Altenburg, Milkowitz, Liban, Psinig, Stiw, Aumeritz, Draboras; Die-

*) Welche ohngeachtet des engen Raumes zur Uibersicht, und beyläufiger Angabe des Flächeninhalts ausgesetzet sind.

(diese mit den vorhergehenden Ortschaften, gehören in den bidschower Kreis)

2. die rothbezeichnete Stelle von Melnik bis Altbunzlau, dann der Winkel bis Bezno: Kozarowitz, Jadwor, Saleslitz, Wrbno, Semelnowitz, Tuschnik, Wobrziilui, Trjebohlnitz, Mlikogedy, Tieschitz, Wschtrat, Mejerzischt, Chrast, Kuttenthal, Rochanek, Konjetop, Chrast bey Roßly, Rozly, Nedomin, Powtschar, Chota, Arzenik, Hlawnitz, Kostelni-Hlawno, Sobietuisch, Turzin, Przedmierzin, Skorkow, Sojowitz, wopotschner oder Brücke.

Dieß gehört alles in den kaurzimer Kreis.

Dahingegen gehört noch zum bunzlauer Kreise:

a) aus dem Kaurzimer Kreise: das nächst Brandeis gelegene zum Gut Altbunzlau gehörige Dorf Poppowitz diesseits der Elbe;

b) aus dem rakonitzer Kreise die insgesamt zur Herrschaft Melnik oder Horzin gehörigen zwischen der Moldau und Oberberzkowitz gelegenen Oerter: Daniowes, Spomischl, Jentschowitz, Wranian, Mlczehost, dann das zwischen der Elbe und Raudnitz gelegene eben zu dieser Herrschaft gehörige Dorf Kozlow;

c) aus dem leutmeritzer Kreise: das Städtchen Wegstädel und Dorf Porzeplitz, welche beyde ebenfalls zur Herrschaft Melnik, und in den bunzlauer Kreis gehören;

d) das von dem bunzlauer Kreise völlig abgeschnittene zur Herrschaft Reichstadt gehörige Dorf Schalowitz (Waslowitz wird es auf der erberschen Karte genannt) und

e) das sowohl vom bunzlauer Kreise, als von der böhmischen Gränzlinie völlig abgeschnittene Gütchen Güntersdorf, dagegen

T 3 f)

f) das innerhalb der bunzlauer Kreisgränzen gelegene, je=
doch wieder zum leutmeritzer Kreise gehörige Dorf
Binay auf Karten, welche das Gepräge der
Genauigkeit haben wollen, wenigstens angemerket
zu werden verdiente.

In der hier angehängten verkleinerten Karte habe
ich diese Mängel der Gränzen zu verbessern, und nur die
wahren Gränzen auszuzeichnen gesuchet.

Bey Entstehung oder Verfertigung der müllerschen
Karte mußte man sich bloß nach dem Buchstaben des
Landtagschlußes vom Jahre 1714 gehalten haben. Es wird
nämlich in diesem beschlossen, daß jene Dorfschaften, die
mit Brandeis kein Kontiguum haben, im bunzlauer Kreise
zu verbleiben hätten; dies kann aber nur das von dieser
Herrschaft abgeschnittene Dorf Auttenthal (Böhm. Cho=
zietow) und Chrast betreffen, weil es ehemals ein beson=
deres Gut oder einen Rittersitz ausmachte, nicht aber alle
jenseits der Elbe gelegene Dörfer, welche mit ihrer Haupt=
herrschaft außer der Scheidung der Elbe ganz wohl zusam=
menhängen. Ströme und Flüsse zu Gränzscheidungen
anzunehmen, wenn sie auch dann und wann die wahre
Gränze unterbrechen, dienet nur bey Generalkarten, aber
immer bloß zur Gemächlichkeit der Ingenieurs; bey speziel=
len Karten kann diese Willkühr zu keinem Nutzen gerei=
chen, vielmehr nur Anlaß zu künftigen Irrungen geben.

Aus welchem Grunde Müller Wobrzistwi mit
den umliegenden Dörfern zum bunzlauer Kreise gerechnet,
die Herrschaft Melnik aber nicht ganz, wie es doch jener
Landtagsschluß verordnet, unter die Gränzen dieses Kreises
gebracht hat, kann ich nicht errathen.

Altbunzlau mit dem Freysassen zu Hlawno Su=
dow liegt im Herze der Herrschaft Brandeis, und macht
kein Kontiguum mit dem bunzlauer Kreise aus, und
dennoch gehören beyde zum bunzlauer Kreise; wa=
rum? — ich kann keine andere Ursache angeben, als
daß sie den Namen des Kreises führen. Für die Grän=
ze der speziellen Kreistabelle wäre es bequemer, wenn
Altbunzlau mit dem Freysassen zu Hlawno Sudow zum
kaurzimer Kreise gehörte.

So

So unübereinstimmend die Gränzlinien des bunz‐
lauer Kreises mit dem zugewiesenen Kreisamte sind, eben
so sind die Gränzen der Herrschaften und Güter im Krei‐
se ganz besonders zerstückt. Bald liegt da, bald dort
ein Stück *) Landes, so zu der oder jener Herrschaft ge‐
hört, von seinem Körper aber ganz abgerissen ist. So
gehört zur Herrschaft Swigan ein ganz abgesondertes
Stück zwischen der Gränze der Herrschaft Münchengräz
und Weißwasser, ein anderes zwischen Kleinskal, Aicha
und Robosez, und ein drittes nächst Nawarow und Geß‐
knay.

Diese unordentliche Lage rührt wahrscheinlich daher,
daß besonders zu den größern Herrschaften die ehemaligen
kleinern Ritter = und Edelsitze entweder ab = oder zugelau‐
fer, oder auf andere Wege der Akquisizionen zugezogen
und abgetheilet worden sind. Man hat ja Beyspiele, daß ein
und andere Herrschaften aus lauter kleinern Gütern zu‐
sammengesetzt sind. Daß man aber bey solcher Zusammenzie‐
hung kleinerer Güter nicht immer so genau auf die Lage
und den Zusammenhang der Ortschaften, die zuweilen
wohl gar einzeln zusammen gekauft worden, gesehen hat,
ist ein Fehler der ältern Zeiten.

Flächeninhalt.

Die Länge dieses Kreises enthält von Nimburg
bis an das Dorf Wiese 9 böhmische oder 18 Stundenmeilen,
seine Breite aber von Domaschiz bis Ribniz hält 7 böh‐
mische oder 14 Stundenmeilen. **) Dieses ist jedoch die
größte Länge, und die größte Breite, von der man aber
weil sie blos historisch angeführet ist, auf den Flächenin‐
halt nicht schlüssen kann. Thäte man dieses, so daß man
nach dieser Länge und Breite auf 63 böhmische ☐ Meilen
Flächeninhalts schlüssen wollte, so wäre solches ein Fehler,
dem Geometrie und Länge dieses Kreises wiederspricht; denn
wollte man so rechnen, so könnte man unmöglich auf Quadratin‐
halt schlüssen, weil man sonst in die Quadraturen der äu‐
ßersten Auslaufer der Fläche fremde Flächen fehlerhaft
einrechnen, mithin den gesuchten Inhalt, weßhalber

T 4 doch

*) Solche Stücke sind in der mitfolgenden Karte mit den
Anfangsbuchstaben der Namen ihrer Hauptherrschaft be‐
zeichnet.
**) Schallers Topographie des bunzlauer Kreises.

doch jeder Topograph Länge und Breite beschreibet, un=
rechtmäßiger Weise vermehren würde.

Da jedoch nicht so sehr daran gelegen ist, bloß hi=
storische Länge und Breite eines Landes zu wissen, als
vielmehr aus besondern statistischen Rücksichten es dar=
auf ankömmt, ein Stück Landes nach einer eingeglichenen
Länge und Breite, aus der man auf den wahren Flächenin=
halt schließen könnte, zu beschreiben: so habe ich, nach bevor
berichtigten Gränzen des bunzlauer Kreises, den Flächen=
inhalt von einer ☐ Meile zur andern auf den Erberischen
Karten berechnet, und zu dieser Berechnung für die Länge
und Breite jeder ☐ Meile jedesmal 16, mithin im Flächen=
inhalte 256 Theile zu mehrerer Erleichterung angenommen.
Diese Rechnung zeiget nun, daß der bunzlauer Kreis nur
54 1/2 ☐ Meile wahren Flächeninhalts habe.

Das Resultat aller dieser Bemerkungen wäre nun
im Vergleiche der schallerschen Topographie dieses, daß
der bunzlauer Kreis gegen Aufgang mit dem bid=
schower, gegen Mittag mit dem kaurzimer, gegen Abend
auch mit dem rakonizer (den Schaller übergangen) und
leutmerizer Kreise des Königreichs Böhmen, gegen Mit=
ternacht aber mit der Lausitz und Schlesien gränze; nach
einer eingeglichenen Länge sich an die 11 und in der Breite
auf 5 böhmische Meilen ausdehne, und im Flächeninhalte ei=
nen Raum von 54 1/2 ☐ Meilen einnehme.

Genaue Ausrechnung

des Flächeninhalts des bunzlauer Kreises, so wie dieser nach berichtigten Gränzen auf der besondern erberischen Kreistabelle vorkömmt.

Tabelle des Erber.	Meilenquadrate, die zum bunzlauer Kreise gehören.	Inhalt.	
		□	◢
	a — f	.	49
	a — g	.	176
	a — h	,	90
	b — f	.	77
	b — g	.	250
	b — h	.	227
	c — e . . . . . /	.	111
	c — d	.	49
	c — e	.	192
	c — f	.	222
	c — g	1	. .
	c — h	.	2 6
	c — i	.	15
	d — c	.	128
	d — d e f g h . .	5	. .
	d — i	.	168
	e — c	.	132
	e — d e f g h . .	5	. .
	e — i	.	192
	f — a	.	8
	f — b	.	3
	f — c	.	184
	f — d e f g h . .	5	. .
	f — i	.	200
	g — a	.	126
	g — b	.	224
	g — c	.	250
	g — d e f g . . .	4	. .
	g — h	.	175
	h — a	.	78

T 5

Tabelle des Erber	Meilenquadrate, die zum bunzlauer Kreise gehören.	Inhalt.	
		o	⌀
	h — b c d e f . .	5	. .
	h — g	.	226
	h — h	.	63
	i — a	.	202
	i — b	1	. .
	i — c	.	254
	i — d	.	250
	i — e f . . .	2	. .
	i — g	.	145
	k — a	.	28
	k — b	.	143
	k — c	.	117
	k — d	.	247
	k — e	1	. .
	k — f	.	254
	k — g	.	80
	l — b	.	52
	l — c	.	64
	l — d	1	. .
	l — e	.	246
	l — f	.	100
	l — g	.	4
	m — c	.	18
	m — d	.	46
	m — e	.	57
	a — i	.	12
	b — i	.	9
	c — i	.	44
	Schaslowitz . . .	.	6
	Weastadel u. s. w. . .	.	25
	Günnersdorf	.	4
	Summe des Inhalts .	54	135

Bunzlauer Kreis.

Rakonitzer Kreis.

Leutmeritz.

Lausitz.

XIV.

Ein neu entdecktes Alterthum.

Daß hier und da im Böhmen Aschenkrüge oder Ur= nen gefunden werden, ist in unsern Zeiten etwas sehr Gewöhnliches, wovon der kaurzimer k. Hr. Kreishaupt= mann Ritter von Bienenberg mehrere Beyspiele in seinen böhmischen Alterthümern und andern Werken, wie auch der Herr Dobrowsky in der böhmischen Litteratur und in seiner Abhandlung über die Begräbnisse der böhmischen Heiden, aufführen. Das Dorf Webotschan im leut= meritzer Kreise, der Fürst Clarischen Herrschaft Töplitz ge= hörig, ungefähr eine Stunde von der Badestadt Töplitz entfernt, lieferte schon vor mehrern Jahren dergleichen Ur= nen, wie sie in der fürstlichen Schloßbibliotek und bey dem burgslebener Pfarrer, Herr Joseph May, zu sehen sind, die Nachricht hiervon aber in des Hrn. Pubitschka böhmi= scher Geschichte und des Hr. Schallers böhmischer Topogra= phie 5ten Theil S. 110 zu lesen ist.

Etwas Merkwürdigeres trug sich im Herbste des Jahres 1788 in eben diesem Dorfe zu. Der Knecht des dortigen Bauers Winker pflügte den Acker, und als er wegen eines hervorragenden Steins gehindert wurde, fieng er an diesen Stein aus dem Wege zu räumen. Auf einmal bekam sein Werkzeug unter dem Steine Luft, und als er noch einmal sehr tief hieb, bekam er ein Stück Hirnschaale heraus. In dem größten Schrecken und Furcht lief er eiligst davon, und erzählte seinem Bau= er, was sich zugetragen habe. Da auf dessen Felde schon vorhin Urnen waren gefunden worden, vermutete dieser sogleich etwas Merkwürdiges, und er gieng mit einigen Nachbarn zu dem genannten Orte. Sie huben mit Be= hutsamkeit den Stein auf, und fanden ein ganzes Gerip= pe, welches blos am Kopfe durch den Hieb des Knechts verletzet war. Das Grab, ungefähr 3 Ellen lang und in der Höhe der itzigen Gräber, war mit ungewöhn= lich grossen platten Steinen so feste und ordentlich ausge= legt, daß auch nicht die geringste Erde, als jene, welche beym Schedel erst durch den Hieb hineingerollt war, ge= sehen werden konnte. In diesem, für unsere Zeiten selte= nen Grabe befanden sich diese 2 Töpfe, (ob sie beym Ko= pfe gestanden, wie es zu vermuthen ist, konnten sich die Erzähler nicht mehr entsinnen) welche hier abgebildet erscheinen. Der eine in der Grösse und Form eines Nacht= geschirres, mit einem horizontell durchgebrochenen Henkel

und

und einer Stürze, welche 5 Füßchen hat, und auch, wie es scheint, zu einem Teller hat gebraucht werden können (diese war am Rande etwas ausgebrochen). Der andere viel kleiner, hat eine ganz besondere, niedliche Gestalt. Er ist unten bauchigt, dann enger, und gehet wieder in eine breite Oeffnung. Ein Henkel gehet in einem Bogen vom Rande bis an den Bauch. Die Arbeit, besonders an dem kleinen ist sehr fein und akkurat, doch so, daß man erkennen kann, das sie blos mit den Fingern gedrückt, und nicht auf einer Scheibe gedrehet worden. Sie sind dem Verhältnisse ihrer Grösse und Dicke nach sehr leicht, und der Stoff scheint jenem ähnlich, aus welchem unsere Schmelztiegel sind. Eine Eisenfarbe, mit vielen blitzenden Flintern vermischt. Auf einigen Plätzen erscheinen lichtbraune, unsern starkgebrannten sogenannten steinernen Töpfen ähnliche Flecke, und durchaus ist die Farbe nicht matt, wie an den Urnen, sondern man erkennet deutlich, daß sie wirklich gebrannt sind, welches die Härte oder der Klang und der geringe Glanz anzeiget. Auf den Steinen war weder Schrift, noch sonst wo eine Münze zu finden.

Es zeigte sich ferner, daß dieses Grab aus einer ganz andern Zeit, als woher die Urnen rühren, seyn müsse ; daß das große Töpichen mit der Stürze oder Teller ein mitgegebenes Speisetöpfchen, das kleine aber ein Thränentöpfchen sey; daß das Skelet eine dasige eigene Obrigkeit war, weil es so selten ausgesuchte Steine hatte; denn es war nur einer der Länge nach; daß das Grab wegen seiner Schönheit nicht nach dem Tode erst gemacht, sondern schon bey Lebenszeiten zubereitet war, und daß überhaupt das Dorf Webotschan ein merkwürdiger Ort gewesen seyn mag.

Ich habe diese Nachricht dem in allen Betrachte verdienstvollen burgéslebener Pfarrer, Herren Joseph May, in dessen Kirchsprengel das Dorf Webotschan gehört, zu verdanken, der mir auch diese Geschirre zum Abzeichnen übersandte. Er hat das Grab, aber freylich erst den Tag darauf gesehen.

Und ich bin der Meynung, daß dieser kleine Beytrag manchen unserer Alterthumsforscher angenehm seyn werde.

Geschrieben in der Badestadt Töplitz am 1 Juni 1789.

XV.

XV.

Einige neue Studentenstiftungen.

1. die von Franz Joseph Scheiner, Pfarrer zu Strahn, gemachte Studentenstiftung.

Franz Joseph Scheiner, Weltpriester und Pfarrer zu Strahn im saazer Kreise, widmete unterm 2ten April 1787 ein Kapital von 3000 fl. für 2 arme Knaben aus seiner Anverwandtschaft, oder in deren Ermangelung aus dem Strahner Kirchspiele, welche Fähigkeit, Fleis und Frömmigkeit zeigen, und sich den Studien widmen, und zwar dergestalt, daß die für jeden auffallenden 60 fl. auf Kost, Bücher, Kleidung und andere Nothwendigkeiten verwendet werden sollen.

Das Patronatrecht, diese Knaben vorzuschlagen, und ihre von ihren Professoren erhaltene Atteste zu untersuchen, räumte er den ältesten derjenigen seiner Anverwandten ein, welche Geistliche sind, oder in einem öffentlichen Amte stehen, und verordnete zugleich, daß hierbey des Knabens Seelsorger, besonders aber der dasige Pfarrer und das gräfliche Amt zu Rathe gezogen werden; und, im Falle von seiner Anverwandtschaft Niemand ein Geistlicher seyn, oder in einem öffentlichen Amte stehen sollte, dieses Recht dem dasigen Pfarrer mit Zuratheziehung des gräflichen Amtes zustehen solle.

Sollten weder aus seiner Freundschaft, noch in dem strahner Kirchspiele zum Studieren tüchtige Knaben gefunden werden, so sollen die Interessen auf andere bestimmte milde Sachen verwendet werden.

2. Die von dem Exjesuiten, Wenzel Absolon, vermehrte Büttnerische Studentenstiftung.

Wenzel Absolon, Exjesuit zu Prag, bestimmte unterm 5 März 1789 ein bey dem aufgehobenen St. Georgenkloster in Prag, und nunmehr bey dem Religionsfond stehen habendes Kapital von 400 fl. als eine Vermehrung des von dem ehemaligen Pfarrer zu Ausche, Aloys Büttner, am 23 September 1700 zur Unterhaltung eines in dem damaligen leutmeritzer Seminarium studirenden Knabens aus seiner Freundschaft vermachten Stiftungskapital von 700 fl. *) unter folgenden Bedingungen, daß, wenn kein zum Studieren fähiger Knabe aus der büttnerischen Familie sich finden sollte, diese Stiftung einem von seinen Blutsfreunden und in deren Ermangelung einem auschaer Bürgerssohne, und zwar von der 3ten teutschen Schulklasse an bis zum Ausgange seiner Studien auch durch die höhern Schulen unter dem Namen der büttner absolonischen Stiftung zukommen solle: jedoch hat er sich auf seine Lebenszeit die von obigen 400 fl. abfallenden Interessen vorbehalten.

3.

*) Sieh des Herrn Gubernialraths von Riegger Studentenstiftungen in Böhmen. Prag, 1787. S. 16.

3. Die von Joseph Tobias Schöpfer, Kanonikus zu Bu-
   dißinn in der Lausitz, Vikarius foraneus und Dechant zu Friedland, gemachte Studentenstiftungen.

1) Friedländische.

Ernannter Joseph Tobias Schöpfer errichtete im Monat
August 1789 eine Stiftung für 2 Knaben, die sich den Studien
widmen wollen, wozu er ein Kapital von 2000 fl. welches mit 4 pr. Cent
verzinset werden und wovon jeder 40 fl. jährlich bekommen soll,
bestimmte. Die Stiftlinge sind aus der schöpferischen oder thuenischen Familie, oder bey deren Abgange aus der friedländer teutschen Schule zu wählen, welche, sie mögen sich zum geistlichen oder
weltlichen Stande vorbereiten, in dem Genusse derselben so lange
bleiben sollen, als sie studiren, oder nicht eine anderweite Stiftung erhalten, und werden zur Beförderung in einträglichere Stiftungen empfohlen. Das Kapital an 2000 fl. soll für immer zu 4
pr. Cent auf der gräflich Clam - Gallasischen Herrschaft Friedland stehen bleiben, und der zeitliche Dechant und der Stadtrath
zu Friedland das Patronat haben.
Diese Stiftung nimmt nach dem Tode des Stifters ihren
Anfang.

2) Reichenbergische.

Eine Stiftung von 2000 fl. zu 4 pr. Cent zinnsbar, für 2
Knaben aus der schöpfer. oder thuenischen Familie, oder bey de-
ren Abgange aus der reichenberger teutschen Schule. Die übrigen
Bedingungen sind die nämlichen, wie bey der vorigen, bis auf das
Patronat, welches dem Dechant und Stadtrath zu Reichenberg
gehören soll.

3) Grottauer.

Eine Stiftung von 2000 fl. zu 4 pr. Cent für 2 Knaben
aus der schöpferischen oder thuenischen Familie, oder bey deren
Abgange aus der grottauer teutschen Schule. Die übrigen Bedingungen sind die nämlichen, bis auf das Patronat, das dem Pfarrer
und dem Stadtrathe zu Grottau gemeinschaftlich gehören soll.

XVI.
Nachträge und Verbesserungen
des Verzeichnisses der nach der im Jahre 1620 gestillten Rebellion konfiszirten Herrschaften und
Güter in Böhmen.

Nachdem dieses Verzeichniß nebst der Fortsetzung
desselben bereits abgedruckt war, bekamen wir noch eine
dergleichen einem Originalkonzept ähnliche Handschrift
in

in die Hände, die in den meisten Stücken mit der Hand‑
schrift des Herrn Pelzels, woraus wir, wie S. 141 des
VIten Hefts bemerkt worden, dasselbe genommen haben,
zwar übereintrifft, jedoch auch noch einige Zusätze enthält,
die weder in der gedachten, noch in der zu Hilfe genommenen
zweyten, aber weit spätern Handschrift anzutreffen sind. Und
die uns dadurch zugleich mancher Schreibfehler, die in
solcher Art Abschriften nicht ausbleiben, verbessert wird;
also säumen wir nicht, diese Zusätze und Verbesserungen,
was die ersten beyden im VIten Hefte vorkommenden Buch‑
staben A. und B. betrifft, dem Leser hierdurch mitzuthei‑
len, und werden die übrigen künftighin nachholen.

S. 142. N. 2. Altensedletsch oder Schlossenreuth und
Ejaskow oder Schossenreuth, im pilsner Kreise.

Sind dem in ein Drittel kondemnirten Johann Wil‑
helm Ekeller konfiszirt, und dem Johann Rittschaust,) dem
ältern Kanka um 110000 fl. verkauft worden.

N. 3. Statt Koslowa hora lies: Kosowa Hora,
S. 143. N. 5. bey Arnau lies statt Sternfünfkirchen:
Ferdinand Fünfkirchen. Im gegenwärtigen Manuskripte steht:
Bernard Fünfkirchen.

N. 6. In diesem Manuskripte werden diese Namen also
angegeben: Gut Auborsko, Dorf Auborsko, Clajdowo, das
Dorf Dlajdiowa, Lißkowa w Streuchu. . . . eine Chaluppe, und
Biechorjow.

N. 7. Joachim Adam Liebsteinsky von Kollowrat.

N. 9. Aujezoeß und Kedrzauy sind ohne die Mo‑
bilien um 19578 fl. 50 gr. tarirt worden.

S. 144. N. 14. In nur gedachtem Manuskripte stehen bey den
Gütern Aussti Gistrpt und Liebeschiß folgende Worte: Kraft
eines den 13 May 623 datirten und in des grössern Land‑
rechts neuer himmelblauen Relazionsquatern A. 623
Lit. B. 21 ingrossirten Donazionsbriefes sind solche den
Prager Jesuiten bey St. Klemens zur Vermehrung und
Besserung der Fundazion übergeben worden.

N. 15. Barchow, jetzt im Bidschower Kreise, ist dem
zum Lehn verurtheilten Felix Pansky konfiszirt, um 2333
fl. tarirt und dem Abraham Günzel von Künzelfeld um
eben so viel erblich verkauft worden.

N. 16. und 189. ist aus Versehen das nämliche Gut
zweymal angeführt worden.

N. 17. Beczwary, klein, ist zwar dem Ladisl. w Kostemlab‑
sky von Wrzesowiß konfiszirt, allein vermöge eines Kammerbe‑
hrts von 22 Hornung 631 ihm wieder in Abschlag seines zuer‑
tann‑

kannten halben Theils, so 22922 fl. 4 gr. 3 1/2 betrug, um 9802 fl. 3 gr. 6 3/4 überlassen worden.

S. 145. N. 18. Bedrzichowitz statt Bedrzbowitz.

N. 22. Bey Berzkowitz, lies statt Kaspar von Berz witz Johann, als welchem diese Güter überlassen, und hernach wieder konfiszirt worden.

S. 146. N. 26. Dokschan Bezditzky, oder Bezdie kau, Bernstein, Widnisko oder Widin, Deschen (Dessenzko) Lautschin (Lauzinsko) sind von dem Adam von Waldstein im Jahre 623 dem Albrecht von Waldstein gegen andere Gü ter im eben dem Preise landtäflich abgetreten worden.

S. 147. N. 27 Biczicze, Wiejnicze und Gettersdorf sind dem in ein Drittel und zum Lehn verurtheilten Johann Heinrich Stampach um 70947 fl. 17 gr. 1 d. und das Vieh um 6947 fl. 59. gr. 3 tarirt, und an Florian Dietrich von Sahr um diesen Preis verkauft worden.

N. 31. Biela oder Weißensulz, und heil. Kreuz sind dreymal tarirt worden, einmal auf 14254 fl. 35. gr. das zwey temal auf 28878 fl. 40 gr. 1/2 das drittemal auf 26696 fl. 57 gr. 1

S. 148. nach N. 34. Bielitz (Weißkreuz) dieses wurde den Gebrüdern von Lammingen konfiszirt.

S. 150. N. 48. Bohomilitz statt Bohomulitz.

S. 151. N. 49. Lies: Wettengel statt Bettengel und Müschinger statt Wüschinger.

N. 51. Lies Woglowsky: statt Wcglowsky.

N. 53. Lies von Wostrowetz, statt Wlostrowetz.

S. 152. N. 55. Boznigowitz, statt Bojegow.

S. 153. N. 62. Beczno, statt Brczno.

N. 63. Bitoziewetz zwey Theile, der erste war dem Tobias, der zweyte dem Jakob Hruschka gehörig, beyde sind in ein Drittel verurtheilt, der Theil des Tobias um 15189 fl. 11 gr. 3 d. und des Jakobs um 15941 fl. 11 gr. 3 d. abgeschätzt worden.

N. 64. Lies: Wecztin, statt Neczkin.

S. 154. N. 68. Brti u. s. w. sind dem Johann von Aldringen in dem abgeschätzten Preise verkauft worden.

S. 155. N. 73. Lies Borin statt Borni.

N. 77. Statt Turzig steht in diesem Manuskripte Tuczap.

N. 78. Budkow u. s. w. kauft Anna Max. Hieser linn.

S. 156. N. 80. Bukowa ist auf 13676 fl. 5 gr. 4 1/2 d. abgeschätzet worden.

N. 82. Buschkowitz oder Putschwitz. u. s. w.

Put

Tutschwitz ist auf 19282 fß. 40. gr.
Schönhof auf 20982 fß. 25. gr. 5 d.
40265 fl. 5 gr. 5 d.
abgeschätzet worden u. s. w.

Brzeczig oder Priesen ist dem verurtheilten Wenzel von Stalmbach konfiszirt und in Kraft der k. Ratifikazion vom 2. April 637 der Rosina Lbotkinn gebohrnen von Lausperg um 6500 fß. käuflich überlassen worden.

XVII.

Gedanken eines Reisenden über die Bekanntmachung der böhmischen Giftkräuter in den beyden Muttersprachen.

An den k. böhmischen Gubernialrath Ritter von Riegger, als Herausgeber der Materialien zur böhmischen Statistik.

Die vortrefliche Absicht, und der grosse Eifer, welchen Sie in Herausgebung dieses Werkes nur gar zu deutlich zu erkennen geben, läßt vermuthen, daß Sie nützliche Beyträge aufnehmen wollen. Freylich erscheint hier kein Faktum, aber eine Rüge über ein entstehen sollendes Faktum dürfte wohl auch nicht verwerflich seyn, besonders da sie vielleicht auf Jahrhunderte ihren Nutzen ausdehnen könnte, wenn sie anders mit einer unverkleideten Keinheit unter jene Augen käme, welche sie durch ihren blossen Anblick in eine wirkende Macht befördern könnten. Vorschläge, wenn sie nicht einseitig sind, oder bittere Absichten verrathen, sind ja allenthalben annehmlich, und daß sie es in unsern Josephinischen Staaten seyn, davon sind wir hinlänglich überzeugt.

Dieser Tage wurde hier bekannt gemacht, daß die böhmischen Giftpflanzen in teutscher und böhmischer Sprache mit illuminirten Kupfern gedruckt werden würden, und die Magistrate und Grundobrigkeiten befragt, wie viel Exemplare bey jeder Gemeinde hiervon abgenommen werden dürften; der Preis würde ungefähr nicht 40 kr. übersteigen und die Kreisämter würden mit Exemplaren versehen werden.

Ich sehe diese Erscheinung als eine wichtige Bereicherung in der vaterländischen, ohnehin noch sehr mangelhaften Naturgeschichte an, und erkenne dieses Geschenk im Namen aller vaterländischen Naturforscher

IX. Heft. U mit

mit dem regſten Danke; nur möchte ich manches wegen
der Art der Bekanntmachung zu erwegen wünſchen.

Der lange Streit der um das dauerhafte Wohl
der Staaten beſorgten Staatskündiger über die Frage:
ob Aufklärung die Nazionen beglücke, dürfte doch wenig=
ſtens ſoweit entſchieden ſeyn, daß man mit Zuverſicht be=
haupten könne: Aufklärung müſſe bey dem Volke nie über
ihre beſtimmten Gränzen ſchreiten. Freylich ſind wir noch
nicht dahin gekommen, auf allen Seiten dieſe Gränzen be=
ſtimmen zu können; aber es ſcheint, daß doch ſchon mancher
Staat auf einigen Seiten ſich gewiſſe Grundregeln feſtge=
ſetzt habe, welche das Non plus ultra anzeigen. So iſt es
z. B. feſtgeſetzt, den Bauer nicht zum philoſophiſchen The=
ologen, ſondern nur zu einem guten Chriſten zu bilden. u.ſ.w.

Die Bekanntmachung der böhmiſchen Giftkräuter
wäre meines Erachtens unter vielerley Modifikazion vor=
zunehmen, um nicht das gerade entgegengeſetzte Reſultat
der wohlthätigen Abſicht dadurch zu verurſachen. Die Ab=
ſicht dabey iſt nämlich, daß die traurigen Unglücksfäl=
le, welche aus der Nichtkenntniß entſtehen, vermie=
den werden ſollen. Ob nun aber nicht mehr Unglück
oder vielmehr böſe Folgen aus der genauen Kennt=
niß der Giftkräuter entſtehen werden, iſt eine große Fra=
ge, — wenigſtens ſcheint die Vermuthung immer bejahend
auszufallen. Gegenwärtig beſtehen ſehr ſtrenge Geſetze
für den Handelsſtand und die Apotheker über den Ver=
kauf des Arſeniks, welcher der einzige Körper iſt, der bis=
her dem Volke, doch wenigſtens dem größten Theile deſ=
ſelben, als Gift bekannt iſt. Und dieſe große, ſtren=
ge Sorgfalt ſcheint den Wunſch zu äußern, daß Niemand,
der den Arſenik nicht höchſt nöthig braucht, denſelben kennen
möchte. Warum wollte man ſich hier einem Widerſpru=
che ausſetzen, und Gifte in den Volksſprachen allgemein be=
kannt machen, die das Volk nie als Gift kannte? warum
ſoll die Bosheit eine neue Gelegenheit finden, das ſtrenge
Verbot des Arſenikverkaufes zu vereiteln, und nun ein na=
hes unentgeltliches Gift zu beſitzen? Oder iſt man ſo
ſicher überzeugt, daß die Aufklärung die Leidenſchaften der
Menſchen unterdrücke, oder modifizirt ſie dieſelben nicht
vielmehr ſo, daß ſie in einer feinen, ſchleichenden und ſtillen
Geſtalt erſcheinen, und daß Zorn, Rachſucht, Neid, Hab=
ſucht, Buhlerey und Eiferſucht nur die Strenge der Ge=
ſetze, nur den öffentlichen Aufſtand verhüten und ſtatt
klingender Mordgewehre, ſchleichendes Gift ſuchen, wel=
ches ihnen in neuen Geſtalten, auf dem freyen Felde, ſi=
cher vor Entdeckung, ohne Koſten zu finden äußerſt will=

tom=